PPP 丛书

PPP 示范项目案例选编
——固废行业

（第四辑）

财政部政府和社会资本合作中心
生态环境部环境规划院 编著
E20 环境平台

中国财经出版传媒集团
经济科学出版社
Economic Science Press

图书在版编目（CIP）数据

PPP 示范项目案例选编．第四辑，固废行业／财政部政府和社会资本合作中心，生态环境部环境规划院，E20 环境平台编著．—北京：经济科学出版社，2018.8

（PPP 丛书）

ISBN 978 – 7 – 5141 – 9714 – 3

Ⅰ. ①P… Ⅱ. ①财… ②生… ③E… Ⅲ. ①政府投资 - 合作 - 社会资本 - 案例 - 选编 Ⅳ. ①F830.59 ②F014.39

中国版本图书馆 CIP 数据核字（2018）第 206320 号

责任编辑：凌　敏
责任校对：郑淑艳
责任印制：李　鹏

PPP 示范项目案例选编（第四辑）
——固废行业

财政部政府和社会资本合作中心
生 态 环 境 部 环 境 规 划 院　编著
E20 环境平台

经济科学出版社出版、发行　新华书店经销
社址：北京市海淀区阜成路甲 28 号　邮编：100142
教材分社电话：010 - 88191343　发行部电话：010 - 88191522
网址：www.esp.com.cn
电子邮箱：lingmin@esp.com.cn
天猫网店：经济科学出版社旗舰店
网址：http://jjkxcbs.tmall.com
北京密兴印刷有限公司印装
787×1092　16 开　17.5 印张　260000 字
2018 年 9 月第 1 版　2018 年 9 月第 1 次印刷
ISBN 978 - 7 - 5141 - 9714 - 3　定价：70.00 元
（图书出现印装问题，本社负责调换。电话：010 - 88191510）
（版权所有　侵权必究　举报电话：010 - 88191586
电子邮箱：dbts@esp.com.cn）

前　言

随着我国经济的快速发展和人民生活水平的日益提高，生活垃圾等固废也急剧增加，"垃圾围城"已成为我国城镇化建设中较为突出的问题。习总书记在第八次全国生态环境保护大会上强调，我国生态文明建设正处于压力叠加、负重前行的关键期，已进入提供更多优质生态产品以满足人民日益增长的优美生态环境需要的攻坚期，也到了有条件有能力解决生态环境突出问题的窗口期。推进固废处理作为加强环境污染治理、补齐全面建成小康社会短板、建设美丽中国的重要内容，显得尤为迫切。

习总书记指出，要充分运用市场化手段，完善资源环境价格机制，采取多种方式支持政府和社会资本合作项目。固废处理是全面实施政府和社会资本合作（PPP）模式的重点领域之一。采用PPP模式实施生活垃圾等固废处理项目，吸引社会资本参与，有利于发挥市场在资源配置中的决定性作用，转变政府职能，提高环境公共服务供给效率和质量，深入推进供给侧结构性改革，促进环境产业发展。

经过4年多的改革实践，我国PPP事业取得显著成效，统一规范高效透明的大市场初步形成，落地了一大批民生发展项目。其中，固废处理领域由于付费机制明晰，需求较为稳定，在我国PPP项目中占有较大比重。为总结固废行业PPP项目实施经验，促进规范实施，坚决打赢污染防治攻坚战，财政部PPP中心特请专家从财政部前四批PPP示范项目中精选固废行业项目案例汇编成册，类型涵盖厨余垃圾处理、生活垃圾处理、环卫一体化、静脉产业园等。

固废处理PPP项目具有技术工艺多样化、技术指标复杂化、运营性强、公众关注度高等特征。如何妥善解决土地获取、交易结构、投融资方案、回报机制等方面的问题，强化按效付费机制中的环境效果导向，是推动固废处理PPP项目规范实施的关键。本书通过全面阐述各细分领域项目的特点和内容，凝练固废行业PPP项目共性特征，归纳总结值得学习的亮点和创新，并针对不足之处提出优化建议，为实施此类项目提供思路及经验参考。

冰冻三尺非一日之寒，滴水石穿非一日之功。PPP项目的规范运作体现在全生命周期，希望各方能够勠力同心、驰而不息，继续秉承做真PPP的理念精神，持续发挥示范项目的灯塔作用。

编写组

2018年9月

目 录

案 例 篇

固废行业总结 ··· 3
案例 1 浙江省宁波市世行贷款厨余垃圾处理厂项目 ·················· 9
案例 2 安徽省黄山市生活垃圾综合处理厂工程 PPP 项目 ············ 47
案例 3 四川省乐山市城市生活垃圾环保发电项目 ····················· 74
案例 4 河南省光山县垃圾焚烧发电厂 PPP 项目 ······················· 114
案例 5 河北省沧州市河间市环卫服务市场化 PPP 项目 ·············· 145
案例 6 江西省抚州市东乡县城乡环卫一体化垃圾处理 PPP 项目 ····· 171
案例 7 广西壮族自治区梧州市静脉产业园项目 ······················· 201

思 考 篇

固废处置 PPP 项目按效付费机制思考 ·· 235
新时期固废处置行业 PPP 特征 ··· 244
垃圾处理行业 PPP 项目前期工作思考 ·· 248
固废处置 PPP 项目融资的思考 ··· 252

关于垃圾焚烧 PPP 项目回报机制的思考 ·················· 258
关于合同主体方面的思考······························· 264

后记··· 268

案例篇

固废行业总结

全国PPP综合信息平台数据显示，截至2018年7月底，全国入库项目共计7 867个，累计投资金额11.8万亿元。其中，固废处理类项目290个，投资额2 051亿元，分别占全部入库项目总数和投资额的3.7%和1.7%。

在固废行业实施PPP模式，有五个方面的意义。一是可以充分发挥政府、企业各自特长，有效利用社会资本在垃圾处理领域成功的技术和管理经验，切实提升项目整体运行效率。二是可以提高社会资本在固废前端清扫和收集分类、中端转运、后端处理处置各环节的参与度，避免单纯性政府投资给后期运营带来的技术风险。三是有效解决固废处理的建设资金短缺问题，缓解政府财政压力。四是通过竞争性机制，引入具有较强技术实力、融资实力和丰富运营经验的社会资本方，吸收社会资本先进的管理经验，有效提高项目经营水平，提高服务水平和质量。五是利用绩效付费机制，强化社会资本方在运营中的义务，促进技术进步和激励服务模式创新。

固废行业PPP项目多数具备一定的收费机制和较为稳定的现金流，但仍存在收费机制不健全问题，很多地区的项目主要依靠财政补贴维持。随着生态文明建设和美丽中国的深入推进，以效果和模式创新为导向将成为新的趋势。为加强项目运营，按效付费标准设计应充分体现"奖优罚劣"的原则，通过绩效考核结果划档，对应不同的付费比例。模式创新方面，应推进企业科技创新和转型升级，大幅降低运营成本，提高企业盈利能力；鼓励通过改制、重组、联合等方式，组建一批能够承担固废PPP项目投资建设运营的综合服务商。

一、本书案例概况

本书包括 1 个厨余垃圾项目、3 个生活垃圾处理项目、2 个环卫一体化项目、1 个静脉产业园项目。每一细分领域有其特殊性，面临的问题也各不相同，在垃圾处理这一传统领域继续推广实施 PPP 的同时，固废其他细分领域也逐渐兴起。

厨余垃圾 PPP 项目。随着垃圾分类日益受到各地政府重视，垃圾分类相关的一个重要细分领域即厨余垃圾领域也在日渐兴起。业内专家认为，垃圾分类关键在于"两头"：前端能否分好，以及后端能否分类处理好。在国内垃圾分类试点城市中，厨余垃圾 PPP 项目已开始实践。比如本书中，浙江省宁波市世行贷款厨余垃圾处理厂项目，合作运营范围为厨余垃圾处理厂 800 吨/天的厨余垃圾处理、设施的维护保养、易损易耗品的更换，以及该过程产生的废气（不含沼气）、废水、沼渣、臭味的达标处理。

环卫一体化 PPP 项目。城乡居民对城市环境的要求不断提高，传统上主要依赖政府相关单位（如环卫局/环卫处）提供的环卫服务已难以满足公众的需求。同时，越来越多的环卫项目涉及环卫设施建设、环卫装备采购等环节，过去以政府购买服务方式推进的环卫市场化也面临法规约束。如《关于坚决制止地方以政府购买服务名义违法违规融资的通知》（财预〔2017〕87 号）要求严格按照《中华人民共和国政府采购法》确定的服务范围实施政府购买服务，不得将原材料、燃料、设备、产品等货物，以及建筑物和构筑物的新建、改建、扩建及其相关的装修、拆除、修缮等建设工程作为政府购买服务项目。因此，城乡环卫一体化 PPP 项目将有更大发展空间。本书中，河北省沧州市河间市环卫服务市场化 PPP 项目、江西省抚州市东乡县城乡环卫一体化垃圾处理 PPP 项目即为典型的城乡环卫一体化 PPP 项目，其合作内容既包括城乡在区域上的一体化（环卫服务覆盖城区及村庄），又包括在垃圾处理上下游环节的一体化

（清扫保洁、转运、中转站运营及垃圾填埋处置）。

需要指出的是，垃圾分类、建筑垃圾、污泥处理等领域尚未成熟。但固废行业发展进入精细化、循环化的新阶段，必然会催生垃圾分类、建筑垃圾、污泥处理等细分领域的需求。在本书编著过程中，已经有此类细分领域的PPP项目出现。

二、主要亮点及探索

本书从前四批财政部PPP示范项目中挑选了7个固废行业项目，各项目均有不少亮点和创新值得学习。

浙江省宁波市世行贷款厨余垃圾处理厂项目。一是将世行资金成功嵌入厨余垃圾处理PPP项目，大幅降低企业融资成本。作为世行贷款宁波市城镇生活垃圾收集循环利用示范项目的子项目之一，本项目在资格预审的环节中，便向社会资本方承诺，将由实施机构向社会资本方提供来自世行的转贷款，世行贷款资金将用于本项目100%的机电设备投资及50%的土建投资。二是该项目采取二阶段招标方式：第一阶段为技术方案招标，政府从参与的技术方案中优选及优化形成最终的技术方案；第二阶段为各企业进行的报价投标，政府从中择优选中社会资本。二阶段招标为国际常用的招投标方式，有利于技术方案的优化及社会资本最终选定，体现创新激励、实现物有所值。三是本项目引入循环经济指标作为考核指标，利用完善的绩效付费考核机制监督运营情况，充分体现了注重运营效果、鼓励创新的PPP的核心机制。除了垃圾处理量、环境指标、污染物排放指标等常规考核点外，本项目还设置了循环经济考核指标，旨在最大限度地利用厨余垃圾中的有机质，尽可能降低出厂废物的总量，提高减量化效果。本项目在运行过程中，实施机构将定期对项目进行考核，依据绩效考核情况付费，从而提升垃圾处理公共服务的供给效率和质量。

安徽省黄山市生活垃圾综合处理厂工程PPP项目。项目发起时，黄山市南部经济群的垃圾日产量和现行垃圾处理能力之间已经出现比较大的缺口，项目采用可行性缺口补助的回报机制，垃圾焚烧发电上网部分能够获得一定的项目收益，项目产出可以计量，按物价部门审核价格收费，不足部分按程序纳入年度预算并报市政府批准，由财政部门以垃圾处理服务费的方式进行补助，并且设立调价机制，使得项目付费具有灵活性和激励性。受制于建设周期短这一条件，留给社会资本方的融资周期也较短，通过充分且公平、公正、公开的竞争程序，中选社会资本方资金实力雄厚，一次性实缴注册资本金2亿元整，为项目后续的建设、融资都打下了坚实的基础。

四川省乐山市城市生活垃圾环保发电项目。一是在项目前期选址上，为将"邻避"效应影响降到最小，乐山市城管、环保、国土、住建、规划等部门以及项目设计单位通过多次现场踏勘、专家论证、公开公示、充分沟通等多种方式，科学确定项目选址，为后期项目顺利开展提供了重要保障；二是在监管体系设计上，建立了"项目公司—实施机构—环境执法部门—第三方专业机构—社会公众"在内的全方位监管体系，有利于激发社会资本的主观能动性，不断提升项目运营管理水平，使得项目"效果"和"效率"双丰收；三是在招标设计上，政府及实施机构坚持"择优"理念，摒弃"低价中标"原则，通过"设置报价得分权重""提高技术文件编制要求""设置报价限定值和警告阈值"等多种举措抑制低价投标，为综合评判选择优质社会资本方，保障项目全生命周期的稳定运作提供了重要保障；四是考虑未来生活垃圾精细化管理趋势，项目在招标设计中要求社会资本方须统筹考虑本项目与周边产业园的协同规划，提高土地和资金的使用效率，减少规划项目的重复建设，从全生命周期角度，使得项目更加"物有所值"。

河南省光山县垃圾焚烧发电厂PPP项目。一是本项目为多县共建区域性垃圾焚烧发电项目，为其他地区解决各县重复建设及单个县垃圾量不足的问题提供了路径参考；二是本项目提前组织开展社会稳定风险评估，加强舆论宣传引导，有效避免了"邻避"效应可能导致的公众不满；三是本项目系统布局垃圾转运站及设计垃圾清运路线，以解决乡镇垃圾收运难的问题，构建跨区域协同的乡镇垃圾收运体系，从而降低运营成本，提高垃圾收运及处理效率。

河北省沧州市河间市环卫服务市场化PPP项目。一是转变政府职能，环卫部门从服务提供者转变为服务监督者。市区环卫部门不再保留环卫作业队伍，环卫部门的职能转变为研究环境卫生行业发展规划、监督考核PPP项目企业、引用新科技、新产品不断推动环卫事业健康发展等。二是妥善安置原有环卫人员，平稳引进企业管理。原有环卫人员的安置是本项目运作的关键问题，本项目对原正式在岗环卫职工和临聘人员进行了妥善安置，采取自愿原则，或继续留在原单位，或由政府内部分流，或进入项目公司。三是有效盘活现有环卫资产，河间市在采用PPP模式前的环卫资产按其种类可分为车辆、垃圾中转站、公厕、果皮箱、垃圾收集桶等。随着环卫服务市场化的开展，项目公司可通过购买获得、有偿使用（租赁使用）、无偿使用三种方式获得这部分环卫资产，原有资产得到有效利用。四是制定了作业要求与标准，保证绩效考核有据可依。为确保本项目环卫市场化的作业要求符合预期要求，河间市专门研究制定了《河间市环卫市场化作业要求》《河间市环境卫生作业考核评分标准（试行）》等政策，为本项目的绩效考核提供了参考依据。

江西省抚州市东乡县城乡环卫一体化垃圾处理PPP项目。一是本项目集城乡生活垃圾清扫保洁、收集、转运等多环节一体化，推动城乡基本公共服务均等化；二是项目绩效服务费细化到农村、集镇、县城市政道路，适用不同的标准，体现更有针对性的绩效考核及付费机制；三是本项目实施网格化管理，区（县）—乡镇—村多级监督考核，促使社会资本提高环卫服务质量和运营效率；四是项目要求与公众参与做好衔接，政府监管、企业运作、公众参与"立体"运作实施，回归为公众服务的本质。

广西壮族自治区梧州市静脉产业园项目。本项目含生活垃圾处理、餐厨垃圾处理、医疗废物处置、污泥处理等多个子项目，项目招投标过程中仅对生活垃圾处理服务费进行报价，对其他子项价格进行了锁定，从而简化了评审环节，避免了不平衡报价。设置差异化的绩效考核指标，对各子项目进行独立考核，项目公司只有运营维护好全部子项目才能获得较高水平的绩效服务费，从而避免了不同子项目运营参差不齐的情况。对运营期监管提出每三年对项目进行一次定期评价，该要求和绩效考核共同构成重要抓手，可有效改善传统工程项目"重建设、轻运营"的现状，倒逼项目公司不断提升运营水平和服务效率。

案例 1

浙江省宁波市世行贷款厨余垃圾处理厂项目

一、项目摘要

项目基本信息见表 1-1。

表 1-1　　　　　　　　　　项目基本信息

项目名称	浙江省宁波市世行贷款厨余垃圾处理厂项目（以下简称"本项目"）
项目类型	新建
所属行业	市政工程——垃圾处理
合作内容	1. 总投资：本项目为新建项目，占地约 115 亩，设计处理规模为 800 吨/日，分两期实施，一期规模 400 吨/日。总投资约 4.2 亿元，一期总投资约 3.6 亿元（包括土地及征迁费用、一期土建设备和二期土建投资）。 2. 建设内容：包括垃圾预处理系统、厌氧发酵系统、沼气处理系统、污水处理设施、沼渣处理设施、除臭设施、公用工程以及环境教育中心。 3. 运营服务范围：厨余垃圾处理厂 800 吨/日的厨余垃圾处理、设施的维护保养、易损易耗品的更换，以及该过程产生的废气（不含沼气）、废水、沼渣、臭味的达标处理。其中污水处理、沼气处理设施为共享共建设施，需接纳园区内餐厨项目产生的污水和沼气。 4. 产出标准：在确保厨余垃圾保质保量供应的前提下，本项目在运营过程中所产生的废气（不包括沼气）、废水、沼渣、臭味均需达到产出标准中规定的考核要求。
合作期限	20 年（建设期 2 年，运营期 18 年）

续表

运作方式	设计－建设－融资－运营－移交（DBFOT）
资产权属	合作期限内归项目公司所有，项目公司以出让方式取得项目用地。
回报机制	可行性缺口补助
实施机构	宁波市城市管理局（以下简称"市城管局"）
采购方式	公开招标
政府出资方	宁波市政公用投资有限公司（以下简称"市政投资公司"）
咨询机构	北京大岳咨询有限责任公司
中选社会资本	首创环保投资有限公司（以下简称"首创环保"），外资企业
签约日期	2016年6月24日
项目公司设立概况	公司名称：宁波首创厨余垃圾处理有限公司（以下简称"项目公司"） 设立时间：2016年8月4日 股权结构：项目公司注册资本9 020万元，市政投资公司作为国有资本出资代表出资3 608万元，持股比例40%；首创环保出资5 412万元，持股比例60%。
主要贷款机构	主要贷款机构为世界银行；融资期限为20年，其中宽限期2年，采用每年两次等额本金还本，融资利率为世行浮动利差贷款（VSL）。 本项目使用了由市财政局提供的来自世界银行美元转贷款（折合成人民币约为1.4亿元）；余下资金由项目公司通过银行贷款融资。

二、项目识别论证

（一）项目概况

为提高生活垃圾源头分类设施、末端综合处理设施的整体水平，宁波市早在2009年便启动了垃圾分类工作的前期策划，最终与世界银行开展合作实施世行贷款宁波市城镇生活垃圾收集循环利用示范项目。该项目于2013年7月正式启动，项目目标是至2019年底中心城区基本形成分类投放、分类收运、分类处置与循环利用的设施体系，基本形成政府主导、企业运作、全民参与的工作格局，基本形成教育引导、法规约束、绩效激励的管理体系。

为此，以世行资金为依托，在分类工作已开展3年的基础上，宁波市政府决定采用政府和社会资本合作模式实施本项目。

本项目包括垃圾预处理系统、厌氧发酵系统、沼气处理系统、污水处理设施、沼渣处理设施、除臭设施、公用工程以及环境教育中心。项目处理量按800吨/日的规模设计，分两期建设，一期400吨/日。项目工程选址位于宁波市海曙区洞桥镇宣裴村，占地115亩。本项目一期投资约3.6亿元（包括土地及征迁费用、一期土建设备和二期土建投资），不包括二期设备投资。其中，土建及设备费约2.28亿元，土地及前期费用约0.67亿元，其他费用约0.68亿元。

（二）发起方式

本项目由宁波市城市管理局发起。

（三）实施方案

1. 合作范围界定

本项目合作范围为宁波市厨余垃圾处理厂的整体投融资、建设、运行及维护。建设范围包括垃圾预处理系统、厌氧发酵系统、沼气处理系统、污水处理设施、沼渣处理设施、除臭设施、公用工程以及环境教育中心的建设。

运营服务范围为厨余垃圾处理厂800吨/日的厨余垃圾处理、设施的维护保养、易损易耗品的更换，以及该过程产生的废气（不含沼气）、废水、沼渣、臭味的达标处理。其中污水处理、沼气处理设施为共享共建设施，需接纳园区内餐厨项目产生的污水和沼气。

运营标准为在确保厨余垃圾保质保量供应的前提下，本项目在运营过程中所产生的废气(不包括沼气)、废水、沼渣、臭味均需达到产出标准中规定的考核要求。

2. 风险分配方案

原则上,项目设计、建造、财务和运营维护等商业风险由社会资本承担,法律、政策和最低需求等风险由政府承担,不可抗力等风险由政府和社会资本合理共担。具体风险分担机制可参考表1-2。

表1-2　　　　　　　　风险分配及管理机制

类别	主要风险	政府承担	社会资本承担	风险管理措施
融资	未筹足所需资金		✓	将融资风险纳入PPP项目合同体系,本项目衍生的一切融资手段仅限于用于本项目需要的目的
融资	成本超过预算		✓	
融资	再融资不确定性		✓	
融资	融资利率、汇率波动		✓	
融资	世行贷款	✓		
设计和建造	开工许可/批准	✓		社会资本方应配合公共部门,提交履约保函和维护保函等由金融机构出具的可兑付承诺,并由社会资本方购买保险,进行保险等费用的承担方式;政府负责协调国土等主管部门,满足项目建设的条件
设计和建造	落实建设用地	✓		
设计和建造	配套建设(红线外)	✓		
设计和建造	成本超支		✓	
设计和建造	建设审批手续	✓	✓	
设计和建造	质量欠佳		✓	
设计和建造	工期延期		✓	
设计和建造	不可抗力(可保险)		✓	
设计和建造	不可抗力(不可保险)	✓	✓	
设计和建造	二期扩建实施时间	✓	✓	
设计和建造	循环经济目标		✓	
设计和建造	环境影响评价	✓	✓	
运营和维护	共享共建设施	✓	✓	通过建立有效合理的绩效考核机制,依据绩效考核机制进行厨余垃圾处理服务费用的调整,达到运营和维护风险的有效管理
运营和维护	垃圾供应数量	✓		
运营和维护	垃圾供应质量	✓	✓	
运营和维护	运行管理费用超支		✓	
运营和维护	维护费用超过预算		✓	

续表

类别	主要风险	政府承担	社会资本承担	风险管理措施
运营和维护	达不到服务标准		✓	通过建立有效合理的绩效考核机制，依据绩效考核机制进行厨余垃圾处理服务费用的调整，达到运营和维护风险的有效管理
	辅助材料/燃料供应风险		✓	
	技术落后过时		✓	
	通货膨胀引起的费用上涨	✓	✓	
	造成环境污染或破坏		✓	
	循环经济目标		✓	
	不可抗力（可保险）		✓	
	不可抗力（不可保险）	✓	✓	
	调价协议之外的价格变更	✓	✓	
移交	没有达到移交条件		✓	通过合同体系约定移交条件，并在移交前进行可用性评估
	移交费用超预算		✓	
法律和政策	针对项目的地方政策法规变更	✓		通过动态的合同体系调整，可以签订补充协议的形式进行此类风险的管理和规避
	公共部门越权签订合同	✓		
	项目提前收归国有	✓		
	政府换届	✓		
	政府部门调整和负责人变更	✓		
	作为政府方参与PPP项目的相关单位调整和负责人变更	✓		
	全国性法律和政策变更	✓	✓	
	超出地方政府的权限	✓	✓	
	全国性普遍增税	✓		

3. 交易结构

（1）运作模式

根据市政府授权，本项目由市城管局作为实施机构，宁波市生活垃圾分类管理中心作为市城管局的下属机构，负责本项目的具体操作、各项具体工作的安排。

市政投资公司与社会资本成立合资公司，负责本项目的设计、融资、投资、建设、运营及维护。本项目具体运作方式如图1-1所示。就实施模式说明如下：

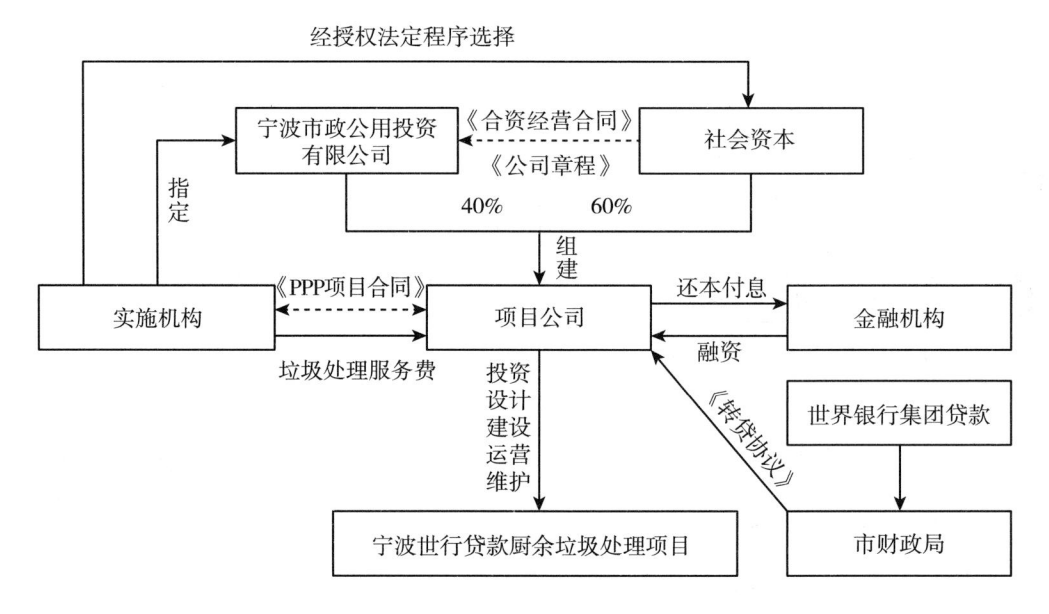

图1-1 项目实施模式结构

第一，在市政府授权下，市城管局作为本项目的实施机构，通过法定程序选择境内外有经验、有实力的社会资本。

第二，市政投资公司与中选社会资本（即首创环保）签署《合资经营合同》，在宁波成立合资公司（即项目公司宁波首创），在合资公司中，市政投资公司占40%股份，首创环保占60%股份。

第三，实施机构与项目公司签署《PPP项目合同》，项目公司自行承担责任、风险和费用，负责设计、融资、投资、建设、运营和维护厨余垃圾处理厂，提供厨余垃圾处理服务。

第四，市财政局向项目公司提供一笔以美元计价的世界银行转贷款，该贷款包括本项目100%的机电设备投资及50%的土建部分投资，实行实报实销制，融资期限为20年，其中宽限期2年，采用每年两次等额本金还本，融资利率为世行浮动利差贷款（VSL）。

第五，项目公司向金融机构进行融资，以完成本项目厨余垃圾处理厂的设计、投资、建设、运营和维护。

第六，PPP合作期内，项目公司根据《PPP项目合同》的规定提供垃圾处理服务，并向政府收取厨余垃圾处理服务费用，以收回投资，并获取合理回报。

第七，PPP合作期届满后，项目公司将本项目所有设施完好、无偿地移交给实施机构或其指定机构。

（2）合作期限

PPP合作期包含建设期和运营期。除非依据合同提前终止，PPP合作期为从《PPP项目合同》生效日期至第20个周年结束之日。建设期约2年，从《PPP项目合同》生效日期至开始商业试运营日前一日；运营期分为试运营期和正式运营期，运营期为开始商业试运营日至PPP合作期结束之日。

（3）投融资结构

市城管局指定市政投资公司与首创环保成立项目公司。在项目公司中，市政投资公司占40%股份，首创环保占60%股份。

（4）回报机制

回报机制为可行性缺口补助。本项目的实施机构根据厨余垃圾处理量和厨余垃圾处理效果支付厨余垃圾处理服务费。使用者付费部分是使用本项目生物天然气的燃气公司所支付的采购费用。

本项目产生的沼气经提纯后制成生物天然气，达到《城镇燃气设计规范》（GB 50028－2006）要求的入网标准后，按照相关程序并入邻近宁波市城投公司拥有的天然气管网，并网天然气量以天然气公司支付天然气供应价款时的计量数据为准，价格按浙江省天然气并网价的95%结算（当前价为2.29元/立方米，结算价即为2.18元/立方米）。宁波市城投公司负责落实责任主体与项目公司签订相应的天然气供销合同（与本项目合作期相匹配），从而使得项目公司获得相应的使用者付费。

（5）资产权属

在合作期内，本项目的资产权属归项目公司所有。

(6) 定价调价机制

在项目合作期内，厨余垃圾处理服务费单价每满三年调整一次，每次调价工作自价格调整年前一年的11月1日开始，于该年12月31日之前确定调整后的厨余垃圾处理服务费单价。厨余垃圾处理服务费单价调价公式为：

$$P_n = K_1 \times P_{n-3}$$

其中：

P_n 为第 n 年调整后的厨余垃圾处理服务费单价。

P_{n-3} 为第 n-3 年的厨余垃圾处理服务费单价。

K_1 为调价系数，依据以下公式确定（具体参数见表1-3）：

$$K_1 = a \times (E_n/E_{n-3}) + b \times (L_{n-1}/L_{n-3}) + c \times Ch_{n-1} \times Ch_{n-2} \times Ch_{n-3} \\ + d \times (Tax_n/Tax_{n-3}) + e \times CPI_{n-1} \times CPI_{n-2} \times CPI_{n-3}$$

表1-3　　　　　　　　　　定价调价机制参数

a	电费费用在 P_{n-3} 构成中所占的比例
b	人工费用在 P_{n-3} 构成中所占的比例
c	化学药剂在 P_{n-3} 构成中所占的比例
d	企业所得税在 P_{n-3} 构成中所占的比例
e	P_{n-3} 构成中除电费费用、人工费用、化学药剂、企业所得税以外的其他因素（包括餐厨废水、沼气、焚烧和填埋处理价格）在价格构成中所占的比例
n	第 n 年时调整厨余垃圾处理服务费单价的当年（n≥4）
E_n	第 n 年时项目公司所付的每度用电电价
E_{n-3}	第 n-3 年时项目公司所付的每度用电电价
L_{n-1}	第 n 年时宁波市统计部门公布的PPP合作期第 n-1 年"电力、煤气及水的生产和供应"行业在岗职工平均工资
L_{n-3}	第 n-2 年时宁波市统计部门公布的PPP合作期第 n-3 年"电力、煤气及水的生产和供应"行业在岗职工平均工资
Ch_{n-1}	宁波市统计部门公布的PPP合作期第 n-1 年"原料、材料、燃料、动力购进价格指数"的化工原料价格指数

续表

Ch_{n-2}	宁波市统计部门公布的 PPP 合作期第 n-2 年"原料、材料、燃料、动力购进价格指数"的化工原料价格指数
Ch_{n-3}	宁波市统计部门公布的 PPP 合作期第 n-3 年"原料、材料、燃料、动力购进价格指数"的化工原料价格指数。$Ch_{n-1} \times Ch_{n-2} \times Ch_{n-3}$ 大于 110% 时,按 110% 计
Tax_n	第 n 年时厨余垃圾处理厂适用的所得税税率
Tax_{n-3}	第 n-3 年时厨余垃圾处理厂适用的所得税税率
CPI_{n-1}	宁波市统计部门公布的 PPP 合作期第 n-1 年居民消费价格指数
CPI_{n-2}	宁波市统计部门公布的 PPP 合作期第 n-2 年居民消费价格指数
CPI_{n-3}	宁波市统计部门公布的 PPP 合作期第 n-3 年居民消费价格指数。$CPI_{n-1} \times CPI_{n-2} \times CPI_{n-3}$ 大于 115% 时,按 115% 计

第一,a+b+c+d+e=1,于生效日时,a、b、c、d 和 e 为中选投资人在招商文件财务方案所填列的值,a=16.8%,b=9.2%,c=6.2%,d=7.6%,e=60.2%。

第二,如果外部环境标准发生变化造成厨余垃圾处理工艺改变或者进场厨余垃圾质量发生变化,导致上述 a~e 的系数发生重大变化时,受影响的一方可以向另一方提出变更系数,双方应首先协商确定合理的变更系数;如果协商不成,则双方共同委托双方认可的会计师事务所对会计报表及成本项目进行审计,以审计值或依据审计值双方协商变更系数。

第三,如果申请调价时相关统计数据尚未公布,则先执行原价格,待统计数据公布后核定调价申请,并对申请调价的次年起至新价格执行日止已经支付的运营费实行多退少补机制。

第四,E、L、Ch 和 CPI 于生效日的值于《PPP 项目合同》签署后确认。

第五,如果在生效日和移交日之间,上述任何指数在宁波市统计部门公布的资料中修改或不再可以得到,则市城管局和项目公司应商定替代指数,如果不能商定一致,则根据《PPP 项目合同》的争议解决程序确定。

第六,如果 L_n、Ch_n 和 CPI_n 指数的基点在任何时候有变,所公布的 L_n、Ch_n 和 CPI_n 值应相应调整,以提供相对于上一次公布的指数的数值。

如果上述任何指数不能自宁波市统计部门公布的资料中得到，则采用浙江省统计部门公布的该指数替代。自宁波市统计部门提供上述指数之日起，改为采用宁波市统计指数。

（7）配套支持

项目公司以有偿受让的方式取得项目设施建设用地的使用权，在合作期内，土地使用权归属项目公司。由市城管局完成项目用地的征拆工作，完成项目的通水、通电、通路等配套工程，并协助项目公司在施工和运营期间的用水、用电接入。

4. 绩效考核

（1）考核主体

根据最终签署的项目合同，本项目由市城管局对项目公司的运营情况进行考核。

（2）考核内容

①环境指标考核

本项目将对项目运行过程的环境指标（如污染物排放情况）进行考核。如果由于项目公司的原因，造成本项目垃圾处理厂的废气（不包括沼气）、废水、沼渣、臭味考核指标中任意一项不达标，即表明垃圾处理不达标，根据对应的标准和超出的允许达标排放的污染物排放总量计算超标的违约金，并在实施机构向项目公司支付的厨余垃圾处理服务费中扣除。

本项目污染物排放执行标准：环境空气质量执行《环境空气质量标准》（GB 3095-2012）二级标准，特征因子 H_2S、NH_3、甲硫醇参照执行《工业企业设计卫生标准》（TJ 36-79）中居住区大气中有害物质的最高允许浓度和《居住大气中甲硫醇卫生标准》（GB 18056-2000）。

水环境质量标准：地表水执行《地表水环境质量标准》（GB 3838-2002）Ⅲ类标准，最终纳污水体奉化江（翻石渡—澄浪堰段）执行Ⅳ类标准。

声环境质量标准：执行《声环境质量标准》（GB 3096-2008）2 类标准，即昼间 60 分贝，夜间 50 分贝，其中南厂界执行 4a 类标准，即昼间70分贝,夜间55分贝。

土壤环境质量标准:场地周边土壤参照执行《土壤环境质量标准》(GB 15618-1995)二级标准。

废气污染物:锅炉烟气污染物排放执行《锅炉大气污染物排放标准》(GB 13271-2014)中表2排放浓度限值,垃圾处置及污水处理等产生的臭气执行《恶臭污染物排放标准》(GB 14554-1993)。

废水污染物:本项目废水在厂内污水处理站预处理达到《污水综合排放标准》(GB 8978-1996)三级标准(氨氮、总磷执行《工业企业废水氮、磷污染物间接排放限值》(DB 33/887-2013))后排入市政污水管网,最终纳入鄞西污水处理厂处理达到《城镇污水处理厂污染物排放标准》(GB 18918-2002)一级B标准后排入奉化江(翻石渡—澄浪堰段)。

施工期噪声执行《建筑施工场界环境噪声排放标准》(GB 12523-2011),即昼间70分贝,夜间55分贝,夜间噪声最大声级超过限值的幅度不得高于15分贝。

②循环经济指标考核

本项目应以减量及循环经济为目标,最大限度地减少出厂的固体废弃物量,为此,本项目设置了循环经济考核指标。其中,当月出厂固体废弃物的总量与当月进厂厨余垃圾量的比例、出厂固体废弃物中有机质含量为考核重点,并设置了量化考核要求。如果项目公司在处理垃圾过程中,循环经济目标考核不达标,将项目公司在被发现违约日前五日加上被发现违约日至整改完毕日之和的天数所处理的垃圾作为无效处理量。

5. 考核与付费

(1) 垃圾供应量

从开始正式商业运营之日起,整个运营期内的日基本垃圾供应量为本项目垃圾处理厂一期设计规模(400吨/日,下同)的60%(240吨/日)(按环保验收标准设定),垃圾处理量按日进行结算。其中,开始正式商业运营日起至运营期第一年结束时止和运营期最后一年起至本项目合作期结束时止的垃圾供应量应根据《PPP项目合同》约定的基本垃圾供应量按月进行折算。

当本项目垃圾处理厂实际垃圾处理量达到一期设计能力的80%（320吨/日）时，应启动二期扩建（设计新增处理能力400吨/日，下同）研究；当垃圾处理量达到一期设计能力的90%（360吨/日）时，应立即实施二期扩建。二期扩建实施时间预计为2022年，二期工程正式运营后，厨余垃圾处理厂的日基本垃圾供应量调整为一期设计处理能力的90%加上二期设计处理能力的60%，即600吨/日。

（2）垃圾处理量与结算量

垃圾处理量按月进行结算。项目公司的月垃圾处理结算量，等于实施机构向项目公司提供的并经双方共同在地磅站计量进入本项目的垃圾进场量减去当月的无效处理量。

$$月垃圾处理结算量 = 月垃圾进场量 - 月无效处理量$$

PPP合作期限内的任一运营月内，月垃圾处理结算量超过该月基本垃圾供应量时，则超出部分即为月超额垃圾处理量。

$$月超额垃圾处理量 = 月垃圾处理结算量 - 月基本垃圾供应量$$
$$月基本垃圾供应量 = 日基本垃圾供应量 \times 月正常商业运行日数$$
$$月正常商业运行日数 = 当月公历日数 - 当月暂停服务日数 - 当月不可抗力期间日数$$

（3）厨余垃圾处理服务费

市城管局应从开始运营日起每月向项目公司支付厨余垃圾处理服务费。市城管局亦可指定机构履行支付职责。

①垃圾供应不足的厨余垃圾处理服务费

非因项目公司不可抗力或其他事件的原因，实施机构在某一运营月内向项目公司提供的月垃圾处理结算量低于月基本垃圾供应量，实施机构将按照月基本垃圾供应量计算当月厨余垃圾处理服务费。

$$月基本厨余垃圾处理服务费 = 月基本垃圾供应量 \times 当期厨余垃圾处理服务费单价$$

②超额厨余垃圾处理服务费

PPP合作期限内任一运营月，项目公司月垃圾处理结算量超过月基本垃圾供应量时，则：该月厨余垃圾处理服务费＝月基本厨余垃圾处理服务费＋月超额厨余垃圾处理服务费。超额垃圾处理服务单价用于计算超额厨余垃圾处理服务费：超额厨余垃圾处理服务费单价＝当期厨余垃圾处理服务费单价×60%；月超额厨余垃圾处理服务费＝超额厨余垃圾处理服务费单价×月超额垃圾处理量。

6. 绩效管理

市城管局作为项目运行情况、绩效考核的组织部门，将定期对项目公司的运营过程进行考核，具体的考核方案将按照最终的项目考核办法执行。

在进行循环经济指标考核时，若由于市城管局提供的厨余垃圾质量和成分变化导致固体废弃物25%的控制指标难以实现，固体废弃物控制指标由市城管局与项目公司依据实事求是原则，在厨余垃圾处理费绩效兑付时给予合理认定。原则上按照进场垃圾事实厨余垃圾含量每降低1%（基于事实厨余垃圾含量65%），出厂固体废弃物考核指标上升0.8%（基于25%出厂固体废弃物比例）的方案试运行1年。

7. 项目实施程序的规范性

（1）项目立项等前期手续

2014年，宁波市规划局出具了本项目的《建设项目原址意见书》（2014浙规选字第0260080号）。

2015年，宁波市国土资源局对本项目的用地预审出具了意见（甬土资预〔2015〕5号），同意由宁波市生活垃圾分类管理办公室对本项目拟建地点的选址。

2015年，宁波市环保局对本项目的环评报告进行了批复，出具了《关于宁波市厨余垃圾处理厂工程（一期）环境影响报告书的批复》（鄞环〔2015〕115号），认为本项目的实施从环保角度看是可行的。

2016年2月6日，宁波市人民政府对本项目的实施方案进行了批复。同意由市城管局提交的《宁波市世行贷款厨余垃圾处理厂PPP项目实施方案》。

在经过两轮竞标过程后，2016年4月，首创环保以综合评分第一中标宁波市世界银行贷款厨余垃圾处理厂项目。

2016年6月24日，宁波市政府与首创环保举行宁波世行贷款厨余垃圾处理厂PPP项目合同签约仪式。

（2）用地手续

根据PPP合同约定，土地将以协议出让方式供给项目公司。2016年由于宁波市政府进行了区划调整工作，本项目由原属地鄞州区变更为现在的海曙区。由于区划调整涉及众多行政、部门、人事调整工作，为了不影响本项目的实施进度，确保审批手续和施工许可证按期办理完成，在众多行政区划调整还未实施完毕的情况下，本项目的用地先行采取了行政划拨方式供地给宁波市生活垃圾分类管理中心。宁波市生活垃圾分类管理中心于2017年8月30日办理了不动产登记证（浙（2017）宁波市海曙不动产权第0601765号），后期再由宁波市生活垃圾分类管理中心将土地由行政划拨转出让，再行按照招标阶段约定的土地价格转让给项目公司的方式最终将土地使用权按照《PPP项目合同》约定归属至项目公司名下。目前正在办理由行政划拨转出让的手续。

（3）配套支持

本项目范围内的征地拆迁和补偿工作由实施机构负责开展，此外实施机构还承担了本项目的通电、通水、进场道路的建设工作。目前已完成进场道路的建设，用水、用电工作正在建设过程中。

（4）预算安排

通过财政承受能力论证，政府按财政承受能力论证结果，将相关财政支出纳入财政预算管理。

（四）物有所值评价和财政承受能力论证要点

1. 项目物有所值评价

根据现行法律法规政策，政府和社会资本合作项目的物有所值评估主要以定性为主、定量为辅，可结合项目具体情况开展物有所值评估。鉴于物有所值定量评估的测算方法，需要收集、统计、分析PPP相关数据，在我国现有的数据信息环境下，此阶段的数据获得较为困难，且本项目为城市基础设施类项目，在我国现阶段开展项目较少，物有所值定量评估数据较少，综合上述情况，本项目的物有所值评估以定性评估为主。

本项目开展的物有所值定性评估主要包括全生命周期整合（15%）、风险识别与分配（15%）、绩效导向（15%）、潜在竞争程度（15%）、鼓励创新（5%）、政府机构能力（5%）、融资可行性（10%）；补充评估指标包括项目规模（5%）、全生命周期成本估计准确性（5%）、循环经济目标（5%）和世行贷款（5%）。需要说明的是，本项目物有所值评价于2015年11月进行，早于财政部2015年12月印发的《PPP物有所值评价指引（试行）》，因此定性指标有所不同。

评价结论为：在PPP模式下，项目公司通过较高的资源整合能力，以及多途径的融资组合，降低了资金成本，通过采用先进技术等途径控制成本，可实现合理利润最大化。

2. 财政承受能力论证

（1）项目财务条件

依据项目前期资料，本项目基本经济技术指标及可参考财政数据如下：

①基本条件及假设

本项目PPP合作期暂定为20年，其中建设期约2年，运营期约18年。

项目总投资暂定为4.2亿元，政府代表方市政投资公司持股40%。

本项目资本金为9 020万元，均来自项目公司注册资本；剩余部分包括世行贷款和银行长期贷款，贷款期限 20 年。

本项目运营成本核算采用综合法，成本增长率为 3%，大修及更新维护计提比例暂定为机电设备投资的 4%。

②财政收入及支出情况

根据宁波市财政局信息，宁波市本级 2010～2014 年一般预算收入及支出情况具体如表 1-4 所示。

表 1-4　　　　宁波市本级一般公共预算收入及支出　　　单位：亿元

类别	2010 年	2011 年	2012 年	2013 年	2014 年
一般公共预算收入	113.41	142.81	164.98	169.26	176.19
一般公共预算支出	141.83	163.87	178.6	197.05	203.92

③汇总分析

根据测算结果，垃圾处理服务费支出共计 154 057 万元；运营期间，风险承担支出总计 7 702.9 万元；无配套投入支出。

（2）财政承受能力评估

本项目财政支出能力评估主要对宁波市按照《政府和社会资本合作项目财政承受能力论证指引》（财金〔2015〕21 号）的相关要求评价财政承受能力，并为财政支出的分配提供参考依据。

①宁波市本级财政收支情况及预估

根据宁波市财政局数据，宁波市本级财政收入及支出详见表 1-5。

表 1-5　　　　宁波市本级一般公共预算收入及支出

类别	2010 年	2011 年	2012 年	2013 年	2014 年
一般公共预算支出（亿元）	141.83	163.87	178.6	197.05	203.92
同比增长（%）	—	15.5	8.99	10.33	3.49

经表 1-5 计算，2010～2014 年宁波市一般预算支出年均增长率为 9.5%。考虑国家未来经济政策性调整，结合财政预算按照收支平衡、略有节余的谨慎原则，统筹考虑，宁波市财政支出增长率按近 5 年最低值计算，拟定为 3.5%。根据拟定增长率，宁波市 2015～2031 年一般公共预

算支出预估情况详见表1-6。

表1-6　　　　宁波市本级2015~2030年一般公共预算支出预估情况

年份	一般预算支出（万元）	预计增长率（%）
2015	2 110 572	3.5
2016	2 184 442	3.5
2017	2 260 897	3.5
2018	2 340 029	3.5
2019	2 421 930	3.5
2020	2 506 697	3.5
2021	2 594 432	3.5
2022	2 685 237	3.5
2023	2 779 220	3.5
2024	2 876 493	3.5
2025	2 977 170	3.5
2026	3 081 371	3.5
2027	3 189 219	3.5
2028	3 300 842	3.5
2029	3 416 371	3.5
2030	3 535 944	3.5
2031	3 659 702	3.5
2032	3 787 792	3.5
2033	3 920 365	3.5
2034	4 057 577	3.5
2035	4 199 593	3.5
2036	4 346 578	3.5

②项目支出责任占比宁波市财政数据预估

根据《政府和社会资本合作项目财政承受能力论证指引》（财金

〔2015〕21号）的要求，"每一年度全部PPP项目需要从预算中安排的支出责任，占一般公共预算支出比例应当不超过10%"。结合本项目实际情况，以调整后的财政支出责任总计为基础，以宁波市本级财政每年一般公共预算支出为对标，则项目支出责任占比预估详见表1-7。

表1-7　　项目调整支出责任占比宁波市本级财政数据预估

类别	2016年	2017年	2018年	2019年	2020年	2021年	2022年
一般公共预算支出（万元）	2 184 442	2 260 897	2 340 029	2 421 930	2 506 697	2 594 432	2 685 237
财政支出责任总计（万元）	4 320.0	—	1 642.2	3 283.4	3 283.4	3 483.9	3 483.9
占比（%）	0.20	—	0.07	0.14	0.13	0.13	0.13
类别	2023年	2024年	2025年	2026年	2027年	2028年	2029年
一般公共预算支出（万元）	2 779 220	2 876 493	2 977 170	3 081 371	3 189 219	3 300 842	3 416 371
财政支出责任总计（万元）	8 708.7	9 517.2	9 517.2	9 517.2	10 399.2	10 399.2	10 399.2
占比（%）	0.31	0.33	0.32	0.31	0.33	0.32	0.30
类别	2030年	2031年	2032年	2033年	2034年	2035年	2036年
一般公共预算支出（万元）	3 535 944	3 659 702	3 787 792	3 920 365	4 057 577	4 199 593	4 346 578
财政支出责任总计（万元）	11 363.1	11 363.1	11 363.1	12 417.3	12 417.3	12 417.3	6 784.1
占比（%）	0.32	0.31	0.30	0.32	0.31	0.30	0.16

该项目为宁波市第一个PPP项目，实施本项目，当前及今后年度财政支出金额占一般公共预算支出的比例很小，宁波市财政对本项目的财政承受能力较强。同时，本项目的开展符合宁波市经济社会发展需要，符合当地人民对公共服务的需求，符合行业和领域均衡性要求。因此，本项目财政承受能力论证的结论为"通过财政承受能力论证"。

三、项目采购

(一) 市场测试及资格审查

1. 市场测试

为充分发挥社会资本方的专业优势,提高建设、运营管理效率,在实施方案初步成果汇报会之后,市城管局组织咨询公司等前往安徽、广东等地,进行类似项目的实地调研,同当地政府部门进行充分沟通,对潜在社会资本方进行背景调研。

通过这种非正式沟通,实施机构了解了市场参与主体的兴趣、愿望和要求,得到了市场的有效反馈,提高了项目实际运行的成功率,同时也为市场参与主体提供了了解政府项目目标和意图的机会,投资者可以开展更细致的研究,组建更有实力的联合团队,做出合理决策。

2. 资格预审

(1) 社会资本资格预审条件

本项目的社会资本应当具备如下条件:

ⅰ 境内外合法设立并有效存续的独立法人或其他经济组织。

ⅱ 社会资本的类似项目经验要求,下述两项满足其中一项即可:第一,以投资和运营模式(即为单个项目承担的业务中至少包括投资和运营两项,下同)承担过1个以上(含)平均日处理规模200吨以上(含)的厨余或餐厨垃圾处理项目经验,并且项目至少已达到试运行阶段;第二,社会资本以投资和运营模式承担过平均日处理规模800吨以上(含)的市政固废处理项目经验及以投资和运营模式承担过1个以上(含)平均日处理规模100吨以上(含)的厨余或餐厨垃圾处理项目经验,并且厨余或餐厨垃圾处理项目至少已达到试运行阶段。

ⅲ 社会资本需同时具备市政行业(环境卫生工程专业)设计甲级

和建筑行业（建筑工程专业）设计甲级；或同时具备环境工程固体废弃物处置设计甲级和建筑行业（建筑工程专业）设计甲级；或以上资质。

ⅳ本项目允许社会资本以联合体的方式参与，但联合体成员仅限于2家，且联合体牵头方应具备上述项目经验的要求。

ⅴ社会资本（如为联合体，则为联合体中牵头方）应满足下述财务要求：第一，满足项目经验要求的社会资本2014年末净资产不少于1.2亿元，2014年末总资产不少于4.0亿元；第二，满足项目经验要求的社会资本2014年末净资产不少于3.0亿元，2014年末总资产不少于10.0亿元。

上述社会资本需具备的项目经验可包括其控股子公司①项目经验。若社会资本为子公司，则其项目经验不可包括其母公司项目经验。

（2）资格预审方式

参加本项目资格预审的申请人必须同时提交技术方案，否则将拒绝其提交资格预审申请文件，并不予费用补偿。

通过资格审查并且其提交的技术方案经评审达到合格标准，均可参与后续招标。未参加资格预审的或资格预审未通过或其提交的技术方案经评审未达到合格标准的申请人，将被拒绝参与后续招标。

（3）技术方案补偿机制

对提交的技术方案，组织专家进行评审，并对优秀的技术方案给予适当的补偿，补偿金额设置如下（所有被补偿的技术方案的知识产权归采购人所有）：技术方案评审得分第一、二名，补偿人民币3.0万元；技术方案评审得分第三、四名，补偿人民币1.0万元；技术方案评审得分第五、六名，补偿人民币0.5万元。

（4）资格预审结果

第一阶段为技术方案征集及资格预审阶段，该阶段主要通过开放式征集技术路径的模式，对来自全国各地同时具备厨余垃圾处理经验和一定资金实力的社会资本进行评审，2015年12月13日，评审选定8家合格的

---

① 子公司中母公司持股达到50%以上时或低于50%时对子公司有实质控制权。

社会资本入围,按照排名顺序分别为:首创环保投资有限公司、厦门市联谊吉源环保工程有限公司/上海康恒环境股份有限公司、中国环境保护集团有限公司/中国恩菲工程技术有限公司、大连东泰产业废弃物处理有限公司/东方三山资本管理有限公司、蓝德环保科技集团股份有限公司/中国五洲工程设计集团有限公司、江苏维尔利环保科技股份有限公司、重庆市环卫控股(集团)有限公司、杭州锦江集团有限公司/中国联合工程公司。

第二阶段招标,对在第一阶段入围的社会资本提交的关于本项目的投资、设计、建设、运营及服务收费方案进行评审,并综合评分,出具评审报告。随后,依据综合评分产生中标候选人,经谈判最终确定中选社会资本。

(二) 评审情况

1. 评标方法

评标委员会按照综合评分法进行评估,综合评分法的满分标准为100分(其中技术标得分满分为60分,商务标得分满分为40分),具体评分细则见表1-8和表1-9。

表1-8　　　　　　　　　　评分细则

\multicolumn{2}{c	}{1. 技术标评分标准}		
\multicolumn{2}{c	}{评审项目}	满分	评分
技术方案 (42分)	技术方案的响应性	2	技术方案对技术方案征集及资格预审阶段提出的修改意见的响应情况。每未响应一条,扣0.5分,扣完为止。
	技术方案 (初步设计) 的完整性	2	技术方案达到的设计深度,设计深度不足的,酌情扣分。
		1	初步设计图齐全,得满分,设计图纸不完善的、图纸不全或有所欠缺的,酌情扣分。
		1	工艺计算说明书齐全,得满分,工艺计算说明书不完善的,酌情扣分。

续表

1. 技术标评分标准		
评审项目		满分	评 分
技术方案（42分）	技术方案（初步设计）的完整性	3	工程量清单按照 2010 版《浙江省建筑工程概算定额》、《浙江省安装工程概算定额》和《浙江省工程建设其他费用定额》编制，否则本项得 0 分。 工程量清单（技术规范和技术经济指标的一致性）不全或有所欠缺的，酌情扣分。
:::	:::	2	废水、恶臭气体排放标准达到招标文件要求的得 1 分，废水或恶臭气体每提高一个级别加 1 分，最高得 2 分。
:::	:::	1	处理每吨厨余垃圾用水量（m^3/吨）：处理每吨厨余垃圾用水量最低的得 1 分，其余投标人的处理每吨厨余垃圾用水量得分 =（最低的处理每吨厨余垃圾用水量/其余投标的处理每吨厨余垃圾用水量）×1（计算结果四舍五入，保留两位小数。中间计算过程不保留）。
:::	:::	1	处理每吨厨余垃圾综合能耗（千克标准煤/吨）：处理每吨厨余垃圾综合能耗最低的得 1 分，其余投标人的处理每吨厨余垃圾综合能耗得分 =（最低的处理每吨厨余垃圾综合能耗/其余投标的处理每吨厨余垃圾综合能耗）×1（计算结果四舍五入，保留两位小数。中间计算过程不保留）。
:::	:::	1	劳动定员（人工数量，含管理人员）：劳动定员最低的得 1 分，其余投标人的劳动定员得分 =（最低的劳动定员/其余投标的劳动定员）×1（计算结果四舍五入，保留两位小数。中间计算过程不保留）。
:::	:::	5	建筑工程和机电设备及安装工程投资合理性： 以所有有效投标人的建筑工程和机电设备及安装工程两者合计投资的算术平均值作为评审基准值（计算结果以元为单位，四舍五入保留至整数。计算偏差率时，结果以% 为单位，四舍五入保留至整数）。 所有建筑工程和机电设备及安装工程两者合计投资中，如最高投资额高于次高投资额 30% 的或最低投资额低于次低投资额 30% 的，则该最高投资额及最低投资额不作为评审基准值测算依据。该投标人得分为 1 分。 其他投标人的建筑工程和机电设备及安装工程两者合计投资在评审基准值 ±5%（含）范围以内的得 5 分；超过评审基准值 ±5% 的，每再超过 1% 扣 0.1 分（中间采用内插法，计算结果四舍五入保留两位小数）。

续表

1. 技术标评分标准			
评审项目		满分	评　　分
技术方案 （42分）	技术方案 （初步设计） 的完整性	3	技术方案内容是否完备。技术方案不完善的，酌情扣分。 技术方案内容包括但不限于以下内容： 垃圾接收、筛分、供料系统； 垃圾处理主体系统； 污水处理系统； 废渣处置系统； 沼气收集利用系统； 通风、恶臭防治系统； 环境教育中心； 配套设施。
^	技术方案 的针对性	2	技术方案对项目现场现状的调查、分析是否充分。现场调查、分析不充分的，酌情扣分。
^	^	2	技术方案采取措施对宁波厨余垃圾现状的适应性。
^	技术方案的 合理性	1	考察投标人技术方案工艺说明书的逻辑是否清晰合理。技术方案工艺说明书不清晰合理的，酌情扣分。
^	^	2	计算参数选择是否合理，说明是否充分。计算参数不合理、说明不充分的酌情扣分。
^	^	1	对物料平衡计算结果的准确性进行评审。
^	^	2	对能量平衡计算合理性（1分）、准确性（1分）进行评审。
^	工艺的 稳定性	5	投标人（联合体牵头方）具有所采用的预处理、厌氧发酵、废水、恶臭气体和沼气提纯5项相关工艺工程性应用经验，如有需提供业主证明材料，证明材料中需明确说明工艺类型、实际运行主体、运行工况良好。每项有效证明材料得1分。
^	^	3	类似业绩的整体运行有连续三月运行记录，并有污染物排放监测报告。 类似业绩：以投资和运营模式（即为单个项目承担的业务中至少包括投资和运营两项，下同）承担过厨余或餐厨垃圾处理的项目经验，并且项目至少已达到试运行阶段。 上述类似业绩经验可包括其控股子公司项目经验（控股子公司即子公司中母公司持股达到50%以上时或低于50%时对子公司有实质控制权）。 提供证明材料（在技术标文件中提供复印件，原件在提交投标文件时一并另行提供）：

续表

\multicolumn{2}{c	}{1. 技术标评分标准}		
评审项目		满分	评 分
技术方案 （42分）	工艺的稳定性	3	（1）类似业绩经验证明材料包括但不限于：业绩合同、项目实施机构或相关政府职能部门出具的试运行证明材料； （2）如提供的业绩为控股子公司的，须提供母公司的经具有相应资质的中介机构审计的2014年度审计报告（含合并财务报表）； （3）连续三月运行记录（附项目实施机构或相关政府职能部门证明或盖章）、有污染物排放监测报告。 每个业绩经验证明得1分，最高得3分。
	循环经济目标实现的可行性	1	整个厂区循环经济目标实现方案的可行性。
		1	固体废弃物减量目标分析合理性，是否体现环境友好性（0.5分），责任主体是否明确（0.5分）。
运营管理方案 （10分）	项目公司的组织架构	1	项目公司的组织架构是否完整、合理。
	人员方案	1	人员配备是否合理，是否能满足和适应本项目的要求。
		1	职工培训计划方案可行性。
	厨余垃圾处理厂运营维护计划和安排、运营维护记录报表	1	垃圾处理厂运营维护计划和安排的合理性和可行性、运营维护记录报表设计的专业性和完整性。
	运营维护方案	2	运营维护方案的完整性、合理性和可行性，是否有利于提高垃圾处理厂的管理、运营水平。
	应急预案	2	自然灾害、突发事件应急预案的完整性、合理性和可行性。
		2	生产及安全事故应急预案的完整性、合理性和可行性。
投资与融资方案 （5分）	融资实力（联合体以牵头方为准）	1	2014年底企业净资产1.2亿元得0.6分，每超出1亿元得0.2分，最高得1分（中间按插值法计算，计算结果四舍五入保留两位小数）。
		0.5	资产负债率≤60%，得满分，以60%为基准，负债率每增加1%扣0.1分，扣完为止（中间按插值法计算，计算结果四舍五入保留两位小数）。
		0.5	流动比率≥150%得满分；每下降10%扣0.1分，扣完为止（中间按插值法计算，计算结果四舍五入保留两位小数）。

续表

1. 技术标评分标准				
评审项目		满分	评 分	
投资与融资方案（5分）	资金使用情况	1	资金使用计划是否合理，是否反映本项目实际。	
	融资方案	2	制订出的融资方案是否能满足项目建设资金计划和资金需求，是否提出为实现该计划而需采取的保障措施。融资方案是否经过优化组合，融资方案是否切实可行。	
法律方案（3分）	对《PPP项目合同》提出的变更	3	根据投标人对《PPP项目合同》提出变更的程度。投标人提交的偏差表中提出的修改建议越少而且实质性修改建议越少的法律方案，得分越高。采用扣分制予以评分，每提出一条，扣0.5分，扣完为止。	
备注	1. 在统计技术标得分时遵循以下原则：技术标得分取所有评委打分的算术平均值（计算结果小数点后面保留两位小数，小数点后第三位"四舍五入"）。 2. 评委应按照客观、公正的原则对每一份技术标书进行打分，在统计技术分得分时，将对每一技术标分项得分进行偏离情况评估。过于偏离该分项得分平均值的，需由2/3以上评委确认通过。			

表1-9　　　　　　　　　　商务评分标准

2. 商务标评分标准			
评审项目		满分	评分
厨余厂部分沼气提纯收入（元/吨）（5分）	厨余厂部分沼气提纯产生的收入	1	收入表严格按照招标文件设定的条件，准确计算。如不准确的，得0分。
		4	每吨厨余垃圾所产生的沼气提纯的收入，所有有效报价的算术平均值±30%范围以外的投标报价得0分；所有有效报价算术平均值±30%（含）范围以内的投标报价，沼气提纯收入最高的投标报价为评标基准价，得满分，其余投标报价得分=（投标报价/评标基准价）×4（计算结果四舍五入，保留两位小数。中间计算过程不保留）。
运营成本（元/吨）（5分）	处理每吨厨余垃圾所需的成本	5	人工成本：人数×工资及工资性费用9万元/年·人； 折旧及摊销：设备折旧年限8年，土地及土建折旧年限18年； 大修计提比例：设备总投资的2%。 分析表中的整个合作期净利润+财政补贴合计后必须大于0。 上述四项计算方式如上，未按上述方法计算，每一项扣1分。

续表

2. 商务标评分标准		
评审项目	满分	评分
厨余垃圾处理服务费单价（元/吨）（30分）	厨余垃圾处理服务费单价	30	所有有效报价中，如最高报价高于次高报价30%的，则该最高报价不合理。所有有效报价中，如最低报价低于次低报价30%的，则该最低报价不合理。报价不合理的投标人本项得分为0分，且该报价不进入本评审项目下一步评审程序。
			经上述报价合理性评审后，厨余垃圾处理服务费单价在所有合理报价的算术平均值±30%（含）范围以内的厨余垃圾处理服务费单价最低的为评标基准价，得满分30分；在所有合理报价的算术平均值±30%（含）范围以内的其余投标报价得分=（评标基准价/投标报价）×30；在所有合理报价的算术平均值±30%范围以外的报价只得12分（计算结果四舍五入，保留两位小数。中间计算过程不保留）。

2. 评估结果

投标人的总得分为技术标、商务标得分之和。如果投标人总得分相同，则厨余垃圾处理服务费单价得分较高的投标人会排在前面。

评标委员会按照投标人的总得分从高到低进行排序，向招标人推荐三名得分最高的中标候选人，且标明排列顺序。

3. 中标人确定方式

通过资格预审的社会资本根据招标文件要求，提交最终的技术及商务方案响应文件；评审专家小组对技术及商务方案进行评审，并综合评分，出具评审报告。

本项目的招标标的为社会资本对厨余垃圾处理服务费的报价，即项目前期工作、设计、融资、投资、建设、运营和维护宁波市世行贷款厨余垃圾处理厂所对应的PPP合作期期初垃圾处理单价。

最后，依据综合评分产生中标候选人，评分最高的为第一中标候选人，经谈判最终确定中选社会资本。

4. 中标公示

2016年4月6日，市城管局在政府采购网对本项目的中标情况进行了公示，首创环保投资有限公司、中国环境保护集团有限公司/中国恩菲工程技术有限公司联合体、厦门市联谊吉源环保工程有限公司/上海康恒环境股份有限公司联合体分别被列为第一、第二和第三中标候选人。

（三）合同谈判及签署

根据最后的综合评分，首创环保作为第一中标候选人参与了本次合同谈判。首创环保充分响应了与项目有关的法律及商务条款，经过谈判最终确定宁波市世行贷款厨余垃圾处理厂PPP项目的中标人为首创环保，中标价为198元/吨的厨余垃圾处理服务费单价。

中标报价测算依据的边界条件均在招标文件中明确，涉及费用的几项边界条件如下：

项目用地及拆迁等前期费用6 730万元，需计入总投资；

沼气利用方式采用提纯天然气入网，入网价格按浙江省天然气并网价的95%结算，2.17元/标准立方米；

接收临近餐厨项目的污水388吨/日，向餐厨项目收取40元/吨污水处理费；

接收临近餐厨项目的沼气7 000标准立方米/日，支付餐厨项目1.26元/立方米沼气购买费；

残渣处理费用，焚烧厂接收沼渣的价格为250元/吨，接收生活垃圾的价格为150元/吨，填埋场接收残渣的价格为92元/吨。

2016年6月24日宁波市城管局与首创环保签署《宁波市世行贷款厨余垃圾处理厂PPP项目合同》。

四、项目落地情况

(一) 项目公司设立情况

项目公司：宁波首创厨余垃圾处理有限公司；
地址：宁波市海曙区洞桥镇宣裴村裴岙；
注册资本：9 020 万元；
设立时间：2016 年 8 月 4 日。

1. 股权结构

项目公司由市政投资公司与中标社会资本首创环保合资成立，项目公司注册资本 9 020 万元。市政投资公司作为国有资本出资代表出资 3 608 万元，占有项目公司 40% 股权。首创环保出资 5 412 万元，占有项目公司 60% 股权。

2. 管理层架构

项目公司经营管理机构由 1 名总经理（由首创环保推荐并经董事会任命）、4 名副总经理（其中 1 名副总经理由市政投资公司推荐并经董事会任命，3 名副总经理由首创环保推荐并经董事会任命）和 1 名财务总监（由市政投资公司推荐并经董事会任命）组成。

项目成立后，由双方按合同约定委派董事。董事会为项目公司的最高权力机构。

董事会由 5 名董事组成，其中政府方委派 1 名，社会资本方委派 3 名，双方共同推荐 1 名由实施机构提名的人员，该名实施机构指定之董事不在项目公司担任除董事外的其他职务。

董事会设董事长 1 名，副董事长 1 名。董事长由首创环保委派，并经市政投资公司书面同意。董事长是项目公司的法定代表人。董事长任期 3 年，任期届满，可连选连任。董事的任期 3 年，经委派方继续委派，可以连任。

(二) 项目融资落实情况

1. 融资方式及条件

本项目的融资结构如下:

本项目的主要融资为由市财政局提供的来自世行的美元转贷款(折合人民币约1.4亿元),具体程序如下:根据我国与世行于2013年7月4日签订的"世行贷款宁波城镇生活废弃物收集循环利用示范项目"《贷款协定》(贷款号8250-CHA)、宁波市政府与世行于2013年7月4日签订的《项目协定》、财政部与宁波市政府于2013年9月29日签订的《转贷协议》以及本项目PPP合同,宁波市政府授权市财政局与项目公司签订了《宁波市财政局与宁波首创厨余垃圾处理有限公司关于实施世行贷款宁波城镇生活废弃物收集循环利用示范项目厨余垃圾处理子项目的转贷协议》(以下简称"转贷协议"),市城管局经宁波市政府授权,同意将财政部给宁波市政府的以单一美元计算的总额为8 000万美元中的2 320万美元(约合人民币1.4亿元)贷款转贷给项目公司,融资期限为20年,其中宽限期2年,采用每年两次等额本金还本,融资利率为世行浮动利差贷款(VSL);该笔转贷款将用于本项目100%机电设备供货与安装合同支付和50%土建合同支付,实行实报实销。

还款期限约定为:自2018年11月15日起,至2038年5月15日止,项目公司每年分两次向市财政局偿还贷款本金。还本付息的时间为每年的5月15日和11月15日。还本付息按美元计算,以人民币交付(汇率以还本付息付费前10天的当日中国银行公布的美元卖出价为准)。

其余资金由项目公司自行通过银行融资。

2. 融资实际执行情况和交割情况

截至2018年1月,世行共有8笔贷款(共计4 036.7万元)下拨到项目公司。

3. 再融资问题

关于融资问题，PPP 合同中约定，除为本项目融资之目的并经市城管局事先书面许可，项目公司的股权不得设置质押或任何其他担保权益。

（三）项目进度

1. 项目实施进度

本项目由市城管局负责实施过程的协调管理工作，市城管局的下属机构宁波市生活垃圾分类管理中心全面负责前期立项、"两评一案"编制工作、部署成立招标工作小组，合理安排招标分工协作，项目的实施进度如图 1-2 所示。

2. 项目建设进度

①项目投资建设进度

本项目目前投资进度达到 13 082.57 万元。主要投资情况如下：土建投资 2 628.41 万元；设备 2 821.6 万元；土地征用、迁移补偿等费用 6 527 万元；勘察设计等费用 350 万元；项目单位管理费、临时设施费 750 万元。

②项目工程进展

项目已完成选址意见、用地规划、规划条件、环境评价、社会稳定风险评估、防洪评价咨询、文物勘探等前期工作。项目开展进度如下：2015 年 9 月项目被列入财政部第二批 PPP 示范项目清单；2016 年 3 月 29 日成功完成社会资本方的招标工作；2016 年 6 月 28 日完成 PPP 合同签约；2016 年 7 月 28 日进行项目建议书评审；2017 年 4 月完成满足采购招标要求的施工图；2017 年 4 月提交申请，于 5 月 23 日入选国家发改委第二批 PPP 示范典型案例名单；2017 年 8 月 24 日完成世行监管下的全部设备包和土建包招标；2017 年 11 月环评修编完成；2017 年 12 月 1 日取得施工许可证；2018 年 1 月底，桩基施工基本完成。

案例1 浙江省宁波市世行贷款厨余垃圾处理厂项目

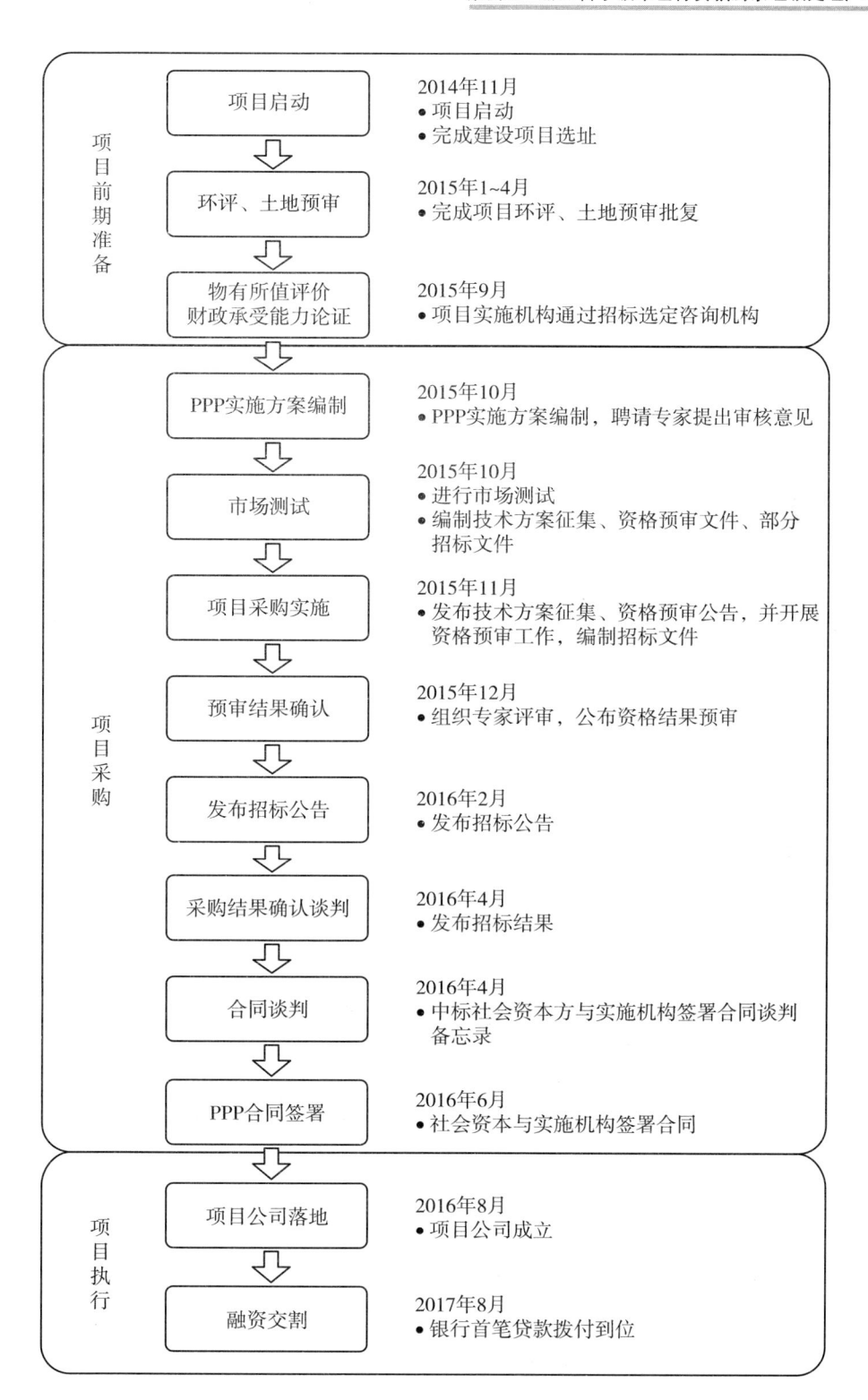

```
┌─────────────────────────────────────────────────────────────┐
│ 项  ┌──────────────┐   2014年11月                           │
│ 目  │  项目启动    │   • 项目启动                            │
│ 前  └──────┬───────┘   • 完成建设项目选址                   │
│ 期         ▽                                                │
│ 准  ┌──────────────┐   2015年1~4月                          │
│ 备  │ 环评、土地预审│  • 完成项目环评、土地预审批复         │
│     └──────┬───────┘                                        │
│            ▽                                                │
│     ┌──────────────┐   2015年9月                            │
│     │物有所值评价   │   • 项目实施机构通过招标选定咨询机构 │
│     │财政承受能力论证│                                      │
│     └──────┬───────┘                                        │
└────────────│────────────────────────────────────────────────┘
             ▽
┌─────────────────────────────────────────────────────────────┐
│     ┌──────────────┐   2015年10月                           │
│     │PPP实施方案编制│  • PPP实施方案编制，聘请专家提出审核意见│
│     └──────┬───────┘                                        │
│            ▽                                                │
│     ┌──────────────┐   2015年10月                           │
│     │  市场测试    │   • 进行市场测试                        │
│     └──────┬───────┘   • 编制技术方案征集、资格预审文件、部分│
│            ▽             招标文件                           │
│     ┌──────────────┐   2015年11月                           │
│     │ 项目采购实施 │   • 发布技术方案征集、资格预审公告，并开展│
│     └──────┬───────┘     资格预审工作，编制招标文件         │
│ 项         ▽                                                │
│ 目  ┌──────────────┐   2015年12月                           │
│ 采  │ 预审结果确认 │   • 组织专家评审，公布资格结果预审      │
│ 购  └──────┬───────┘                                        │
│            ▽                                                │
│     ┌──────────────┐   2016年2月                            │
│     │ 发布招标公告 │   • 发布招标公告                        │
│     └──────┬───────┘                                        │
│            ▽                                                │
│     ┌──────────────┐   2016年4月                            │
│     │采购结果确认谈判│ • 发布招标结果                        │
│     └──────┬───────┘                                        │
│            ▽                                                │
│     ┌──────────────┐   2016年4月                            │
│     │  合同谈判    │   • 中标社会资本方与实施机构签署合同谈判│
│     └──────┬───────┘     备忘录                             │
│            ▽                                                │
│     ┌──────────────┐   2016年6月                            │
│     │ PPP合同签署  │   • 社会资本与实施机构签署合同          │
│     └──────┬───────┘                                        │
└────────────│────────────────────────────────────────────────┘
             ▽
┌─────────────────────────────────────────────────────────────┐
│ 项  ┌──────────────┐   2016年8月                            │
│ 目  │ 项目公司落地 │   • 项目公司成立                        │
│ 执  └──────┬───────┘                                        │
│ 行         ▽                                                │
│     ┌──────────────┐   2017年8月                            │
│     │  融资交割    │   • 银行首笔贷款拨付到位                │
│     └──────────────┘                                        │
└─────────────────────────────────────────────────────────────┘
```

图1-2 PPP项目实施进度

· 39 ·

五、项目监管

（一）实施机构及相关行业主管部门监管

政府方对项目公司的监管是实施 PPP 项目的必要措施，是确保项目公司提供高效率、高质量的公共服务的有力保证。本项目的主要监管机构为宁波市城管局。在遵守、符合适用法律要求的前提下，宁波市城管局有权对项目公司在履行本项目合同建设期内的建设情况及运营期的运营情况进行监督和检查。

此外，宁波市发改委、财政局、环保局、物价局、国土局等部门，将根据各自职权范围发挥行业监管作用。各相关部门在市政府的统一协调下，建立固定的联系机制，形成对项目公司全方位的监管。

（二）股东监管

项目公司设股东会，股东会由全体股东组成，股东会是公司的最高权力机构。首次股东会确定公司董事会成立相关事宜。市政投资公司方董事在有关社会经济民生重大事项上拥有一票否决权。本项目公司还设置了监事会。监事会是项目公司的监督机构，并根据《合资经营合同》及《公司章程》的规定，监督项目公司的相关事宜。

六、项目点评

（一）特点及亮点

1. 前期准备工作充分扎实，为项目成功实施夯实基础

本项目是世行贷款宁波城镇生活废弃物收集循环利用示范项目的子项

目之一。2013年宁波市财政局在与世行的贷款协议中具有前瞻性地预留了一个资金出口，在接下来的2年多时间里，市财政局与财政部、世行以及宁波市其他有关部门反复探讨用PPP的新模式去实施本项目的可能性。2015年在国家提出推广PPP后，按照中央在股权结构上的要求，经过长期的前期沟通，市财政局联合其他各部门，终于成功推进实施了本项目。

2015年7月29日，按照《宁波市关于推广运用政府和社会资本合作模式的指导意见》（甬政办发〔2015〕114号）文件精神，宁波市政府决定采取PPP模式实施世行贷款厨余垃圾处理厂项目，政府相关部门进行了充分准备，在方案策划过程中开展了全方位、多层次的沟通讨论与修改完善。方案策划工作包含以下几个方面：

聘请专业咨询机构全程策划PPP项目。通过公开招标方式，选择专业的咨询机构，负责本项目的方案策划、财务、法务等咨询工作。

聘请国内PPP领域专家组建业主智囊团。为更好地推动本项目实施，专门聘请了相关领域顶级专家，作为业主的智囊团，全程参与项目策划、物有所值评价、财政承受能力论证、实施方案编制、社会资本资格预审、合作伙伴招标、项目公司组建等PPP项目相关工作。

实地考察调研类似PPP项目。在实施方案初步成果汇报会之后，业主组织咨询公司等前往安徽池州污水PPP项目、广东佛山垃圾处理静脉园区进行类似项目的实地调研，同当地政府部门、社会资本方进行充分沟通，借鉴已实施项目的成功经验，为下阶段实施方案的完善做好充分准备。

策划过程历经相关单位充分讨论。在方案策划过程中，宁波市发改委在北京召开实施方案初步成果汇报会，宁波市财政局、城管局、PPP联席会议成员单位、政府方出资代表宁波市政投资有限公司以及咨询机构、专家团队参加了本次会议，并邀请中央部委相关专家参与本项目的讨论。此外，上述单位还在宁波本地多次连续几天专题讨论审核实施方案、物有所值评估、财政承受能力论证、社会资本资格预审和合作伙伴招标等文件，较好地保证了项目成果质量。

宁波市PPP项目联席会议全程审查把关。实施方案编制过程中，宁波市PPP联席会议办公室市发改委多次组织联席会议成员单位对本项目实施方案进行审议，成员单位全程参与项目论证。按照《宁波市本级PPP项目基本操作流程》，在各单位出具项目书面审查意见后，PPP联席会议出具审议意见，为市政府批复实施方案提供依据。在后续推进过程中，市发改委又持续协调相关审批事项，为项目的顺利推进实施提供了机制保障。

2. 将世行资金成功嵌入厨余垃圾处理PPP项目，大幅降低企业融资成本

作为世行贷款宁波市城镇生活垃圾收集循环利用示范项目的子项目之一，本项目在资格预审的环节中，便向社会资本方承诺，将由实施机构向社会资本方提供来自世行的转贷款，世行贷款资金将用于本项目100%的机电设备投资及50%的土建投资。

为了以最优化的方式嵌入世行贷款，根据世行《货物、工程和非咨询服务采购指南》中关于"公私合作模式（PPP）采购"的要求，本项目采用了选择社会资本时采用国内采购程序进行招标，项目公司成立后采用世行采购原则公开采购土建及设备承包商，采用两步招标方式，既满足了PPP模式的要求，又符合世行采购原则。

世行贷款融资利率为世行浮动利差贷款（VSL），约为2%，远低于同期人民银行贷款基准利率，因此极大地降低了项目的融资成本，提升了项目公司的收入。

3. 引入循环经济指标作为考核指标，体现注重运营效果、鼓励创新的PPP核心机制

为最大限度地利用厨余垃圾中的有机质，尽可能降低出厂废物的总量，提高减量化效果，本项目还设置了循环经济考核指标，对循环经济这一减量化指标进行考核。虽然增加了社会资本方所承担的技术风险，但充分体现了运用PPP框架对推进技术创新的激励效果，激励社会资本方在运营环节的技术管控，使最终收益与运营情况严格挂钩，具有很强的行业

示范意义。

4. 以园区共享共建的模式，实现生活垃圾协同处置

按照宁波市提出的"协同处置、共享共建"的理念，本项目在规划时与生活垃圾焚烧发电项目、餐厨垃圾处理项目选址于宁波市海曙区固废中心园区内，在项目招标过程中，实施机构对这三个项目的废弃物去向和协同处置的付费情况进行了清晰的界定，从而有助于实现目前园区内废弃物的协同处置。

本项目在筛分预处理环节产生的筛上可燃物，将以150元/吨的处置费交由焚烧厂进行处置；而临近餐厨垃圾处理项目产生的废水，在收取40元/吨处置费的情况下，由本项目为餐厨垃圾处理项目提供污水处理服务。这种终端处置设施共享共建的协同处置模式，可为今后国内各城市进行固体废弃物处理园区规划提供可借鉴、参考的样本。

（二）项目实施成效

1. 经济效益：高标准打造双绿色三星环保项目，高品质处理厨余垃圾提供生物天然气，凸显企业环保理念，经济、环保效益显著

2016年，首创环保以"技术方案排名第一、商务环节大幅领先对手"的绝对优势中标世行贷款宁波厨余垃圾处理厂PPP项目。该项目是国内首个使用世行贷款的大型厨余垃圾厌氧综合处理项目，也是国内环保领域第一个采用财政部推荐的以DBFOT（设计-建设-融资-运营-移交）模式操作的PPP项目。

按照宁波市政府对本项目以"高起点、高标准、高质量"的建设要求，首创环保致力将该项目做成宁波市的标杆项目、行业内的样板项目和示范项目，并提出了争创国内第一个民用、工业双绿色建筑三星级标准的环保项目的目标。

本项目一、二期建成投产后，不仅能够日均处理 800 吨厨余垃圾，还可以提供日均约 42 000 立方米的生物天然气，年均减排二氧化碳总量 34 万吨，实现分类后厨余垃圾资源的循环利用，而且项目建筑本身具有绿色节能、低碳循环的功效，将会产生良好的环境效益、经济效益。

2. 产业效益：建设厨余垃圾末端处理工程，打通生活垃圾分类产业流程，行业示范意义显著

目前，推行垃圾分类的众多城市中，基础设施主要还是集中在源头分类投放设备上，末端的处置设施尚未形成规模，这是造成很多垃圾分类试点地区前端分类、后端大杂烩现状的主要原因，同时也极大影响了公众参与垃圾分类的积极性。

得益于世行资金的支持，宁波在生活垃圾分类工作中取得了显著的成效。目前，城区生活垃圾分类收集覆盖面已超过 75%。本项目的建设，把源头分类过程产生的厨余垃圾等有机易腐垃圾进行资源化利用，打通了生活垃圾源头分类收集、末端有效处置的产业流程链，为今后《生活垃圾分类制度实施方案》的广泛推进，起到了良好的示范效果。

3. 社会效益：利用世行资金，提前布局垃圾分类工作，积极推进生活垃圾强制分离，开创垃圾分类"宁波模式"

依托世行资金的支持，宁波市城镇生活垃圾收集循环利用示范项目于 2013 年正式启动。2016 年，宁波市政府在《垃圾强制分类制度方案》征求意见阶段，便完成了本项目的前期规划工作，使本项目成为国内首个在《生活垃圾分类制度实施方案》出台前，完成实施方案的厨余垃圾资源化项目。

此后，宁波市一直积极构建垃圾分类收运处体系、垃圾分类管理平台。宁波市生活垃圾分类管理中心还实施了基于成果的激励机制，逐步推行以成果为导向、以社区为对象、以移动互联技术为支撑的可核查、可报告的分类绩效评价体系。即通过拍照评级，核查厨余垃圾分类质量；通过车载计量、处置终端计量等方式分别统计厨余垃圾、可回收物、有害垃圾

的收集数量，综合评价分类绩效，据此给予社区经费激励。同时，建立了垃圾分类管理平台，对垃圾分类物资发放、收运车辆信息、厨余垃圾分类质量、垃圾处理设施计量等进行在线统计和监管。此外，通过二维码关联居民家庭、运用大数据分析、云计算等技术，建立居民家庭分类行为。

到目前，生活垃圾分类居住小区家庭累计推广户数已达50万户，城区生活垃圾分类收集覆盖面达75%，垃圾分类成效显著，形成了垃圾分类"宁波模式"，为本项目后期的稳定运行，打下了坚实的基础。

4. 环境效益：生活垃圾分类收集、厨余垃圾末端资源化利用，符合低碳、固碳循环发展理念

生活垃圾分类是一项系统工程，要建立一个经济、高效、环保的垃圾分类处理系统，垃圾分类实施方案必须以现有和拟建的终端处理设施为前提，以技术为基础，辅以政府各种规章制度的配合，才能使垃圾分类工程健康持续地进行下去。自从2013年实施生活垃圾分类工作以来，宁波市根据以往的经验和城市特点，制订了具体的垃圾分类和终端处理方案，对分类工作起到了良好的推进作用。

作为厨余垃圾的终端处理项目，本项目通过源头分类，对厨余垃圾进行厌氧综合处理，通过设置的厨余垃圾预处理系统，对进入厂内的厨余垃圾进行精细筛分处理，将残留的废纸、玻璃、包装物（塑料、金属、复合）分类回收、销售，减少进入焚烧厂的垃圾总量，可降低焚烧处置时的二氧化碳排放量；通过干式厌氧消化系统对预处理后的厨余垃圾进行厌氧发酵，将其转变为生物天然气、无污染的有机肥，实现"厨余垃圾—能源/肥料—农作物"的闭合工艺链，使厨余垃圾以有机肥的形式回归于农田，实现固碳、低碳的发展理念，推动垃圾处理的循环发展。

（三）问题与建议

1. 股东担保问题

本项目在PPP合同中要求全周期股东提供担保。PPP项目一般是项目

融资，无追索或者有限追索，但本项目要求股东提供担保，增加股东负担和风险。建议回归 PPP 本质，不要求股东担保或仅在建设期提供有限担保，规避完工风险后即可撤销担保。

2. 循环经济考核指标中残渣率定量缺乏依据

引入循环经济考核指标是本项目绩效考核的一大亮点，但循环经济考核指标出厂残渣率低于 25%，即减量率达到 75% 的标准要求偏高，综合国内外同类型有机垃圾生化处理项目，出厂残渣率均高于 35%。即使是减量效果较好的焚烧厂，采用炉排炉技术时，减容率可达 90%，减量率为 80%。本项目设置的循环经济考核标准，减量率的要求几乎等同于垃圾焚烧厂的减量率，对于有机垃圾生化综合处理项目难度较大，且大大增加了项目的技术风险和运行成本。建议类似厨余垃圾采用综合处理工艺的项目，将出厂残渣率设置在 35%~40% 较为合理。

案例 2

安徽省黄山市生活垃圾综合处理厂工程 PPP 项目

一、项目摘要

项目基本信息见表 2-1。

表 2-1　　　　　　　　　　项目基本信息

项目名称	安徽省黄山市生活垃圾综合处理厂工程 PPP 项目（以下简称"本项目"）
项目类型	新建
所属行业	市政工程——垃圾处理
合作内容	1. 总投资：40 168.04 万元，包括固定资产投资 38 839.62 万元、流动资金 195.62 万元及建设期借款利息 1 132.80 万元。 2. 建设内容：生活垃圾焚烧发电厂，总规模 900 吨/日，分两期建设，一期 600 吨/日，二期 300 吨/日，所有土建工程一次性建成，预留一条二期工程生产线。一期工程：2×300 吨/日生活垃圾焚烧线 +12 兆瓦汽轮发电机组；二期工程：1×300 吨/日生活垃圾焚烧线 +6MW 汽轮发电机组。生活垃圾低位热值设计值为 6 280 千焦/千克（1 500 千卡路里/千克），低位热值设计值变化范围为 4 190~8 370 千焦/千克（1 000~2 000 千卡路里/千克）。 3. 运营服务范围：中心城区、歙县、徽州区、休宁县、黄山风景区、黄山区、祁门县、黟县的城市生活垃圾的焚烧处理。 4. 产出标准： （1）烟气排放标准达到国内一流水平，烟气净化系统采用"SNCR（炉内喷尿素水）+半干法（石灰浆溶液）+干法（$NaHCO_3$ 干粉）+活性炭喷射+布袋除尘"工艺。 （2）炉渣符合标准的将被综合利用。飞灰在厂内经稳定化处理后，满足《危险废物鉴别标准　浸出毒性鉴别》（GB 5085.3-2007）和《生活垃圾填埋场污染控制标准》（GB 16889-2008）的要求后，运输至指定区域填埋。

续表

合作内容	（3）全厂污水主要来自垃圾坑产生的渗滤液、厂区车辆冲洗水、卸料大厅的地面冲洗水以及生活污水，该水量全部收集并进入渗滤液处理站进行处理，实现污水零排放。
合作期限	30年（含建设期和试运营期24个月）
运作方式	建设－运营－移交（BOT）
资产权属	合作期限内，项目公司拥有项目设施的所有权、经营权和收益权。
回报机制	可行性缺口补助
实施机构	黄山市城市管理行政执法局（黄山市市容环境管理局）（以下简称"市城管局"）
采购方式	公开招标
政府出资方	无
咨询机构	中化国际招标有限责任公司（以下简称"中化招标"）
中选社会资本	天津泰达环保有限公司（以下简称"天津泰达"），国有企业
签约日期	2016年4月18日
项目公司设立概况	项目公司名称：黄山泰达环保有限公司 设立时间：2016年3月16日 股权结构：天津泰达环保有限公司（有限责任公司）独资，注册资本2亿元
主要贷款机构	中国建设银行股份有限公司黄山徽州支行，目前已完成贷款5 000万元。后续贷款将根据项目建设进度逐步落实。

二、项目识别论证

（一）项目概况

本项目是黄山市政府为解决日益增加的城区生活垃圾量和现有垃圾处理能力之间的矛盾缺口而提出的。目前黄山市城区生活垃圾均送至徽州区翰山村里石亭填埋场处理，填埋场设计处理规模为320吨/日，设计库容为620万立方米，处理范围为黄山市南部经济群（中心城区、休宁县、徽州区、歙县及黄山风景区）。该填埋场有效解决了黄山市南部城区生活垃圾的出路，但存在资源化程度低、占地面积大、臭气及渗滤液对周围环境的二次污染较难控制等不足。现黄山市南部经济群日产垃圾量及实际处理量约为400吨/日，石亭填埋场处理能力已严重饱和，大量城市、农村生活垃圾得不到有效处理。根据《黄山市城市总体规划（2008－2030）》，中心城区人口将由2015年的41.5万人增加至2030年的70万人，到远期生活垃圾量将增加至840吨/日，现有填埋场不能满足垃圾处理需求，使用年限将大大缩小，需另建新的生活垃圾处理设施。

近年来，随着黄山市城市发展和经济水平的提高，人民生活水平逐渐提高，生活垃圾热值逐渐升高，具备了焚烧处理的条件。参考国内其他类似城市的运行经验表明，黄山市采用焚烧处理生活垃圾是可行的，并且具有一定的经济效益。本项目工程建设总投资较大，还要配套修建渗滤液处理设施、上网接入系统、进场道路等设施，因此仅靠传统的政府举债投资建设的模式，在增加政府债务的同时，很难及时满足城市、农村生活垃圾处理的要求，而市场上已经出现了一批从事垃圾焚烧具有专业处理技术、运营管理经验和投资融资能力的专业环保企业，引入社会资本以PPP模式共同完成项目成为多个城市此类项目的首选方式。通过PPP模式合作，社会资本不仅能够为项目带来先进的处理技术，提高垃圾处理的飞灰、烟气、炉渣、渗滤液等各项排放指标，还能够提高运营效率并降低运营成本，从而降低地方政府的财政负担；同时，社会资本具有丰富的融资渠道，也能够为本项目的建设提供更多的资金来源。

本项目为新建工程，选址在黄山市徽州区洪坑村毛亭。场址周围居民较少，距离最近居民点约800米，征地拆迁费用低；供排水、供电、道路等配套工程条件较好，配套工程建设费用低；生产用水可从厂址西边的丰乐河取水，距离约4.0公里；选址的西北边规划拟建一条快速通道，交通运输较为便利；该选址周边为空地，具备建设环保产业园的用地条件，便于污染控制，满足黄山市环卫设施处理的长远规划与需求，能够解决该类项目选址难的"瓶颈"。

本项目占地面积约75亩，设计日焚烧处理生活垃圾900吨（一期600吨）。项目总投资40 168.04万元，其中：固定资产投资38 839.62万元；铺底流动资金为195.62万元；建设期借款利息为1 132.80万元。以PPP模式实施本项目，旨在以高效环保的方式，合理处置生活垃圾，解决垃圾填埋带来的土地资源污染与浪费，并利用垃圾焚烧所产生的热能发电，充分利用其剩余价值。

（二）发起方式

本项目由政府方发起。

（三）实施方案

1. 合作范围界定

（1）项目建设内容

主要包括：焚烧工程、渗滤液处理工程、炉渣综合利用工程、飞灰处理工程等。

（2）国内采购设备及材料清单

焚烧工程：垃圾接收及储存系统、垃圾焚烧系统、余热锅炉系统、汽轮发电机系统、烟气处理系统、飞灰处理系统、炉渣处理系统、自动控制系统、电气系统等；

渗滤液处理工程：厌氧反应器、膜生物反应器等；

炉渣综合利用工程：搅拌机、输送机等；

飞灰处理工程：灰仓、混炼机等。

（3）工程规模

ⅰ 本项目处理规模为日焚烧处理生活垃圾900吨（一期600吨，二期预计2025年投产）。生活垃圾低位热值设计值为6 280千焦/千克（1 500千卡路里/千克），低位热值设计值变化范围为4 190~8 370千焦/千克（1 000~2 000千卡路里/千克）。

ⅱ 本项目焚烧工艺采用国产先进的机械炉排炉。一期设置两台焚烧炉，单台炉日实际处理能力为 300 吨。余热锅炉采用中温中压蒸汽锅炉（400℃，4 兆帕），一期工程先安装 1 台 12 兆瓦汽轮发电机组和 1 套旁路凝汽器，蒸汽冷凝方式采用水冷。

ⅲ 本项目烟气排放标准达到国内一流水平，烟气净化系统采用"SNCR（炉内喷尿素水）+半干法（石灰浆溶液）+干法（NaHCO$_3$干粉）+活性炭喷射+布袋除尘"工艺。

ⅳ 本项目炉渣符合标准的将被综合利用。飞灰在厂内经稳定化处理后，满足《危险废物鉴别标准 浸出毒性鉴别》（GB 5085.3 – 2007）和《生活垃圾填埋场污染控制标准》（GB 16889 – 2008）的要求后，运输至指定区域填埋。

ⅴ 本工程产生的污水处理：全厂污水主要来自垃圾坑产生的渗滤液、厂区车辆冲洗水、卸料大厅的地面冲洗水以及生活污水，二期最大水量 250 立方米/日，该水量全部收集并进入渗滤液处理站进行处理，处理工艺采用"UASB 反应器+膜生物反应器（MBR）+纳滤（NF）+反渗透（RO）"，处理后出水达到《城市污水再生利用工业用水水质》（GB 19923 – 2005）中敞开式循环冷却水系统补充水后回用至厂区冷却塔补水，实现污水零排放。

2. 风险分配方案

本项目风险分配遵循最优风险分配原则、风险收益对等原则及风险有上限原则。主要有政治、建设、运营、金融、环境及其他风险等，风险分配框架如表 2 – 2 所示。

表 2 – 2　　　　　　　　　　风险分配

风险类别	风险内容	政府承担	社会资本承担	共同承担
政治风险	撤销和征用风险	√		
	国有化、取消、没收，政府面临终止补偿	√		
	宏观经济变化	√		
	审批获得延迟			√
	土地使用权	√		

续表

风险类别	风险内容	政府承担	社会资本承担	共同承担
法律变更	政府可控的法律变更	√		
	政府不可控的法律变更			√
项目前期	规划的确定、变更			√
	土地如期交付投资人使用	√		
	资格预审中设置的条件不高，潜在投资者的投资可能性均存在风险	√		
融资风险	未筹足所需资金		√	
	融资成本超过预算		√	
	再融资不确定性		√	
设计建设风险	初步设计文件有缺陷		√	
	施工设计出现错误		√	
	施工质量欠佳		√	
	工地安全		√	
	成本超支		√	
	延期完工		√	
	缺陷与隐蔽缺陷		√	
	考古和历史文物的保护	√		
	施工技术不过关		√	
	项目PPP合同变更			√
	分包商违约		√	
	工地事故		√	
运维风险	运营成本超支		√	
	垃圾供应不足	√		
	运营商违约		√	
	服务质量不好，造成环境影响		√	
	维护成本过高		√	
	维修过于频繁		√	
	运维效率低		√	
	设备维护状况		√	

续表

风险类别	风险内容	政府承担	社会资本承担	共同承担
运维风险	运维技术要求改变	√		
	迟延支付运维服务费	√		
	由于设计缺陷引起运维不达标		√	
	由于运维人员不遵守规程引起运维不达标		√	
	由于原材料价格上涨和数量增多导致运营成本超支			√
	垃圾处理费不足，资金不能到位，物价局未能及时批复的风险	√		
财经风险	通货膨胀、利率、外汇兑换性			√
移交风险	项目移交时不能满足技术的新要求	√		
	移交费用超预算		√	
	没有达到移交条件		√	
不可抗力				√
项目公司破产			√	

此外，根据双方签订的特许经营协议，在特许经营期内，如遇国家政策调整，上网电价发生政策性变化时，应相应调整垃圾处理服务费，具体调整幅度由双方结合实际情况并按照基本维持原有收益水平的原则协商确定。

对于垃圾热值，政府未对垃圾热值进行承诺，且在招标时明确具体热值应由投标人自行调研并据此测算。

3. 交易结构

（1）运作模式

通过对于项目基本情况、风险分配、融资要求、回报机制、项目移交等关键因素的分析研究，本项目采用BOT的模式运作：项目公司负责本项目投资融资、建设实施、运营维护管理和资产管理全过程，自主经营、保本微利。项目收益基于上网电费收益以及政府可行性缺口补助获得。市城管局依法授予项目公司垃圾焚烧的特许经营权，黄山市政府将购买项目公司提供的垃圾综合处理的公共产品和服务。合作期届满项目公司将本项目无偿移交给政府方或政府方指定的机构。

项目基本交易结构如图 2-1 所示。

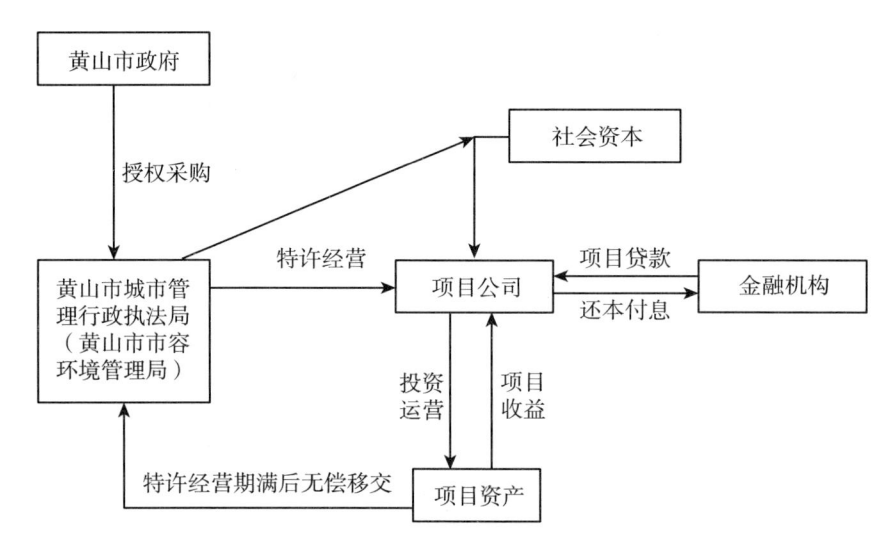

图 2-1 交易结构

就运作模式具体说明如下：

第一，市政府授权市城管局作为本项目的实施机构。

第二，市城管局通过公开、公平、公正的竞争方式采购社会资本。

第三，由中标社会资本独资成立项目公司，并注入项目公司注册资本。

第四，市政府授权市城管局与项目公司签署《PPP 项目合同》，授权项目公司负责本项目的建设、投融资、运营，提供约定的服务内容，直至项目运营期满移交。

第五，项目公司与金融机构签订《融资协议》进行项目融资，融资金额为项目总投资与项目资本金之间的差额。

第六，在合作期限内，市城管局及其他政府相关部门对项目公司的服务质量进行考核，考核结果作为政府支付可行性缺口补助的依据。

第七，在合作期限内，项目公司通过取得政府支付的可行性缺口补助及使用者付费,以补偿经营成本、还本付息(若有)、回收投资、覆盖应缴税金并获取投资回报。

第八,合作期届满后,项目公司应按照 PPP 项目合同的约定,将本项目资产无偿、完好、无债务、不设定担保地移交给政府指定机构。

(2)合作期限

30 年(含建设期和试运营期 24 个月),建设期自 2016 年 9 月开始,运营期自项目公司收到运营确认函之日开始。

(3)投融资结构

项目总投资来源于资本金和融资资金,其中,中标社会资本独立成立项目公司,政府方不参与项目公司组建,注册资金不低于 2 亿元,其余资金由项目公司通过商业银行、出口信贷机构、多边金融机构(如世界银行、亚洲开发银行等)以及非银行金融机构(如信托公司)等进行融资。

(4)回报机制

本项目采用可行性缺口补助的回报机制,项目自身垃圾焚烧发电上网部分,能够获得一定的项目收益,项目产出可以计量,按物价部门审核价格进行收费,不足部分按程序纳入年初预算并报市政府批准,由财政部门统一向项目公司支付,以垃圾处理服务费的方式进行补助,并且设立调价机制,使得项目付费具有灵活性和鼓励性。同时,可行性缺口补助的方式有利于政府进行财政承受能力测算,增强项目后期付款保障,提高项目现金流稳定性。政府需承诺的垃圾保底量为:不低于每年 13.86 万吨,平均 420 吨/日;政府对垃圾热值不进行承诺。

(5)配套支持

土地使用:本项目所需土地以出让形式供给项目公司在合作期限内使用,出让期限 50 年。

焚烧厂建设开始前,由黄山市政府指定相关职能部门负责完成"三通一平(水通、电通、路通、场地平整)"等基本建设项目开工的准备工作,其费用由中标社会资本支付。

项目国有土地使用证、建设用地规划许可证、建筑工程规划许可证、建筑工程施工许可证等由项目公司牵头办理，由黄山市政府相关部门协助配合。

4. 绩效考核

（1）考核主体

由实施机构市城管局对项目公司实施考核。

（2）考核内容、指标及方法

如果项目公司提供的垃圾处理服务未达到合同约定的标准（如热灼减率不达标、"三废"排放不达标等），政府的付费将进行相应扣减。

双方对运营质量进行定期和不定期的检测。

①检测内容

对运营质量的检测内容包括但不限于：焚烧炉技术性能，炉渣热灼减率，大气污染物，炉渣、飞灰、废水的处置和垃圾焚烧厂噪声情况，臭气污染物排放。

②项目公司的定期检测

项目公司自行承担费用进行下列检测：

ⅰ对可以实行在线监测的项目，项目公司应安装符合国家环保主管部门要求的在线自动监测设备对检测项目进行 24 小时监测，检测项目应包括国家相关规范所要求的所有指标，在线自动监测应提供远程传输通信接口和发射装置，以便环境保护等有关部门实时监督。

ⅱ对不能实行在线检测的项目，应按特许经营协议确定的技术规范和要求进行。法律规定的抽检频率高于此规定的，适用法律规定。

ⅲ在各项指标正常的情况下，项目公司应将检测结果在月度结束后的 5 个工作日内书面报告政府方。如果检测结果中有一项不达标，则应立即书面通知政府方，并在整改后，项目公司通知检测机构及时检测。

③政府方的检测

政府方应有权在任何时候对项目公司的检测程序、结果、设备和仪器进行现场检查，或者令其进行对运营质量达标所必需的进一步检测，也可以委托有相应资格的检验机构进行此种检测。

政府方或其委托的检验机构进行上述核查或检查的费用应由政府方承担，但是如果核查或检查的结果表明项目公司的运营质量不合格，则项目公司应负担该等费用。

（3）考核与付费

在特许营运期间除不可抗力或政府方责任外，项目公司适用下列规定：

第一，垃圾处理数量不足（指在政府方足额提供垃圾的情况下，项目公司的垃圾处理量低于PPP特许经营协议相应款中的任何一项），应向政府方支付按不足数量×垃圾处理服务费单价计算的违约金。

第二，由于项目公司原因，垃圾处理质量不合格的，项目公司应按以下规定向政府方支付违约金：炉渣热灼减率不合格的按上月垃圾处理服务费的5%向政府方支付违约金；飞灰和污水的处置有一项不合格的，应向政府方支付违约金人民币5万元。

第三，其他质量不合格的，应向政府方支付按无效处理量×垃圾处理服务费单价计算的违约金。

本项目的定价调价机制根据运营维护期间的通货膨胀情况（主要是指人工、自来水、维修费、电费、燃油费等）来设定相应的调价周期及触发机制，安排如下：一种是常规调价，即在运营期内以每三年为一个周期，若前述调整因素中的一项或多项成本变动幅度超过5%，则项目公司可以向实施机构申请启动调价程序，由实施机构组织相关政府部门审核通过后予以调价；另一种是临时调价，即在每个调价周期内，若前述调整因素中的一项或多项成本变动幅度超过10%，则项目公司可以向实施机构申请启动临时调价程序，临时调价后下个常规调价启动年份顺延至该次临时调价的三年后。

当出现投资额变动、物价指数变化、上网电价调整、税收政策变化、垃圾供应量及质量变化等情况时，可依据约定的详细调价公式内容进行调价。

垃圾处理服务费据综合物价指数的变化按以下原则进行调整：项目公司单独准备实际运营成本变化的相关材料及依据，报政府相关部门审核确

认后作为价格调整依据,每次调整幅度最高不超过下述公式计算的调整幅度:

$$W = W_1 + W_1 \times [(1 + i_{n-3}) \times (1 + i_{n-2}) \times (1 + i_{n-1}) - 1]$$

其中,W 为调整后的垃圾处理服务费单价(元/吨);W_1 为调整前的垃圾处理服务费单价(元/吨);i 为综合物价上涨指数,i = [(居民消费价格指数÷2 + 工业品出厂价格指数÷2) - 100]/100。

注:第一次调价时间为开始运营日后满 36 个月,第一次调价后,每满三年价格调整一次,且在次年公布价格指数后才予以调整,每第四年 1 月 1 日起开始执行调整后的价格。

经双方商定,经政府方审计的项目静态投资总额减少的调价公式为:

$$W = W_1 - 4\Delta I \times 10^{-7}$$

其中,W 为初始垃圾处理服务费单价(元/吨);W_1 为暂定垃圾处理服务费单价(元/吨);ΔI 为估算项目静态投资额减去经政府方审计的项目静态投资额变动的金额(元)。

对于红线内投资,如 ΔI 小于 100 万元(或为负值),则垃圾处理价格不予调整;如 ΔI 大于或等于 100 万元,则用上述公式调整垃圾处理服务费。

5. 项目实施程序的规范性

(1) 项目立项等前期手续

本项目在 PPP 相关前期策划论证之前,已完成《黄山垃圾焚烧发电 PPP 项目项目建议书》,并取得黄山市发展改革委《关于黄山市生活垃圾综合处理厂项目建议书的批复》(2015 年 12 月 8 日),得以立项;

具备江苏中晟环境修复有限公司安徽分公司出具的《黄山市生活垃圾综合处理厂项目节能评估报告书》(2015 年 11 月);

具备江苏环保产业技术研究院股份公司出具的《黄山市生活垃圾综合处理厂项目环境影响报告书》(2016 年 7 月),并取得批复(黄环函

〔2016〕187号）；

具备江苏富华工程造价咨询有限公司出具的《黄山市生活垃圾综合处理厂工程项目社会稳定分析评估报告》；

具备黄山市水电勘测设计院出具的《黄山市生活垃圾综合处理厂工程项目水资源论证报告书》（2016年5月）；

在PPP项目公司成立后，2016年8月由中国城市建设研究院有限公司出具《黄山市生活垃圾综合处理厂工程项目可行性研究报告》，并取得批复（黄发改环资〔2016〕37号）。

（2）预算安排

本项目可行性缺口补助等支出责任已纳入地方财政预算。

（四）物有所值评价和财政承受能力论证要点

1. 项目物有所值评价

（1）定性评价

在物有所值定性评价方面，相较于传统的政府投资建设模式，本项目采用PPP模式比采用原有模式有利于增加公共供给、实现优化风险分配，也可以通过政府采购的竞争性方式达到提高运营效率、促进创新的效果。

（2）定量评价

物有所值定量分析的原理是在采用PPP模式与政府传统投资和采购模式的产出绩效相同的前期假设下，通过对PPP项目全生命周期内政府支出成本的净现值（PPP值）与公共部门比较值（PSC值）进行比较，判断PPP模式能否降低项目全生命周期成本。

本项目PSC值可由参照项目的建设和运营维护净成本、竞争性中立调整值和项目全部风险成本三者之和扣除第三方收入得到。建设和运营维护净成本主要依据本项目的财务测算数据，建设成本的净现值为27 385.33万元，运营维护成本的净现值为35 586.96万元；竞争性中立调整值的现值为

2 209.18万元；风险承担成本净现值为1 228.15万元；第三方收入的净现值为42 692.46万元。PSC值合计为23 717.16万元。

在项目不同阶段，PPP值的计算依据不同。在项目识别和准备阶段，政府根据项目实施方案等测算的PPP值称为影子报价PPP值（PPPs值）。

PPPs值 = 影子报价政府建设运营成本 + 政府自留风险承担成本

对本项目来说，影子报价政府建设运营成本即为政府向社会资本支付的财政补贴，按项目建议书测算的垃圾处理服务费61.0元/吨的单价及垃圾处理补助收入（特许经营第8年达到900吨/日）计算，本项目PPPs值为17 617.52万元。

通过对比PSC值和PPP值发现，本项目政府采用PPP模式比传统投资模式节约了6 099.64万元。从定量分析角度，本项目采用PPP模式降低了项目全生命周期成本。

2. 财政承受能力论证

（1）支出责任

根据财政支出责任识别，本项目政府需承担的支出责任为部分直接付费责任和风险承担成本。合作期内，政府28期平均每年服务费约：3 532.26 + 3 002.45 × 1.05 - 4 665.79 = 2 019万元，风险承担支出约150万元/年。年可行性缺口补助共计2 169万元，28年内共计支出60 732万元。

（2）能力评估

依据《关于黄山市2014年财政预算执行情况和2015年财政预算草案的报告》，截至2014年12月底，市级公共财政支出完成35.65亿元，结合黄山市2010~2014年一般公共预算支出增长水平，以6%的增长率估算2015~2023年财政支出，本项目财政支出及占总财政支出比例如表2-3所示。

表2-3　　　　　　　　本项目财政支出及占总财政支出比例

年度	地方公共财政支出（亿元）	同比增长（%）	年度PPP支出上限（亿元）	本项目年支出	占比（%）
2014	35.65	—	3.57	—	—
2015	37.78	6.00	3.78	—	—
2016	40.1	6.00	4.01	—	—
2017	42.46	6.00	4.25	—	—
2018	45.01	6.00	4.50	0.20	0.444
2019	47.71	6.00	4.77	0.20	0.419
2020	50.57	6.00	5.06	0.20	0.395
2021	53.60	6.00	5.36	0.20	0.373
2022	56.82	6.00	5.68	0.20	0.352
2023	60.23	6.00	6.02	0.20	0.332
……	……	……	……	……	……

本项目是黄山市第一个取得财政承受能力论证批复的项目，根据《政府和社会资本合作项目财政承受能力论证指引（财金〔2015〕21号）》的要求，"每一年度全部PPP项目需要从预算中安排的支出责任，占一般公共预算支出比例应当不超过10%"。本项目及黄山市所有实施的PPP项目中政府支出责任均未超出此限制。实施本项目，当前及今后年度财政支出金额占黄山市财政预算支出比例很小，同时，在生活垃圾综合处理领域以PPP模式投资、建设和运营，是鼓励社会资本参与城市基础设施投资、建设和运营的一次有益尝试。

目前黄山市暂无其他垃圾焚烧发电PPP项目规划和相应财务支出计划，因此不会出现行业PPP项目过于集中问题。

三、项目采购

（一）市场测试及资格审查

1. 市场测试

垃圾焚烧处理行业较为成熟，市场竞争充分而激烈。本项目在规划发起阶段即有多家意向社会资本方与政府相关部门进行对接、洽谈，对与政府方合作投资建设本项目表达了很强的愿望。由于本项目存在较多潜在社会资本，后续采购环节即可实现社会资本间的充分竞争，故本项目未专门进行市场测试。

2. 资格预审

（1）社会资本资格预审条件

第一，申请人需符合《中华人民共和国政府采购法》第二十二条规定，并自行出具参加政府采购活动前3年内在经营活动中没有重大违法记录或因违法经营被禁止在一定期限内参加政府采购活动但期限已届满的书面声明。

第二，申请人注册资本金，或法定股本或股本扣除资本溢价等资本公积的部分不低于2亿元。

第三，申请人财务状况良好，经审计的截至2014年12月31日止净资产不低于人民币5亿元。

第四，申请人在中国大陆地区（不含港澳台）至少有1个以特许经营模式实施、平均日处理规模不小于600吨（本次招标项目总处理规模900吨/日，其中一期600吨/日）、采用炉排炉工艺技术的垃圾焚烧发电项目。业绩认定标准：特许经营协议或以特许经营模式实施的证明材料。申请人应为特许经营项目的实际控制人（项目公司控股股东或项目公司控股股东的全资股东）。特许经营协议中未能直接体现上述关系的，需由投标人提供相关证明文件。

第五，申请人拥有足以保证本项目得以正常投资、建设、运营维护所需要的高级专业技术和管理人；本项目拟派项目经理至少担任过一个平均日处理规模不小于600吨、采用炉排炉工艺技术的垃圾焚烧发电项目的主要负责人。

第六，本项目不接受联合体。

（2）资格预审结果

本项目中通过资格预审的共有安徽省能源集团有限公司、重庆三峰环境产业集团有限公司、安徽盛运环保（集团）有限公司、中国天楹股份有限公司、浙江旺能环保股份有限公司、深圳市能源环保有限公司、天津泰达环保有限公司、北京北控环保工程技术有限公司、中国光大国际有限公司、绿色动力环保集团股份有限公司10家单位。

（二）评审情况

1. 评审标准

评标委员会将按初评、澄清、技术方案和商务方案详评、编写评标报告等程序开展评标工作。投标文件各组成部分分值权重设置见表2-4。

表2-4　　　　　　投标文件各组成部分分值权重设置

投标文件组成部分	详评得分	设定权重（%）	各部分得分
技术方案		35	
商务方案		25	
经济指标		40	
综合得分		100	

其中，技术方案主要分为工程实施综合方案（建设方案、管理方案、运营与维护方案、移交方案、应急方案、合理化建议）及设计和工艺设备水平（技术方案总体评价、垃圾接收、储存及输送系统、焚烧炉主体、余热利用系统、烟气净化系统、灰渣处理方案、自动控制系统、电气系统、总图布置、主要生产及配套设施）两部分。

商务方案分为融资方案、风险管理、投资估算、收入与成本、财务指标、投标人实力、投标人须知响应等部分。

经济指标主要考察吨垃圾处理费报价：

第一，评标基准价得分（100分）。

第二，当有效投标人少于或等于5家时，全部有效投标报价参与平均标价的计算；当有效投标人多于5家小于9家时，去掉最高和最低的投标报价，其余有效投标报价参与平均标价的计算，平均标价作为评标基准价；当有效投标人多于9家时，去掉最高、次高和最低、次低的投标报价，其余有效投标报价参与平均标价的计算，平均标价作为评标基准价。

第三，投标人报价与评标基准价相比，每下浮1%，扣0.4分；每上浮1%，扣0.6分。不足1%的，中间按插入法计。

2. 中标人确定方式

综合得分计算方法为：投标文件某部分的详评得分乘以该部分设定权重之积为该部分得分，各部分得分之和为该投标人的综合得分。评标委员会对投标人按综合得分从高到低排序，并推荐综合得分前3名的投标人作为中标候选人。

投标人得分相同时，优先选择垃圾处理费报价低的投标人。

采购人成立专门的采购结果确认谈判工作组，与候选社会资本进行谈判，谈判结束后，采购人与预中标社会资本签署确认谈判备忘录，并根据项目谈判备忘录拟订项目合同文本并发布预中标结果公告；预中标公示期满无异议后2个工作日内发出中标结果公告，同时发出中标、成交通知书。

3. 中标公示

本项目中标公示由中化国际招标有限责任公司于2016年2月14日发布于黄山市公共资源交易中心官网，中标社会资本方为天津泰达环保有限公司。

（三）合同谈判及签署

谈判工作组：市城管局等相关部门代表及财务、法律专家组成的工作组。谈判补充要点如表2-5所示。

投标人：天津泰达环保有限公司。

表 2-5　　　　　　　　　　　　　　　谈判补充要点

序号	谈判小组要求	投标人承诺
1	合理化建议： 投标人在投标文件中说明的合理化建议需落实。	承诺按照投标文件中承诺的合理化建议实施项目，并在协议中体现，满足政府方要求。
2	收集及转运系统，适宜体量的垃圾中转站及转运车辆： 3区4县的中转站数量、单体投资、需要改造的中转站及总概算细节； 拟采购转运车辆的数量、单体投资和总概算等细节； 此部分投资为4 400万元，不包含在投标文件的总投资范围内。 针对收集及转运系统提供单独的方案，包含并不限于上述内容。 以上内容由投标人进行投资，且需明确已包含在现有的投标报价内。	承诺建设垃圾中转站及购置转运车辆，另行增加此部分投资4 400万元； 针对收集及转运系统提供单独的方案； 按照政府方中转站建设及转运车辆购置进度支付资金。
3	工期延误要承担违约责任。	已在合同条款中约定。
4	后期应有调价措施。	已在合同条款中约定。
5	环保要求如何满足？	详见投标文件，最终满足环评及批复要求。
6	进口设备： 为确保达到环保要求，相关关键设备是否考虑采用进口设备？	承诺项目实施中按照投标文件中的设备清单中的进口设备（辅助燃烧器、点火燃烧器、旋转喷雾器及配套雾化控制系统、滤袋及烟气在线分析仪）进行采购。
7	请确认项目实施进度计划。	承诺按投标文件执行。
8	上级政府奖补资金： 政府方将争取上级政府奖补资金，明确后期合作方式。如争取到，需在政府支付的垃圾处理费中扣减。	如争取到上级政府奖补资金，同意在政府支付的垃圾处理费中扣减；同意政府方的付款方式；承诺按照国家要求使用奖补资金。
9	融资担保： 详细说明融资担保方式。 承诺不用本项目做担保。	承诺天津泰达环保有限公司作为担保人，提供融资担保。

经政府方审批同意后,《黄山市生活垃圾综合处理厂工程 PPP 项目特许经营协议》由市城管局与黄山泰达环保有限公司于 2016 年 4 月 18 日签订。

四、项目落地情况

(一)项目公司设立及融资情况

1. 公司概况

名称:黄山泰达环保有限公司;

地址:黄山市徽州区岩寺镇文峰路(区国土局对面);

注册资本:2 亿元;

设立时间:2016 年 3 月 16 日。

2. 股权结构

天津泰达环保有限公司独资,无政府方股东及金融资本持股。注册资本金 2 亿元已经实缴,占项目总投资 40 168.04 万元的 49.79%;融资 20 168.04 万元。

中国建设银行股份有限公司黄山徽州支行已经向项目公司发放了期限为 8 年、利率为 4.9% 的固定资产贷款,并承诺后续随着项目进度还可以为项目公司提供 1 亿元以内的债权性融资(具体贷款利息及期限待定)。

中央预算内专项资金 4 120 万元,已全部用于项目支出。

3. 管理层架构

董事会成员 3 人,由天津泰达环保有限公司委派。董事会设董事长 1 名,任公司法人,由董事会选举产生。涉及生产安全、突发事件、重大项目建设等董事会议题,应由董事会一致通过。

公司经营管理机构由高级管理人员组成，包括总经理1人、副总经理若干人。高级管理人员由董事会聘任，总经理由股东提名、董事会聘任，任期3年。副总经理等高级管理人员由总经理提名、董事会聘任。

未经政府方书面同意，项目公司在项目特许期内不得将本项目特许权出租或以任何形式转让、承包给第三人，不得将公司股权转让给第三方。

（二）资产权属及会计税收处理

项目公司在特许期内的基本权利：享有投资、建设、运营和维护项目及其相关附属设施的权利；对与本项目相关的设施、设备享有使用权；在特许期内对项目资产享有所有权；在特许期内享有对项目场地的土地使用权；按协议附件《垃圾处理服务协议》的规定收取垃圾处理服务费；利用垃圾焚烧余热发电且电力可上网。

会计税收处理：项目公司执行企业会计准则，以持续经营为前提，对其发生的交易或者事项进行会计确认、计量和报告，如实反映符合确认和计量要求的各项会计要素及其他相关信息，保证会计信息真实可靠，内容完整。

增值税：按国家规定的税率执行；销项税额为上网发电收入所含增值税，作为抵扣的进项税额为外购的原材料、燃料等所含增值税。根据财政部、国家税务总局《资源综合利用产品和劳务增值税优惠目录》（财税〔2015〕78号），垃圾以及利用垃圾发酵产生的沼气而产生的电力、热力，增值税退税比例100%；垃圾处理、污泥处理处置劳务，增值税退税比例70%。

企业所得税：税率25%，根据国家规定实行"三免三减半"的优惠政策。

（三）项目进度

1. 项目实施进度

本项目进度如图 2-2 所示。

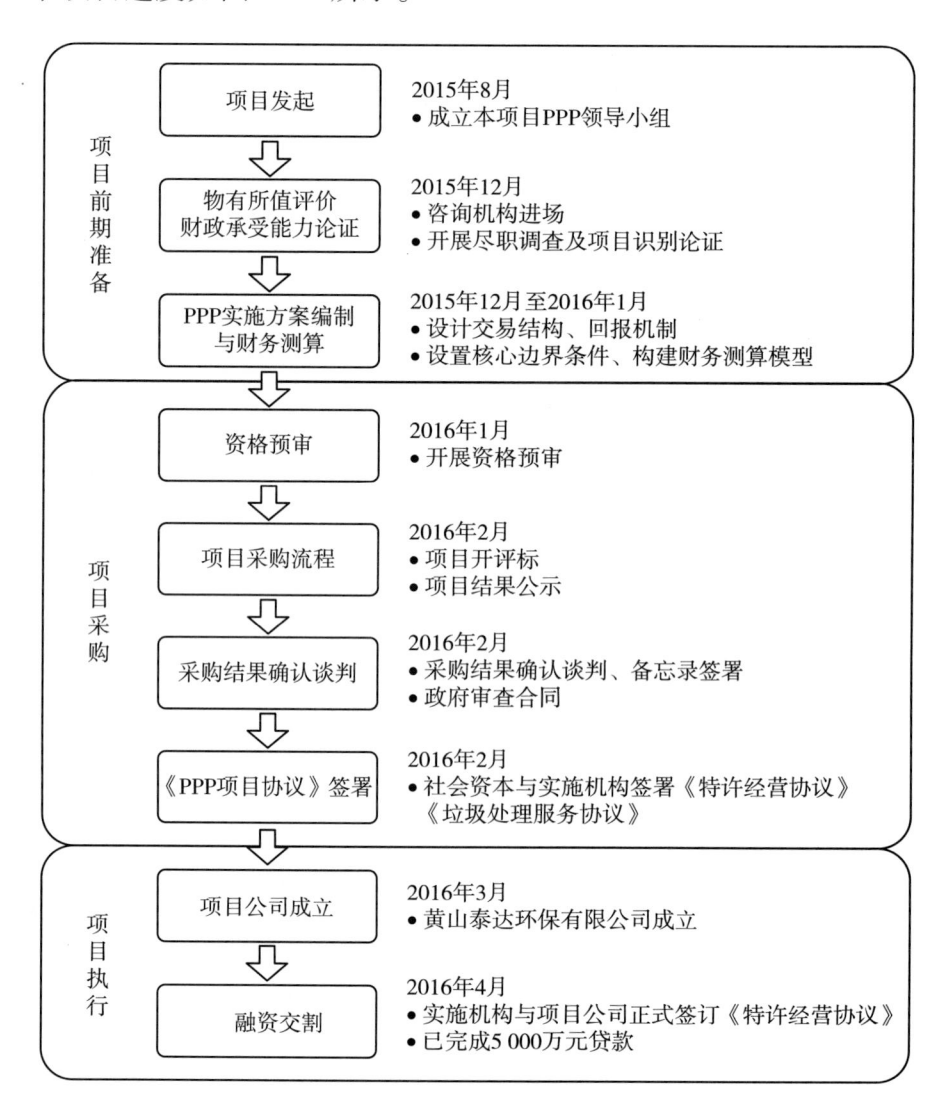

项目前期准备

- 项目发起 — 2015年8月
  - 成立本项目PPP领导小组
- 物有所值评价 财政承受能力论证 — 2015年12月
  - 咨询机构进场
  - 开展尽职调查及项目识别论证
- PPP实施方案编制与财务测算 — 2015年12月至2016年1月
  - 设计交易结构、回报机制
  - 设置核心边界条件、构建财务测算模型

项目采购

- 资格预审 — 2016年1月
  - 开展资格预审
- 项目采购流程 — 2016年2月
  - 项目开评标
  - 项目结果公示
- 采购结果确认谈判 — 2016年2月
  - 采购结果确认谈判、备忘录签署
  - 政府审查合同
- 《PPP项目协议》签署 — 2016年2月
  - 社会资本与实施机构签署《特许经营协议》《垃圾处理服务协议》

项目执行

- 项目公司成立 — 2016年3月
  - 黄山泰达环保有限公司成立
- 融资交割 — 2016年4月
  - 实施机构与项目公司正式签订《特许经营协议》
  - 已完成5 000万元贷款

图 2-2　项目实施进度

2. 项目公司投资情况及工程进展

截至 2017 年 12 月 31 日，项目公司累计完成投资 3.14 亿元，其中 EPC 合同 2.486 亿元（工程建安费 1.17 亿元，设备采购费 1.1 亿元，勘察设计及暂列金等其他 2 160 万元），红线一米外进场道路建设完成投资 3 612.21 万元，土地出让金 1 105 万元，项目前期咨询投资 806.13 万元，场外配套给排水 980 万元。

五、项目监管

监管架构如图 2-3 所示。

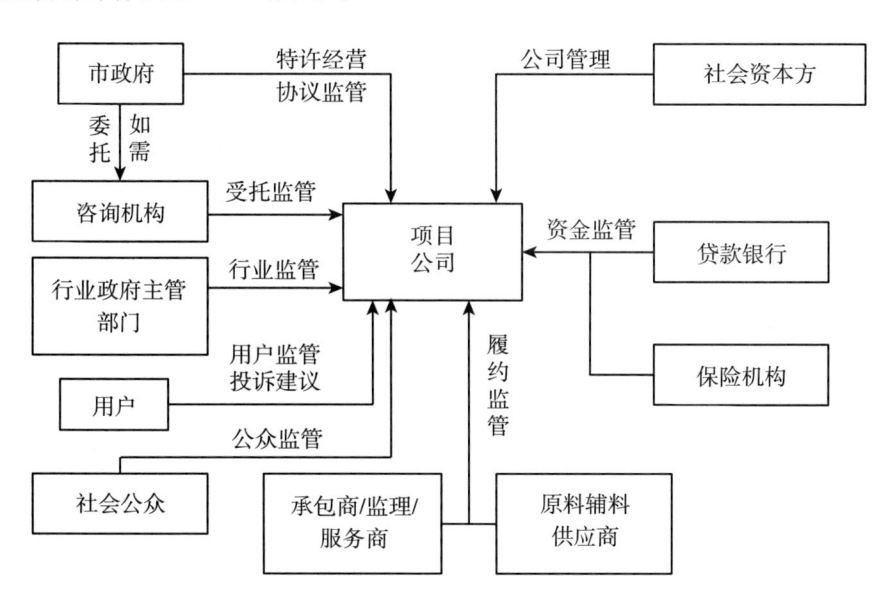

图 2-3 监管架构示意

（一）实施机构监管

由市城管局牵头，统筹各职能部门组成联合监管小组，各司其职、互相协作，对项目从投资、设计、建设、运营到移交进行全生命周期的监管。

监管内容主要包括：市场进入与退出的监管、市场竞争秩序的监管、规划与建设计划实施的监管、产品与服务质量的监管、运行安全的监管、管线网络系统的监管、资源调配的监管等。具体包括：

1. 建设期监管

第一，由项目公司根据本项目的进展时序，编制施工图预算送市政府有关部门评审，评审结果作为该项目预算控制价，由项目公司进行公开操作。

第二，由项目公司与审计部门或共同委托第三方机构根据招标文件、施工合同、变更、签证等相关文件，确定项目的最终决算金额。

第三，工程前期的环评、可研编制、勘察、设计、监理等工作由项目公司参照特许经营协议操作。

第四，工程其他费用以最终的结算审计为准。

2. 运营期监管

日常监测，项目公司的主要运营数据按时上报市城管局及环保局等部门，由其对项目的运营稳定性进行日常监督。

（二）项目全生命周期的监管

定期评价：每3年对项目进行一次中期评估，全面考核、评价项目的技术、运营、管理和财务状况，督促项目公司持续改进管理水平，提升服务效率。

服务费的预算管理：市城管局负责垃圾处理服务费标准制定并报物价局批准。财政局根据《特许经营协议》规定，不足部分按程序纳入年初预算并报市政府批准，由财政部门统一向项目公司支付。

公众监督：进一步加强宣传和教育，提高公众的参与意识，引导公众参与本项目的监督。

六、项目点评

(一) 特点及亮点

1. 创新的项目回报方式

本项目同时具备公益性和一定的经营性，在设计项目回报方式时，既要考虑垃圾处理项目的公益性特征和社会公众的承受能力，又要保障项目回报尽量减少和降低不确定性，增加项目吸引力。在回报机制上，考虑项目后期可通过焚烧发电上网电费作为项目收益，因此采取可行性缺口补助方式弥补社会资本的建设投资和运营维护成本。在项目收益测定方面，设定灵活调整机制，设定初始电价为每吨进场垃圾上网电量280千瓦时以内。合作期内，如遇国家政策调整，当上网电价高于初始电价时，政府方应降低支付的生活垃圾服务费；当上网电价低于初始电价，政府方应提高支付的生活垃圾服务费，以保证社会资本收益水平。

2. 有序紧密推进，高效完成前期准备工作

本项目整体实施周期较短，前期咨询及社会资本采购工作效率很高，除了有专业咨询机构助力的因素之外，主要跟当地政府先进的管理理念和有序的组织程序、完善的政府前期工作息息相关，为确保本项目高效规范运作，黄山市政府成立专门协调机制（工作机制），政府相关部门协同到位。2015年8月7日下发《黄山市人民政府办公厅关于成立黄山市生活垃圾处理项目建设工作领导的通知》，成立黄山市生活垃圾处理项目建设工作领导小组，由市政府副市长任组长，市政府办公厅、市住建委、市城管局、市发改委、市财政局、市国资办、市国土局、市环保局、市规划局、市审计局、市政府法制办、市招商局、市公共资源交易监管局、黄山经济开发区管委会、屯溪区政府、黄山区政府、徽州区政府、歙县政

府、休宁县政府、黟县政府、祁门县政府为成员单位的项目专门协调机制，建立项目决策机制（工作领导小组）。工作领导小组主要负责项目评审、组织协调和检查督导等工作，实现简化审批流程、提高工作效率的目的。

3. 边界设计清晰，实现充分竞争

本项目为垃圾焚烧发电PPP项目，市场关注度高，且边界设计清晰、风险分配合理，在项目推进阶段就引起国内众多固废企业关注。采购环节通过资格预审的单位共10家，最终投标单位8家，通过综合评分法选定较优企业投资、建设、运营本项目，实现项目充分竞争。

4. 建设周期短，社会资本具备较强的融资实力

本项目发起时，黄山市南部经济群的垃圾日产量和现行垃圾处理能力之间已经出现较大的缺口，因此对于项目的建设周期要求比较高，受制于这一条件，留给社会资本方的融资周期比较短。本项目的中选社会资本方实力较为雄厚，一次性实缴注册资本金2亿元整，为项目后续的建设、融资都打下了坚实的基础。同时，中选社会资本方可充分利用自身融资优势，合理降低融资利率，也在一定程度上降低政府付费，减轻财政负担。

（二）项目实施成效

本项目采用焚烧发电的方式处理生活垃圾，其减量化、资源化、无害化的环境效益和社会效益提升非常明显，节约大量的宝贵土地资源，同时大大延长现有填埋场的使用寿命。

同时通过后续配套项目的上马，将黄山市下辖"三区四县"的城市和农村生活垃圾最终全部运送至本项目中的垃圾焚烧发电厂，做好公共区域的清扫保洁、水域保洁，覆盖人口上百万人，增加了公共产品供给、提高了政府运营效率、美化了黄山当地环境。

(三) 问题与建议

第一，项目土地出让年限超出特许经营期限。本项目所需土地以出让形式供给项目公司在特许经营期限内使用。土地出让年限为 50 年，项目公司须为项目场地的土地使用权支付征地费用。由于土地出让年限长于项目的特许经营期限，对于超出特许经营年限的土地处理方式，是 PPP 项目中普遍遇到的问题。一般来说，除非双方另有约定，土地的出让费用已全部体现在特许期内的垃圾处理费中，因此行业内有些项目会在 PPP 合同中约定特许期满后土地移交给政府方。但对于移交时可能产生的费用及税费如何处理，及其对项目垃圾处理补助的影响应如何综合考虑，值得关注和探讨。

第二，本项目在报价得分方面，设置垃圾处理补助单价为标的，最低报价为基准价，若存在投标人恶意竞争，报价远低于正常报价时，极可能会由最低报价投标人中标，在政府方补贴费不能覆盖项目成本的极端情况下，可能造成项目终端或垃圾处理不达标、造成环境污染的恶性事件出现。因此，建议逐步取消最低价中标规定。

第三，PPP 项目审批程序方面仍需探讨。目前的政策环境下，对于 PPP 项目的具体审批链条并未有特别明确的体现。在实际操作中，如果一个垃圾焚烧项目可能兼具审批制或核准制的特点，审批程序应如何履行，这个问题建议政府主管部门予以明确，以使实施机构在推动项目时候有更加明确的政策依据。

案例 3

四川省乐山市城市生活垃圾环保发电项目

一、项目摘要

项目基本信息见表 3-1。

表 3-1　　　　　　　　　　项目基本信息

项目名称	四川省乐山市城市生活垃圾环保发电项目（以下简称"本项目"）
项目类型	新建
所属行业	能源——垃圾发电
合作内容	1. 总投资：根据项目可研，项目总投资 70 016 万元（含征地拆迁及红线外工程投资约 21 663 万元）。 2. 建设内容：设计规模为日处理生活垃圾 1 000 吨，采用机械炉排炉焚烧工艺，配备 2 条 500 吨的焚烧炉和 1 台 18 兆瓦汽轮发电机组，配套新建处理能力 300 吨/日的渗滤液处理车间。红线内投资建设内容包括生活垃圾焚烧发电设施、渗滤液处理、炉渣处理设施、飞灰处置等工程。红线外投资建设的内容包括进厂道路、供排水系统、输变电设施等。 3. 运营服务范围：特许经营期内，项目公司负责本项目相关设施的投融资、设计、建设及运营维护等事宜（包括进厂道路的运营维护）。 4. 产出标准：烟气排放达到国内先进水平，满足欧盟 2010 标准要求；渗滤液全封闭处理，项目出水水质满足《工业循环冷却水处理设计规范》（GB 50050-2007）中再生水要求后回用；飞灰经固化+稳定化处理后，满足《危险废物鉴别标准　浸出毒性鉴别》（GB 5085.3-2007）和《生活垃圾填埋场污染控制标准》（GB 16889-2008）的要求送至填埋场填埋。

续表

合作期限	30 年（建设期 2 年，运营期 28 年）
运作方式	建设－运营－移交（BOT）
资产权属	项目用地由政府划拨给项目公司，在特许经营期内，项目公司拥有项目用地范围内的土地使用权。项目建设期内投资建设形成的项目资产，以及项目运营期内因更新重置或升级改造投资形成的项目资产，在特许经营期内均归项目公司所有，项目公司拥有这些资产的所有权并负责运营、管理和维护。
回报机制	可行性缺口补助
实施机构	乐山市城市管理行政执法局（以下简称"乐山市城管局"）
采购方式	公开招标
政府出资方	乐山市国有资产经营有限公司
咨询机构	上海济邦投资咨询有限公司
中选社会资本	中国光大国际有限公司（以下简称"光大国际"），国有企业
签约日期	2017 年 3 月 20 日
项目公司设立概况	公司名称：光大环保能源（乐山）有限公司 设立时间：2017 年 6 月 8 日 股权结构：注册资金 43 400 万元。光大环保能源（乐山）控股有限公司出资 39 060 万元占股 90%；乐山国有资产投资运营（集团）有限公司出资 4 340 万元，占股 10%。
主要贷款机构	目前已取得中国银行、光大银行、建设银行、工商银行授信函，具体贷款时间未定。

二、项目识别论证

（一）项目概况

目前，乐山市共有生活垃圾处理厂 10 座，除井研县未建设处理厂、其生活垃圾运往乐山市凌云垃圾填埋场外，其余各区县分别建有一座处理厂，总处理能力为 1 345 吨/日。其中五通桥区处理厂为简易焚烧工艺，其余 9 座均为卫生填埋处理工艺。目前，各处理设施剩余设计使用年限在 3~14 年，随着目前城市生活垃圾量的大幅度增长、国家城镇化发展以及城乡环境综合整治的要求,预计大部分处理设施实际使用年限将不足5年,因此建设城镇垃圾处理设施十分必要。同时,为进一步创新乐山市城市基础设施投融资体制,乐山市人民政府决定采用PPP模式实施乐山市城市生活垃圾环保发电项目。

本项目位于乐山市市中区迎阳乡迎阳村,项目红线内用地规模115亩(具体以批复为准)。项目设计处理量1 000吨/日,采用机械炉排炉焚烧工艺,配备2条500吨的焚烧炉和1台18兆瓦汽轮发电机组;配套新建处理能力300吨/日的渗滤液处理车间。

项目总投资70 016万元(含征地拆迁及红线外工程投资约21 663万元),采用BOT方式运作,通过公开招标选定社会资本,由中选社会资本与政府出资代表乐山市国有资产经营有限公司在乐山市注册成立项目公司,政府方占比10%,社会资本方占比90%。

项目主要经济技术指标如表3-2所示。

表3-2　　　　　　　　项目主要经济技术指标

序号	项目名称	单位	数值	备注
1	设计规模			
1.1	进厂垃圾量	万t/a	36.5	进场量
1.2	(MCR工况下)年发电量	10^8 kWh	1.315	亿度
	其中:年上网电量	10^8 kWh	1.052	亿度
2	总图			
2.1	红线内用地地面积	m^2	50 000	平方米
2.2	红线外边坡面积	m^2	27 300	平方米
2.3	建筑物占地面积	m^2	26 819	平方米
2.4	建筑面积	m^2	31 751	平方米
2.5	绿地面积	m^2	12 500	平方米
2.6	进场道路征地面积	m^2	55 086.94	平方米
3	"三废"处理			
3.1	渗滤液处理规模	t/d	300	吨/日
3.2	干渣设计量	t/d	187	吨/日
3.3	飞灰设计处理量	t/d	25	吨/日

续表

序号	项目名称	单位	数值	备注
4	劳动定员	人	75	
5	投资估算			
5.1	工程总投资	万元	70 016.33	
5.1.1	红线外配套工程	万元	12 745.36	
5.1.2	征地拆迁工程	万元	8 918.00	
5.1.3	焚烧厂建设工程	万元	48 352.97	
	其中：工程费用	万元	38 794.52	
	其他费用	万元	5 234.44	
	工程预备费	万元	2 201.45	
	铺底流动资金	万元	85.14	
	建设期贷款利息	万元	2 037.42	

（二）发起方式

本项目由政府方发起。

（三）实施方案

1. 合作范围界定

本项目建设一座日处理量1 000吨的生活垃圾焚烧发电厂，采用机械炉排炉焚烧工艺，配备2台500吨的焚烧炉和1台18兆瓦汽轮发电机组，年运行时间不少于333天；配套新建处理能力300吨/日的渗滤液处理车间，以及入场道路、取水管道和发电入网配套等附属工程。

政府通过招标，授予项目公司特许经营权，由其承担本项目的投资、融资、设计、建设、运营维护、移交工作，对应取得合理收益。项目公司负责项目实施、资金落实、安全生产、质量与进度保证。

2. 风险分配方案

原则上,项目设计、建造、财务和运营维护等商业风险由社会资本承担,法律、政策等风险由政府承担,不可抗力等风险由政府和社会资本共同承担。具体风险分担机制可参考表3-3。

表3-3 主要风险分配机制

风险类别		政府承担	项目公司承担	风险承担方式及对策建议
建设风险	地质条件		√	项目所在地及附属工程位于山地,因地质条件导致出现建设风险的可能性较大,项目公司相对政府对于地质风险的判断及管控能力更强,因此,由项目公司承担有上限的风险责任。对于超出有经验的社会资本能预估范围或超出社会资本承担上限的风险,由政府承担。
	土地不能及时交付	√		因政府原因导致项目无法开工,或工期延误,由政府承担,给予社会资本必要的宽限或补偿。
	其他施工活动的干扰		√	可能的干扰因素包括工序冲突、场地占用等问题。项目公司应通过加强施工管理,规避可能的风险冲突。
	自行提出工程变更		√	项目公司在满足交付要求且征得政府方同意后提出的变更,若导致实际投资增加的,不得增加政府对项目公司的支出责任;若导致实际投资减少的,则应与政府方分享收益。
	建造/采购成本超支	√	√	招标设定投资上限,上限内的投资超支由项目公司承担;征地拆迁工作由政府承担,但征地拆迁费用应由项目公司承担。政府对场外投资和征地费用超出概算的,将予以弥补,具体以调整垃圾补贴费的形式体现;不可抗力导致的双方共担。
	工期拖延		√	违约处罚和运营期缩短。
	建设质量不达标		√	建设质量不达标,项目公司需负责修复直至验收合格,并承担违约责任;政府方保留对于部分及整体工程折价接收的权利。

续表

风险类别		政府承担	项目公司承担	风险承担方式及对策建议
建设风险	工地安全/环境保护		√	
	考古文物保护	√	√	
运营风险	技术缺陷		√	
	调试运行		√	
	设备/设施故障		√	
	运营维护成本超支	√	√	与价格调整机制结合，设置风险上限。因管理不善导致的超支，项目公司承担；因为不可抗力等突发或者重大风险导致的，政府予以一定补偿。
	服务质量不达标		√	与绩效考核机制结合。
	运营商违约/提前终止		√	在提前终止补偿中反映。
	残值风险		√	移交及恢复性大修，保证设备设施完好率。
	安全管理		√	
	环境保护		√	特别是应考虑第三方责任问题。
	运营事故		√	
财务风险	融资失败		√	需结合建设期融资的社会资本方股东担保等要求。
	融资成本高		√	
	利率变化		√	
	偿债风险		√	
收入风险	垃圾量供应不足	√	√	城市垃圾产生量、收运量、项目设计规模等，均属于项目公司不可控风险，应由政府承担，通过保底量解决；超过保底量，仍低于预期供应量的部分，风险由项目公司承担。
	电价变动	√		上网电价变动时，在价格调整机制的规定中反映。
	财政预算不足	√		本项目政府补贴费金额不大，且项目已通过财政承受能力论证，该风险相对较小。
	通货膨胀	√	√	通货膨胀因素在价格调整机制中反映。

续表

风险类别		政府承担	项目公司承担	风险承担方式及对策建议
政府/政治风险	政府违约/提前终止	√		在提前终止补偿中反映。
	征收/征用	√		
	政府提出工程变更	√		在投资变动调整中反映。
	政策/法律变更	√		
不可抗力	不可抗力	√	√	在提前终止补偿中反映。

3. 交易结构

（1）运作模式

本项目采用BOT方式进行运作，授予项目公司特许经营权。交易结构见图3-1。

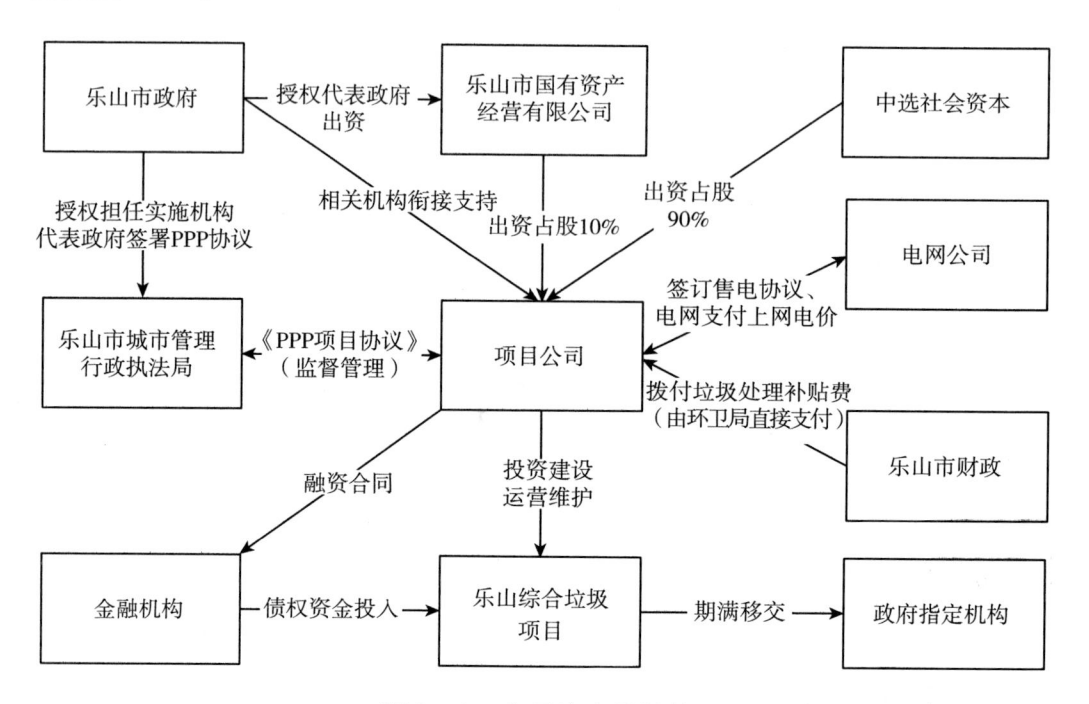

图3-1 本项目交易结构

（2）合作期限

特许经营期 30 年，含建设期和运营期。建设期自《PPP 项目协议》签订之日起至项目通过初步验收之日止，不超过 2 年；运营期自项目进入商业运营日起至特许经营期满，不超过 28 年。

（3）投融资结构

乐山市人民政府授权乐山市城管局为本项目的实施机构，负责项目准备、项目社会资本采购等工作，并代表乐山市人民政府与中标社会资本签订《PPP 项目协议》，履行约定的权利义务、实施项目监管。

乐山市国有资产经营有限公司为本项目的政府方授权出资主体，与中标社会资本按 10%∶90% 的出资比例共同组建 PPP 项目公司。

项目公司根据《PPP 项目协议》的授权，负责本项目的（含红线外配套设施）投资、融资、设计、建设、运营维护及期满移交。

（4）回报机制

本项目采用可行性缺口补助的回报机制。

项目公司通过"垃圾焚烧发电收入+垃圾处理补贴费"回收投资及获得合理回报。

①垃圾焚烧发电收入

项目公司在 PPP 项目协议期内利用垃圾处理余热发电所生产的剩余电量可按相关程序并入国家电网，电力上网的具体事宜由项目公司与电网公司之间签订的《购售电合同》约定。

根据《国家发展改革委关于完善垃圾焚烧发电价格政策的通知》（发改价格〔2012〕801 号），垃圾焚烧项目上网电力的电价，电量 280 千瓦时/吨以内的部分按照 0.65 元/千瓦时（含增值税）进行估算，其余电量的电价按照 0.4402 元/千瓦时（含增值税）结算。

②垃圾处理补贴费

第一，补贴费单价。乐山市政府就项目公司处理的生活垃圾，支付垃圾处理补贴费或称垃圾处理服务费。生活垃圾处理补贴费以 118 元/吨作为投标最高限价，具体金额通过招标确定。

第二，垃圾保底供应量。为合理地分配项目风险，参照行业惯例，政府就入厂垃圾提供保底供应量承诺，当实测垃圾供应量低于保底供应量时，政府按照保底供应量×生活垃圾处理补贴费基本单价与项目公司结算。

本项目服务范围内，现有垃圾收运量约为700吨/日，综合考虑项目建设期内的垃圾增长和未来收运体系的完善，保底供应量设置为：运营期第一年（2020年）750吨/日；运营期第二年起，保底供应量以上一年计算数为基础，按3%增长率递增，以设计规模为上限。

未来，当实测供应量高于保底供应量但低于设计处理量时，生活垃圾处理补贴费按照实测处理量×生活垃圾处理补贴费基本单价结算；当实测供应量高于设计处理量时，生活垃圾处理补贴费按照设计处理量×生活垃圾处理补贴费基本单价＋（实测供应量－设计处理量）×生活垃圾处理费基本单价×60%结算。

（5）配套支持

项目用地由政府通过划拨方式交付项目公司。征地拆迁工作由政府部门承担，相关费用由项目公司承担计入项目总投资。红线外配套工程由项目公司负责投资、实施，费用计入总投资。

4. 绩效考核

（1）考核主体

乐山市城市管理行政执法局。

（2）考核内容

考核内容在项目建设期和运营期区别设置：建设期考核侧重质量、工期、环境保护、安全生产。运营期考核则重点关注项目的稳定运营，对排水、烟气、飞灰与炉渣、二噁英、生活垃圾性质等实施定期监测；同时，政府有必要根据项目运营情况增加附加考核项目。

（3）考核指标及方法

①建设期考核

建设期绩效考核指标见表3-4。

表3-4 项目建设期绩效考核指标

指标类别	指标要求
质量	需符合项目设计文件要求及《生活垃圾焚烧处理工程技术规范》（CJJ 90-2009）等规范要求。 除此之外，项目公司需保证项目工程质量和运营质量满足可研中设定的工艺、工程结构、建筑强度、排放标准等各方面要求，并通过设计文件进一步明确。具体以最终审批的可研报告和工程设计为准，并作为工程验收和投入商业运营的依据之一。
工期	一期项目必须于2017年6月30日前开工建设，社会资本和项目公司必须在24个月内完成项目投资建设、环保竣工验收并投入商业运营。
环境保护	需符合项目设计文件要求及《建设项目环境保护管理条例》。
安全生产	需符合《建筑施工安全检查标准》（JGJ 59-2011）、《建筑工程施工安全技术规范》（JGJ 46-2005）。
其他重大考核事项	• 未及时出资到位 若社会资本未按照《PPP项目协议》的约定及时缴纳注册资本，每逾期一日，社会资本应按照应付未付金额的万分之五向政府方出资代表支付滞纳金。政府方出资代表有权向社会资本发出催告，如在催告通知出具后的15日内，社会资本仍未出资到位的，则政府有权终止《PPP项目协议》。 • 迟延开工、竣工 如本项目不能在《PPP项目协议》规定的日期开竣工，每逾期一日，社会资本应向政府方支付10万元的违约金；如逾期超过90日，政府方除收取违约金外，还有权提前终止《PPP项目协议》，政府方收取的违约金直接从建设履约保证金（保函）内提取；《PPP项目协议》提前终止的，政府方有权直接全额提取建设履约保证金，但不可抗力和政府方的责任造成的迟延除外。 • 未能通过环保竣工验收 社会资本应确保PPP项目自工程竣工验收之日起4个月内通过环保竣工验收并正式投入商业运营，否则每逾期一日，社会资本方应向政府方支付10万元违约金。如逾期超过180日，政府方除收取违约金外，还有权提前终止《PPP项目协议》，政府方收取的违约金直接从建设履约保证金（保函）内提取；《PPP项目协议》提前终止的，政府方有权直接全额提取建设履约保证金，但不可抗力和政府方的责任造成的迟延除外。

②运营期考核

本项目在运营期，烟气、渗滤液、灰渣、噪声、臭气各项指标，不应该低于下列标准：

第一，烟气。垃圾经燃烧后产生的烟气中主要污染物为：烟尘、SO_2、HCl、NO_X、二噁英类（PCDD\PCDF等）、重金属等。本工程烟气排放标准拟在满足国标《生活垃圾焚烧污染控制标准》和 EU 2000/76/EC 标准的基础上，制定本项目各污染物排放指标。本工程确定的烟气排放指标见表 3-5。

表 3-5　　　　　　　　　　烟气排放指标

序号	污染物名称	单位	国标 GB 18485-2014 日平均	国标 GB 18485-2014 小时平均	欧盟 EU 2000/76/EC 日均值	欧盟 EU 2000/76/EC 半小时 100%	本工程保证值 日均值	本工程保证值 半小时 100%
1	烟尘	mg/Nm³	20	30	10	30	10	30
2	HCl	mg/Nm³	50	60	10	60	10	60
3	HF	mg/Nm³	—	—	1	4	1	4
4	SO$_x$	mg/Nm³	80	100	50	200	50	200
5	NO$_x$	mg/Nm³	250	300	200	400	200	400
6	CO	mg/Nm³	80	100	50	100	50	100
7	TOC	mg/Nm³			10	20	10	20
			测定均值					
8	Hg	mg/Nm³	0.05		0.05		0.05	
9	Cd	mg/Nm³	—		—		—	
	Cd + Tl		0.1		0.05		0.05	
10	Pb	mg/Nm³	—		—		—	
	Pb + Cr 等其他重金属		1.0		0.5		0.5	
11	烟气黑度	林格曼级	1		—		1	
12	二噁英类	ngTEQ/Nm³	0.1		0.1		0.1	

第二，出水（渗滤液）。渗滤液需全封闭处理。项目出水水质满足《工业循环冷却水处理设计规范》（GB 50050-2007）中再生水作为间冷开式系统补充水的指标后回用至冷却塔补水，不外排。

第三，灰渣。飞灰在厂内经固化+稳定化处理后，满足《危险废物鉴别标准　浸出毒性鉴别》（GB 5085.3-2007）和《生活垃圾填埋场污染控制标准》（GB 16889-2008）的要求后，运输至凌云填埋场填埋。

第四，噪声。场内的噪声治理应符合现行国家标准《城市区域环境噪声标准》(GB 3096),厂界噪声标准执行《工业企业厂界环境噪声排放标准》(GB 12348-2008)中的二类标准。即围墙1米处噪声级限度:白天≤60dB(A),夜间≤50dB(A)。对建筑物的直达声源噪声控制,应符合现行《工业企业噪声控制设计规范》的有关规定。

第五,臭气。工程所散发的臭气污染物浓度满足《恶臭污染物排放标准》(GB 14554-1993)中二级新扩改建标准。

③考核方案

项目公司以不低于以下频率的方法进行监测:

在运营期,项目公司应该按照上述约定考核指标中的约定频率对焚烧炉技术性能、炉渣热灼减率、大气污染物、噪声情况、臭气污染物排放等进行检测。烟气排放系统需保持24小时实时在线监测并与环保监测系统联网。垃圾采样分析的结果应在检测完成之后7天之内向实施机构提交不少于3份的检测报告。在各项指标正常的情况下,项目公司应将检测结果在月度结束后的5个工作日内书面报告政府方。如果检测结果中有1项不达标,则应立即书面通知政府方,并在整改后,项目公司通知检测机构及时检测。检测费用由项目公司承担。

实施机构有权在任何时候对项目公司的检测程序、结果、设备和仪器进行现场检查,也可以委托有相应资格的检验机构进行检测。如果检测结果为正常,则检测费用由实施机构承担;如果检测结果为不达标,则由项目公司承担相关费用。监测项目和时间见表3-6。

表3-6　　　　　　　　　　监测项目和时间

监测种类	监测项目	监测方法	监测频率
烟气	烟气量、烟气温度、烟尘、SO_x、NO_x、HCl、CO、HF、O_2、H_2O、CO_2	按 GB/T 16157 执行	实时在线监测
污水	BOD_5、COD_{cr}、NH_3-N、SS、PH、TN、TP、污水量	按有关规范执行	实时监测
噪声监测	汽轮机、发电机、各种泵、风机、空压机等噪声源	按有关规范执行	每月1次,每次2天

续表

监测种类	监测项目	监测方法	监测频率
垃圾分析	垃圾容重、含水率、热值	按有关规范执行	每月1次
飞灰	重金属、毒性实验	按有关规范执行	每月1次
炉渣	热灼减率	按有关规范执行	每月1次
二噁英	烟气和环境空气中的二噁英	委托专业机构取样测定	每年2次
恶臭污染物	环境空气中的恶臭	委托专业机构取样测定	每月1次
重金属	烟气中重金属	委托专业机构取样测定	每月1次

（4）考核报告

对于二噁英、恶臭污染物、重金属等环境影响具体的监测项目，需要由政府方认可的有资质的监测单位进行定期检测，提交检测报告。同时，实施机构也有权委托第三方机构对项目公司进行临时抽检，并形成检测报告，作为考核运营方的依据。

（5）考核与付费（含调价机制）

①按效付费

项目针对建设期和运营期单独设置了不同的考核方法和标准。

ⅰ建设期。建设期考核以通过竣工验收作为考核合格标准。

实施机构在建设期考核按照前述考核事项对项目公司进行检查，并在项目公司违约时按照《PPP项目协议》的约定追究其违约责任。并且，项目公司应针对考核结果进行修复或补正，若发生严重建设缺陷或严重影响公共利益及公共安全，项目公司又怠于或延误修复缺陷的，实施机构可根据《PPP项目协议》相关约定提取项目公司提交的建设期保函中的相应金额。

ⅱ运营期。根据《PPP项目协议》和《垃圾处理服务协议》的约定，按照项目公司和实施机构组织的定期或者不定期的环境检测，每月环保检测结果不合格之日起至检测结果重新合格之日止期间的垃圾处理量视为无效处理量，政府不针对该部分垃圾支付服务费。

同时，项目在运营期出现运营不达标情形时，政府有权按照约定标准提取项目公司运营维护保函中的相应金额。具体约定见表 3-7。

表 3-7　　　　　　　　　　运营期考核及处罚

考核（监测）项目	未达标处罚
擅自停运	未经政府方书面同意，项目公司擅自停止本项目运营的，社会资本方应按 200 万元/日向政府方支付违约金； 擅自停运连续超过 3 日的，政府方有权提前终止《PPP 项目协议》，接管本项目设施保证项目正常运营，并提取项目公司运营维护保函下的全部款项。
炉渣热灼减率	炉渣热灼减率不合格的，按发现不合格当日至整改合格日期间应得的垃圾处理服务费的 20% 向政府方支付违约金。
炉渣、飞灰、渗沥液，生产和生活污水的处置有一项不合格	每发现一次，社会资本方应向政府方支付违约金 10 万元。
项目公司烟气排放不达标并被环保主管部门处以罚款	每发现一次，社会资本方应向政府方支付违约金 20 万元。
其他质量不合格	政府方视情形酌情收取社会资本方违约金，单次单项违约金额不超过 1 万元。

② 定价、调价机制

ⅰ 工程投资额变动引发的补贴费调整。红线内投资以中标人的投资估算作为投资控制上限。项目公司在项目实施的过程中，如果非因乐山市政府的原因导致的场内投资额高于投标方案金额，乐山市政府将不再就此追加垃圾处理补贴费。红线外投资和征地投资据实计入总投资。

除因总投资额变化而引起的调价外，本项目进入商业运营日后的 3 年内，垃圾处理补贴费不作调整。

因投资额变动调整垃圾处理补贴费，按如下公式计算：

$$W = W_1 - \Delta I \times 10^{-7} \times T$$

其中：W 为调整后生活垃圾处理补贴费基本单价（元/吨）。W_1 为调整前生活垃圾处理补贴费基本单价（元/吨），即中标单价。ΔI 为经审计实际一期工程总投资额与社会资本工程建设方案中总投资额（控制数）（元）相比的减少额，若前者高于后者，则补贴费不予调整，ΔI = 0。T 为在投标人财务模型中把一期项目投资额增加/减少 1 000 万元，并且设定资本金收益率不变，得出的垃圾处理费的变化的绝对值。T 取 3.08 元。

ii 物价指数变动、水资源费变动、上网电价变动引发的补贴费调整。第四年起，物价指数变动、水资源费、上网电价中某一因素自上次调价累计变动超过 3% 时，对生活垃圾处理补贴费进行调整。

物价指数变动按照每两年调价一次的频率对生活垃圾处理补贴费进行调整，若物价指数向上变化，相应调增生活垃圾处理补贴费基本单价；反之，调减生活垃圾处理补贴费基本单价。

水资源费变动按照即时调整的频率对生活垃圾处理补贴费进行调整，若水资源费向上变化，相应调增生活垃圾处理补贴费基本单价；反之，调减生活垃圾处理补贴费基本单价。

上网电价变动按照即时调整的频率对生活垃圾处理补贴费进行调整，若上网电价向上变化，相应调减生活垃圾处理补贴费基本单价；反之，调增生活垃圾处理补贴费基本单价。

总调价公式为：

$$W = W_1 + 0.6 \times C + T - R$$

其中：W 为调整后生活垃圾处理补贴费基本单价（元/吨）。W_1 为调整前生活垃圾处理补贴费基本单价（元/吨）。C 为物价指数变动对生活垃圾处理补贴费基本单价的影响额（元/吨）。T 为水资源费变动对生活垃圾处理补贴费基本单价的影响额（元/吨）。本项目用水从岷江提取，用水成本主要体现为水资源费。R 为上网电价变动对生活垃圾处理补贴费基本单价的影响额（元/吨）。具体调价操作如图 3-2 所示。

（6）绩效管理

由于垃圾环保焚烧发电项目检测和考核指标众多，且各方对项目连续

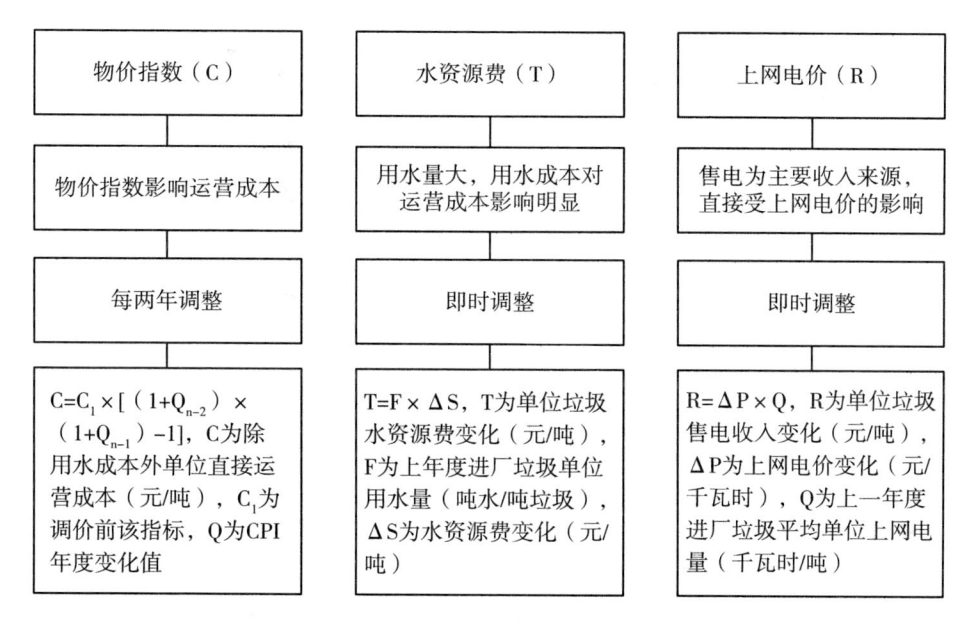

物价指数（C）	水资源费（T）	上网电价（R）
物价指数影响运营成本	用水量大，用水成本对运营成本影响明显	售电为主要收入来源，直接受上网电价的影响
每两年调整	即时调整	即时调整
$C=C_1\times[(1+Q_{n-2})\times(1+Q_{n-1})-1]$，C为除用水成本外单位直接运营成本（元/吨），$C_1$为调价前该指标，Q为CPI年度变化值	$T=F\times\Delta S$，T为单位垃圾水资源费变化（元/吨），F为上年度进厂垃圾单位用水量（吨水/吨垃圾），ΔS为水资源费变化（元/吨）	$R=\Delta P\times Q$，R为单位垃圾售电收入变化（元/吨），ΔP为上网电价变化（元/千瓦时），Q为上一年度进厂垃圾平均单位上网电量（千瓦时/吨）

图 3-2　物价指数变动、水资源费变动、上网电价变动操作

达标运营具有很高要求，因此在考核方法的设计上并不是按照通常的考核评分体系进行定期评分，而是针对项目在建设和运营过程中各项可监测、可量化、对环境影响大的影响因素，建立起定期或者不定期的监测机制，对于单次的不达标行为或者指标，建立低成本、高频次的滚动考核机制。这样使项目公司必须时刻关注运营绩效的稳定性，否则就会面临较大的经济损失。

同时监控方法上，重视发挥项目公司的作用，建立监测结果报送计划，让监管活动成为项目公司重要的管理制度和自查活动，从而使项目公司从单纯的"被监管对象"变成监管活动的主动参与者，让项目公司主动融入考核体系，有助于激发社会资本的能动性，提升项目运营效率。

5. 项目实施程序的规范性

（1）项目立项等前期手续

本项目严格按照国家规定组织实施有关工作。

项目采购前，已由实施机构完成并获得项目建设规划批复（川发改环资〔2014〕403号)、《项目用地选址意见书》(选字第511102201500028号)、《社会稳定风险评估报告》备案登记,编制完成《环境影响评价报告》和《工程可行性研究报告》等。

2016年10月,《财政承受能力论证报告》《物有所值评价报告》通过财政部门审核。同月,《PPP实施方案》通过市政府第132次常务会议审议(乐府常定〔2016〕232号)。

(2)预算安排

政府出资的4 340万元由政府出资代表乐山市国有资产经营有限公司统筹安排。生活垃圾处理补贴费由财政部门列入一般公共预算支出。项目涉及跨年度支出的,列入中长期规划。

(四)物有所值评价和财政承受能力论证要点

1. 项目物有所值评价

乐山市财政局组织咨询单位,按照财政部《PPP物有所值评价指引(试行)》(财金〔2015〕167号)的要求,从定性和定量两个方面对项目进行了物有所值评价。

(1)定性评价

定性评价方面,选取了全生命周期整合程度、风险识别与分配、绩效导向与鼓励创新、潜在竞争程度、政府机构能力、可融资性6个基本指标,以及项目规模大小、预期使用寿命长短、主要固定资产种类、运营收入增长潜力、行业示范性、全生命周期成本测算准确性6个补充指标(见表3-8)。定性评价专家组由财政、资产评估、会计,以及行业、工程技术、项目管理和法律方面的7名专家组成。各专家对照评分参考标准独立打分,最后计算得出,本项目物有所值定性评价专家评分结果为78.68分,通过物有所值定性分析。

表 3-8　　　　　　　　　　　　评价指标情况

指标类型	指标名称	考核内容	指标权重（%）
评价基本指标	全生命周期整合程度	主要考核在项目全生命周期内，项目设计、投融资、建造、运营和维护等环节能否实现长期、充分整合	13
	风险识别与分配	主要考核在项目全生命周期内，各风险因素是否得到充分识别并在政府和社会资本之间进行合理分配	13
	绩效导向与鼓励创新	主要考核是否建立以基础设施及公共服务供给数量、质量和效率为导向的绩效标准和监管机制，是否落实节能环保、支持本国产业等政府采购政策，能否鼓励社会资本创新	14
	潜在竞争程度	主要考核项目内容对社会资本参与竞争的吸引力	14
	政府机构能力	主要考核政府转变职能、优化服务、依法履约、行政监管和项目执行管理等能力	12
	可融资性	主要考核项目的市场融资能力	14
	合　计		80
评价补充指标	项目规模大小	主要考核项目规模大小情况	3
	预期使用寿命长短	主要考核项目预期使用寿命的长短	3
	主要固定资产种类	主要考核项目实施过程中新建或改扩建形成的固定资产种类	4
	运营收入增长潜力	主要考核项目运营阶段是否具备收入增长潜力	4
	行业示范性	主要考核项目的实施对其所在行业领域是否具备示范引领作用	4
	全生命周期成本测算准确性	主要考核项目全生命周期成本能否较准确地测算	2
	合　计		20

(2) 定量评价

定量评价方面，在项目全生命周期（30年，含建设期）内，通过比较社会资本合作模式建设的政府支出成本现值（PPP值）与采用政府传统采购模式建设的公共部门比较值（PSC值），以确定是否能实现物有所值。

PPP值可等同于PPP项目全生命周期内股权投资、运营补贴、风险承担和配套投入等各项财政支出责任的现值。

根据本项目情况，生命周期内，政府股权投入2 381.6万元，在建设期第一年完成；运营补贴总额为115 127万元，年补贴数根据垃圾处理量变化；根据风险分配及量化结果，风险承担成本按《可研报告》中计提的基本预备费2 201.45万元取值，平均每年73.38万元；配套支出已经计入项目总投资，并通过最终的运营补贴完成投资回收，金额为0。贴现率按照7%计算，计算出PPP值为44 926.83万元。

PSC值=NPV（初始PSC值+竞争性中立调整值+可转移风险承担成本+自留风险承担成本），其中初始PSC值=（建设成本－资本性收益）+（运营维护成本－第三方收入）+其他成本。

根据本项目物有所值评价报告，建设成本取《可研报告》中总投资数，为70 016.33万元；资本性收益取值为0；运营维护成本按《可研报告》，为87 876.00万元；第三方收入假定在政府投资时与PPP项目绩效相同，为180 202万元；其他成本按0计算。按7%折现率，初始PSC的现值为41 791万元；本项目竞争性中立调整主要是政府投资模式较PPP模式下垃圾处理服务费对应的所得税，经计算，现值为7 266.96万元；风险承担成本按《可研报告》中计提的基本预备费2 201.45万元取值，平均每年73.38万元，现值为910.58万元。因此PSC值49 968.54万元。

PSC值－PPP值=8 177.54万元，PPP值小于PSC值，因此项目通过物有所值定量评价。

2. 财政承受能力论证

PPP项目全生命周期过程的财政支出责任，主要包括股权投资、运营补贴、风险承担、配套投入等。本项目中,政府股权投资支出责任为2 381.63万元;运营补贴支出参照实施方案,在最高招标限价118元/吨的情况下,按照项目设计处理量,为4 307.0万元/年;风险承担支出按照工程计提的预备费2 201.45万元取值,年均风险承担支出为2 201.45/30=73.38万元/年;其他配套支出为0。

合作期内,政府第1年的项目支出责任为2 455.01万元,第2年为73.38万元;从第3年至合作期结束,支出责任均为4 380.38万元。

乐山市本级一般公共预算支出,2015年为48.23亿元。过去5年(2011~2015年),一般公共财政预算支出的平均增长率为14.63%。结合乐山市本级财政一般公共预算支出规模增长情况,并考虑乐山市相关国民经济及社会发展规划要求,预计2016~2018年乐山市一般公共预算支出增长率为16%,2019~2021年为13%,2022~2046年降低为10%。

除本项目外,截至方案获批日,乐山市本级有4个PPP项目已进入采购或者实施阶段。加上本项目新增支出,预计PPP项目支出责任占乐山市本级一般公共预算支出的比例最高出现在2020年,占比约为2.88%(测算见表3-9),满足《政府和社会资本合作项目财政承受能力论证指引》(财金〔2015〕21号)"每一年度全部PPP项目需要从预算中安排的支出责任,占一般公共预算支出比例不超过10%"的要求。

已实施的项目分属行业类别中的市政工程、交通运输、城镇综合开发、科技类项目,行业领域分布平衡性较好。因此,本项目通过财政承受能力论证。

表3-9　　政府支出责任在一般公共预算支出的占比预测

年份	一般公共预算支出预测金额(万元)	市本级既有PPP项目财政支出责任部分(万元)	本新增项目PPP模式下财政支出责任(万元)	年度PPP项目财政支出责任占一般公共预算支出比例(%)
2016	559 434.36	1 499.85		0.27
2017	648 943.86	2 017.77	2 455.01	0.69
2018	752 774.88	11 828.69	73.38	1.58
2019	850 635.61	20 059.25	4 380.38	2.87

续表

年份	一般公共预算支出预测金额（万元）	市本级既有PPP项目财政支出责任部分（万元）	本新增项目PPP模式下财政支出责任（万元）	年度PPP项目财政支出责任占一般公共预算支出比例（%）
2020	961 218.24	23 347.48	4 380.38	2.88
2021	1 086 176.61	23 991.39	4 380.38	2.61
2022	1 194 794.27	24 433.01	4 380.38	2.41
2023	1 314 273.7	24 924.36	4 380.38	2.23
2024	1 445 701.07	25 466.48	4 380.38	2.06
2025	1 590 271.18	26 064.39	4 380.38	1.91
2026	1 749 298.3	26 723.12	4 380.38	1.78
2027	1 924 228.13	26 032.4	4 380.38	1.58
2028	2 116 650.94	36 590.44	4 380.38	1.94
2029	2 328 316.03	10 873.86	4 380.38	0.66
2030	2 561 147.64	27 521.52	4 380.38	1.25
2031	2 817 262.4	28 441.56	4 380.38	1.17
2032	3 098 988.64	10 552.6	4 380.38	0.48
2033	3 408 887.5	6 270	4 380.38	0.31
2034	3 749 776.25	6 628	4 380.38	0.29
2035	4 124 753.88		4 380.38	0.11
2036	4 537 229.27		4 380.38	0.10
2037	4 990 952.19		4 380.38	0.09
2038	5 490 047.41		4 380.38	0.08
2039	6 039 052.15		4 380.38	0.07
2040	6 642 957.37		4 380.38	0.07
2041	7 307 253.11		4 380.38	0.06
2042	8 037 978.42		4 380.38	0.05
2043	8 841 776.26		4 380.38	0.05
2044	9 725 953.88		4 380.38	0.05
2045	10 698 549.27		4 380.38	0.04
2046	11 768 404.2		4 380.38	0.04

三、项目采购

（一）市场测试及资格审查

1. 市场测试

项目启动以来，实施机构展开了多次市场测试或市场调研。

2014年12月底，实施机构委托咨询机构向国内近20家固废处理企业发出意见征询函，就项目处理工艺、主要资格条件、核心商务条件进行了沟通，基本涵盖国内垃圾焚烧发电行业主要的投资运营商。2016年，项目技术方案确定后，咨询机构再次对2014年的投资人名单进行梳理，确保项目吸引力，以实现充分竞争。

通过市场测试，可以进一步保证项目合作条件更加符合市场预期。例如，市场测试之前，资格条件中设定"不少于4个1 000吨/日的投产项目"业绩要求，但通过测试发现满足该条件的潜在社会资本并不多，设定该条件不利于鼓励竞争，最终将业绩要求调整为1个。此外，通过市场测试和答疑，进一步明确了项目建设内容（如除垃圾焚烧发电主体设施建设外，还包括6 000米进场道路的建设维护等），以帮助投标人更好做出研判。

2. 资格预审

（1）社会资本资格预审条件

2016年11月3日，项目正式发布采购公告，开始接受资格预审申请。资格条件如下：

第一，社会资本为依法成立、有效存续的企业法人，且与政府方、完成本项目可研报告编制单位以及政府方所委托的咨询机构或其附属机构没有任何隶属关系。

第二，具有独立承担民事责任的能力；在人民银行征信系统中无不良的商业信用记录；有依法缴纳税收和社会保障资金的良好记录；参加政府采购活动前三年内，在经营活动中没有重大违法记录；法律、行政法规规定的其他条件。

第三，无被查封冻结、接管或破产的投资项目，无受到行政处罚按法律法规规定禁止参加投标的情形。

第四，社会资本方净资产不低于人民币7亿元（以2015年度审计报告为准，如是外币，以公告发布之日中国人民银行授权公布的汇率中间价换算）。

第五，申请人在中国大陆地区（不含港澳台）至少有2个特许经营模式实施、每座日处理规模均不小于1000吨、采用机械炉排炉工艺技术的垃圾焚烧发电项目，其中至少有1个项目已经稳定运营，并通过了环保验收。业绩认定标准：《PPP项目协议》《环保验收证明》，以及以特许经营模式实施的其他证明材料。申请人应为特许经营项目的实际控制人（项目公司控股股东或项目公司控股股东的全资股东）。《PPP项目协议》中未能直接体现上述关系的，须由申请人提供相关证明文件。

第六，本项目不接受联合体投标。

（2）资格预审结果

共12家社会资本参加本项目资格预审，9家通过资格预审，分别为：重庆三峰环境产业集团有限公司、深圳市能源环保有限公司、中国天楹股份有限公司、中国环境保护集团有限公司、东莞科维环保投资有限公司、中国光大国际有限公司、上海环境集团有限公司、上海浦东环保发展有限公司、浙江旺能环保股份有限公司。

（二）评审情况

2016年12月3日起，实施机构向通过资格预审的社会投资人发售招标文件；12月14日举行了答疑会，并于12月29日如期开标。

评标委员会由6位专家和1位招标人代表构成，均为乐山市政府采购专家库中的成员，专家包括财务、法律、工程管理、垃圾处理技术等各方面。

1. 评审标准

评审采用了综合评分法。评审标准包括商务方案、技术方案——工程实施综合实施、技术方案——设计和工艺设备水平、财务方案、法律方案及报价6个一级标准。由于项目在技术方面的复杂性，评分细则设计了超过70项二级指标，目的在于综合考察投标人的技术实力和对项目的综合理解。

招标人与咨询机构特别在招标文件中采取了下列措施，以防止恶意低价扰乱正常的竞争秩序：

第一，招标人在听取专业技术机构意见的基础上，就项目的投资估算金额设定了最低控制数，低于该数值可能导致废标；

第二，财务方案中要求投标人详细列明成本估算的思路和过程，便于专家综合评判；

第三，评标委员会发现投标人的报价明显低于其他投标报价的平均价（低于平均价20%），使得其投标报价可能低于其实际成本的，在要求该投标人做出书面说明并提供相关证明材料后仍不能证明其投标报价并未低于成本价的，由评标委员会认定该投标人是否以低于成本报价竞标。

项目评分细则如表3-10所示。

表3-10　　　　　　　　　　本项目评分细则

投标文件	一级指标	权重（%）	二级指标（细则）	细则分
投标人综述（商务方案）	投标人综合实力（100）	15	投标人资金实力	21
			项目业绩	60
			项目履约信誉	10
			资质和管理体系	9
技术方案——工程实施综合方案	建设方案（24）	25	项目前期准备	3
			施工总体安排	5
			工程进度及质量控制措施	8
			调试大纲	4
			安全管理与文明施工	4

续表

投标文件	一级指标	权重（%）	二级指标（细则）	细则分
技术方案——工程实施综合方案	管理方案（22）	25	拟投入本项目技术力量	3
			项目经理	5
			拟投入本项目其他主要人员	4
			内部组织结构与沟通	2
			公司总部的后方支持机构	2
			计划能力及实施	3
			建设工期控制能力及对问题的敏感性	3
	运营与维护方案（36）		运营与维护方案总体评价	6
			岗位职责	3
			运营管理	6
			设备维护	4
			排放控制	9
				3
			运行监测	5
	移交方案（12）		资料移交	3
			维修及恢复性大修	3
			人员培训	3
			权利移交	3
	应急方案（4）		突发事件应急方案	4
	合理化建议（2）		合理化建议	2
技术方案——设计和工艺设备水平	技术方案总体评价（8）	25	技术方案总体评价	6
				1
			编制水平	1
	垃圾接收、储存及输送系统（6）		垃圾称量系统	1
			垃圾储存池	3
			垃圾抓斗	2

案例3 四川省乐山市城市生活垃圾环保发电项目

续表

投标文件	一级指标	权重（%）	二级指标（细则）	细则分
技术方案——设计和工艺设备水平	焚烧炉主体（20）	25	焚烧炉技术	6
			设计参数	3
			焚烧炉炉排	6
			焚烧炉液压传动、点火、助燃、出渣、燃烧送风系统	5
	余热利用系统（8）		余热锅炉、空气预热器、汽轮机、发电机	8
	烟气净化系统（15）		烟气净化系统整体评价	4
			烟气排放达标情况	3
			酸性气体脱除设备	5
			二噁英处理	3
	灰渣处理方案（7）		炉渣、飞灰处理方案	7
	自动控制系统（5）		自动控制系统、电气系统及设备选型的先进性、合理性、可靠性及安全性等	5
	电气系统（4）		电气系统	4
	总图布置（5）		总平面布置、竖向布置	5
	主要生产及配套设施（14）		主厂房平立面布置、建（构）筑物	3
			给排水系统	2
			消防系统	1
			通风与除臭系统	2
			渗滤液及污水处理站	4
			进厂道路	2
	合理化建议（2）		合理化建议	2
	辅助设施（4）		辅助设施	2
			公共设施	2
	公众和谐（2）		公众关系和谐	2

续表

投标文件	一级指标	权重（%）	二级指标（细则）	细则分
财务方案	融资方案（20）	20	融资方案	5
			融资成本构成及计算	5
			资金使用计划	5
			融资成本	5
	风险管理（10）		保险	7
			应对措施	3
	投资估算（20）		投资估算编制依据	3
			投资估算	12
			估算工程量	5
	收入与成本（30）		运营收入预测	10
			发电量测算	8
			年平均总成本费用测算过程	12
	财务分析（20）		财务分析的准确性和科学性	20
法律方案	PPP项目协议响应（100）	5	PPP项目协议响应	100
报价评分	报价	10	垃圾处理补贴费报价	100

2. 中标人确定方式

截至开标时间，共有中国光大国际有限公司、上海环境集团有限公司、上海浦东环保发展有限公司3家社会资本提交了有效的投标文件。

评标委员按照评分细则对投标人的投标文件打分，并按综合得分从高到低排序，推荐综合得分前3名的投标人作为中标候选人。当投标人综合得分相同时，垃圾处理补贴费报价低的投标人排名将靠前。

3. 中标公示

经综合评审，中国光大国际有限公司、上海环境集团有限公司、上海浦东环保发展有限公司分列第1~3名。

2017年2月28日，招标人在乐山市公共资源交易网和四川政府采购网发布了中标公告，光大国际作为第一候选人成为本项目中标社会资本。

（三）合同谈判及签署

评审结束后，实施机构组建了包括实施机构、财政部门、政府出资代表、咨询机构、法律顾问等在内的协议谈判确认团队，重点就候选人在投标文件中提出的协议偏差表的内容等进行确认谈判。

2017年1月18日，双方在谈判过程中有针对性地交流意见，最终就二噁英、飞灰浸出毒性检测频次和烟气排放数据公开方式等问题达成共识，签署谈判备忘录。

合同谈判完成后，乐山市城市管理行政执法局与中国光大国际有限公司各自就协议签署提请审批，并于2017年3月20日签订了《PPP项目协议》。

四、项目落地情况

（一）项目公司设立情况

1. 公司概况

项目公司名称：光大环保能源（乐山）有限公司；
地址：四川省乐山市柏杨西路41号环卫局办公楼305室；
注册资本：43 400万元。

2. 股权结构

《PPP项目协议》签订后，光大国际和乐山国资公司分别以现金出资39 060万元和4 340万元，占项目公司股份数的90%和10%。

政府方按照持股比例获得分红。

3. 管理层架构

股东会是公司的最高权力机构。公司就增加或者减少注册资本、对公司拥有的土地使用的权利进行任何形式的处置、对发行公司债券、股东转让股权、公司合并、分立、变更公司组织形式、解散和清算等事项做出决议需要全部股东表决通过。

公司董事会由5名董事组成，4名由社会资本方提名，1名由政府出资代表提名。董事长由社会资本方提名。对于增加或者减少注册资本方案、决定项目的设计施工总承包商与运营维护商、公司合并、分立、变更公司组织形式、解散方案等重要事项，需要全体董事表决通过方可生效。政府方委派的董事对可能造成重大质量、安全责任事故的经营活动，以及会严重影响公众利益，或者可能导致项目公司被相关部门做出歇业、停业等严重处罚的违法经营行为等影响公共安全或利益的事项享有一票否决权。

项目公司设立监事会。监事会应由3名监事组成，由社会资本方委派；另设1名职工代表监事，职工代表监事由公司职工通过职工代表大会、职工大会或者其他形式选举产生。监事会有权检查项目公司的财务；列席董事会会议；对公司及其高级管理人员的行为是否符合法律或者项目公司章程进行监督，当其行为损害项目公司利益时，可要求予以纠正。

项目公司高级管理人员包括总经理、副总经理、财务总监等。总经理1名，财务总监1名，由社会资本方提名，副总经理2名，乐山国资和光大国际各委派1名。高级管理人员按照相关的权限和程序报批后，由董事会聘任或解聘。

（二）项目融资落实情况

1. 融资方式及条件

根据本项目的《PPP实施方案》及招标文件要求，社会资本控股成立的项目公司最低资本金比例不得低于 23 816.33 万元（不低于总投资的 34%）。

中标人在投标文件中的承诺和实际到位的项目公司注册资本金为 4.34 亿元，以注册资本金作为项目资本金。由于中标方案中的总投资由 70 016.33 万元降低为 65 273 万元，因此资本金占总投资额的比例达到 66.59%。

资本金与总投资之间的差额通过银行贷款解决，金额约 2.18 亿元，占总投资额的 33.41%，以项目公司（即光大环保能源（乐山）有限公司）作为借款主体向境内金融机构申请贷款，期限 12 年，提供项目红线内项目资产抵押作为增信手段。

根据项目公司与已有融资合作意向的银行的沟通，拟按照人民银行五年期以上贷款同期基准利率下浮 10% 申请贷款，具体融资成本以银行审批为准。

2. 融资实际执行情况和交割情况

截至目前，项目公司 40% 资本金已经到位，剩余资本金在协议签订之日起 1 年内全部注入项目公司。国内多家银行已接受项目公司贷款申请，尚处于授信审批阶段。

通过项目公司和金融机构的沟通，项目公司作为主体进行融资难度较小。主要原因如下：第一，项目操作规范、资料齐全，且纳入财政部第三批国家示范项目，合规风险小；第二，项目自有资金充足，融资比例低（33.41%），财务风险小；第三，项目公司可获得土地使用权和项目资产，且风控措施完整。

3. 其他融资相关的问题

（1）股权转让

《PPP 项目协议》及《合资协议》签订后，社会资本方股东人数不得变更，除经乐山市人民政府先行书面批准以外，社会资本方股东不得转让其全部或部分股权。

（2）债务融资

根据项目实施方案和中标投融资方案，本项目拟申请的借款期限可以覆盖贷款偿还期，正常情况下，项目公司在运营期内不涉及再融资问题。

项目公司资本金 4.34 亿元（比例约 66.59%），债务融资 2.18 亿元，在最大能力还款法下，贷款偿还期为 6.67 年（含建设期）。综合来看，由于项目资本金比例较高，项目公司具有较高的财务稳定性和抗风险能力。

（3）利率风险分担

根据本项目 PPP 实施方案的风险分配方案，融资失败和成本过高的风险主要由项目公司承担。

《PPP 项目协议》及其附件中并没有对利率变化做出明确约定，但根据相关内容分析，政府在运营期内不因利率变化调整垃圾补贴费或给予项目公司相关补偿，因此利率风险实际上由项目公司承担。建设期内，利率变化通过影响建设期利息，从而传达至项目投资金额；由于垃圾补贴费在中标人预估投资额金额范围内根据投资额的变化据实调整，因此利率变化在该范围内的风险/收益由政府承担，超出预估投资额部分的风险由项目公司承担。

（三）资产权属及会计税收处理

1. 资产权属

红线内项目用地由政府划拨给项目公司，在特许经营期内，项目公司拥有项目宗地范围内的土地使用权。具体操作流程为区国土部门准备土地组件资料后报区政府审核，由区政府递交市国土局会签后出具转报文件，报市政府审核，之后上报至省国土厅各处室会签后，再报省政府批准，最终由省厅流转回区国土部门，完成土地使用权划拨，出具土地使用权证。

本项目建设期内投资建设形成的项目资产，以及本项目运营期内因更新重置或升级改造投资形成的项目资产，在特许经营期内均归项目公司所有，项目公司拥有这些资产的所有权并负责运营、管理和维护。

当特许经营期满或提前终止时，项目公司应将本项目的土地使用权连同生活垃圾处理相关设施设备及消耗性备品备件和事故抢修的备品备件等资产无偿移交给政府指定机构。

2. 会计处理

根据《企业会计准则解释第2号》，企业通过BOT业务所建造基础设施不作为项目公司的固定资产，而作为项目公司无形资产入账。会计处理并不影响项目土地使用权及项目资产所有权的登记。

（四）项目进度

本项目于2012年5月由政府方发起并成立PPP领导小组开始，至2017年3月，乐山市城管局与中标社会资本正式签署《PPP项目协议》，标志着本项目进行执行阶段。本项目实施进度安排如图3-3所示。

五、项目监管

本项目建立了涵盖"项目公司—实施机构—环境执法机构—第三方专业机构—公众"在内的立体监管结构。

（一）实施机构监管

实施机构主要落实履约监管。

1. 建设期监管

建设期监管重点是工期及工程质量考核。在协议起草阶段，针对开工日期、完工日期、延期完工的处罚及应对等，进行了明确约定。工程质量

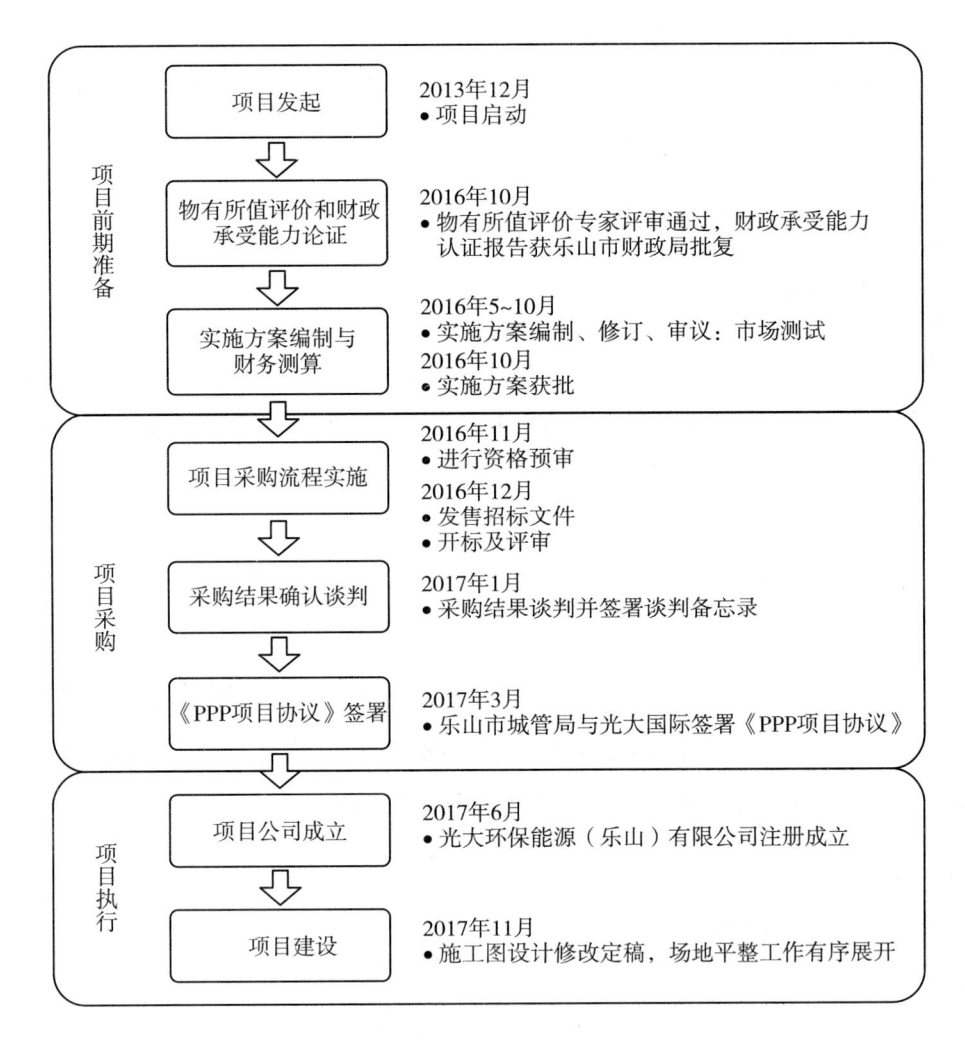

```
项目前期准备:
  项目发起 — 2013年12月
    • 项目启动
  物有所值评价和财政承受能力论证 — 2016年10月
    • 物有所值评价专家评审通过，财政承受能力认证报告获乐山市财政局批复
  实施方案编制与财务测算 — 2016年5~10月
    • 实施方案编制、修订、审议；市场测试
    — 2016年10月
    • 实施方案获批

项目采购:
  项目采购流程实施 — 2016年11月
    • 进行资格预审
    — 2016年12月
    • 发售招标文件
    • 开标及评审
  采购结果确认谈判 — 2017年1月
    • 采购结果谈判并签署谈判备忘录
  《PPP项目协议》签署 — 2017年3月
    • 乐山市城管局与光大国际签署《PPP项目协议》

项目执行:
  项目公司成立 — 2017年6月
    • 光大环保能源（乐山）有限公司注册成立
  项目建设 — 2017年11月
    • 施工图设计修改定稿，场地平整工作有序展开
```

图 3-3 项目实施进度

保障方面，在采购文件中要求投标人明确主要设备类型、参数；竣工验收需由实施机构协同各有关单位组建验收小组共同进行。

2. 运营期监管

运营期的考核内容主要是稳定运营与环境保护。根据《PPP项目协议》及投标人承诺，项目公司有义务组织好项目运行的日常环境监测、检查环保设施运行情况、向实施机构和环保部门及时申报污染物排放情况。

实施机构定期对项目运营情况进行监测分析，会同环保等有关部门进行绩效评价。同时,实施机构有权委托第三方对项目公司的运营情况进行抽查。如果项目公司未能如实履约,实施机构可按照《PPP项目协议》约定收取违约金,从而督促项目公司保障服务质量。

项目移交的监管主要由实施机构与项目公司组建的移交委员会完成,由委员会商定本项目移交的详尽程序及恢复性大修计划、恢复性大修后的验收和需移交的详细清单。

(二) 股东监管

项目公司中,政府方股东出资占股10%,并根据出资比例获取分红。政府方股东的监管权利为:

第一,经营表决权。政府方股东及其提名委派的项目公司董事,根据公司章程行使表决权。项目《股权合资协议》对增加或者减少注册资本、处理土地使用权、发行公司债券、股东转让股权、公司合并、分立、变更公司组织形式等需全部股东或全体董事同意方可生效等事项进行了明确。

第二,公共利益一票否决权。政府方委派的董事对可能造成重大质量、安全责任事故的经营活动,会严重影响公众利益,或者可能导致项目公司被相关部门做出歇业、停业等严重处罚的违法经营行为等影响公共安全或利益的事项享有一票否决权。

第三,委派高级管理人员。政府方可提名并委派1名公司副总经理。在履职过程中,有利于加强对经营活动的监管。

(三) 项目全生命周期监管

第一,合作期内,项目公司始终负有稳定运营的责任,需要定期组织环境监测、按约定向实施机构报送监测结果。出现违约情形时,既会根据协议约定受到违约处罚,还可能受到环保执法部门的行政处罚。

第二,积极发挥专业机构的作用。对于二噁英、恶臭污染物、重金属等环境影响具体的监测项目,需要由政府方认可的有资质的监测单位进行定期检测，提交检测报告。同时，实施机构也有权委托第三方机构对项目公司进行临时抽检。

第三，公众监督。垃圾发电属于较为敏感的环保项目，周围居民容易产生抵触和恐慌情绪。对此，项目公司在厂门口显要位置设置电子显示牌，实时公布监测系统获取的烟气排放指标，发挥公众对项目的监督作用。同时，项目公司建立环保教育基地，可定期或者不定期邀请公众入厂参观，在发挥监管作用的同时，加强与周边民众的沟通。

第四，绩效评价。财政部门在项目合作期内及合作期结束后，应该按照财政资金使用的有关规定，对项目整体的绩效情况进行评价，总结经验和教训。

六、项目点评

（一）特点及亮点

1. 科学选址使"邻避"效应影响最小化

生活垃圾焚烧发电项目选址要求严格，需符合当地城乡总体规划、环境保护规划和环境卫生专项规划，符合当地的大气污染防治、水资源保护、自然保护等要求，同时还需考虑地质、交通、水电及周边环境敏感区域（人口稠密区、风景名胜）等因素。为选定最合适的项目选址，自2014年，乐山市城管、环保、国土、住建、规划等部门以及项目设计单位等对本项目的初选场址进行多次现场踏勘，先后否定多个选址方案。经筛选后，初步确定了市中区临江镇游坝村、市中区迎阳乡迎阳村、五通桥区新云乡农乐村及市中区凌云乡凌云村4个备选场址。经设计单位和各部门多次讨论比选，综合敏感目标、地质条件、土地资源、基础设施、交通运输和基建投资等方面因素，最终确定迎阳村场址为本项目建设地。尽管该选址在交通运输、基础设施配套以及经济上并非最优或次优选择，但该选址对城市及场址周边居民的潜在影响最小，有利于项目的安全、稳定运行。

同时，考虑到项目的环境敏感性，项目实施机构自 2016 年以来，就本项目环境影响相关事宜进行了充分公示。在项目推进过程中，也把群众沟通工作放在优先位置。项目的科学论证、公开透明、充分沟通，为项目取得公众支持奠定了良好基础，同时也为后期项目顺利开展提供了重要保障。

2. 构建全方位监管体系

本项目在监管体系、监管内容和监管方法方面进行了精心设计，建立了"项目公司—实施机构—环境执法部门—第三方专业机构—社会公众"在内的全面监管体系。监管内容上更重视可监测、可量化、对环境影响大的运行指标或污染物因子的监控。监控方法上，重视发挥项目公司的作用，建立监测结果报送机制，让监管活动成为项目公司重要的管理制度和自查活动，从而使项目公司从单纯的"被监管对象"转变成为监管活动的主动参与者。全面监管体系的构建有助于激发社会资本的主观能动性，不断提升项目运营管理水平，使得项目"效果"和"效率"双丰收。

3. 多措并举抑制低价投标，综合评判优选社会资本

垃圾处理是环境保护公共服务的主要领域之一。经过近几年的发展，垃圾处理行业 PPP 模式应用较为广泛。但近年来，随着新进入者不断涌现和行业竞争的加剧，低价中标，甚至是恶意低价抢标的现象频频发生，给行业长远发展带来诸多隐患。

为保障项目顺利实施和长期稳定运行，在项目采购过程中，乐山市政府及实施机构始终坚持"择优"理念，摒弃"低价中标"原则，在项目招标前后采取了多项措施。例如，在综合评审中的报价得分权重设定为 10%，通过降低价格分的权重，抑制投标人恶意低价的行为；提高技术文件的分值和准备要求，引导投标人重视技术文件的准备，要求投标文件各部分的内在逻辑和关联要充分体现，技术文件中的投资额估算、收益与成本估算必须能支撑其财务方案和投标报价，若出现内在逻辑的脱节，将被扣分。为防止"恶意低价"，还设定了一个限定值和一个警告阈值：第

一，在征询技术专家和设计单位意见的基础上，设置红线内投资额的最低限值，低于 29 100 万元的投标文件将被视为无效；第二，鉴于当前的政府采购及招投标政策，不允许就投标报价设定下限，招标文件中只是设定了报价的警告值，即当某投标人的报价低于平均报价的 20% 时，评审专家可要求投标人就其报价合理进行说明，再由专家评判该投标是否属于恶意低价。

通过上述措施，有效防止了恶意低价现象的出现。从评审结果看，投标人有效报价偏离均控制在 20% 以内，且在考虑到投标人对预期收益差异后，有效报价基本处于同一档次。设置合理的报价条件，为选择优质社会资本方，保障项目全生命周期的稳定运作，提供了重要保障。

4. 为远期静脉产业园预留接口，让项目更加"物有所值"

考虑到城市垃圾处理日趋精细化，本项目的所在地未来可能规划建设循环经济产业园，因此建设方案必须充分考虑未来的建设需求。本项目在招标文件中，不但明确要求投标人必须统筹考虑本项目与周边产业园的协同规划问题，在技术文件中提供静脉产业园的平面规划，并且在厂内设施要考虑未来与餐厨垃圾、污泥等处理设施的衔接，从而提高土地的集约利用方式及能源的综合利用效率。

立足单一项目的建设需求，着眼未来园区的长远发展，既可提高土地和资金的使用效率，又可减少规划项目的重复建设，从全生命周期看，使得本项目更加"物有所值"。截至 2017 年 12 月底，项目静脉产业园其他项目（餐厨、污泥处理等）的设计工作已经陆续开展。

（二）项目实施成效

1. 经济效益

乐山市现有垃圾处理设施，除五通桥垃圾处理厂采用简易焚烧外，其余均为卫生填埋工艺，处理手段较为落后，大量占用土地、资源化程度低，由于长期超负荷处理，还存在地下水污染隐患。本项目的实施，大大提高了土地资源的使用效率；同时垃圾焚烧的余热用于发电，每年可贡献1 315万千瓦时的电量，年售电收入可超过6 700万元；厂区生活污水及垃圾渗滤液经处理后用于场内生产、绿化等，不对外排放，极大提高了乐山市垃圾处理的无害化和资源化程度。

2. 社会效益

乐山是国家园林城市、国家水生态文明建设试点市，也是全国闻名的旅游胜地，定位于打造国际有名的旅游城市。乐山现有凌云垃圾卫生填埋场、五通桥区垃圾处理厂、沙湾区垃圾填埋场、峨眉山市垃圾填埋场、夹江县垃圾填埋场、犍为县垃圾填埋场6座垃圾处理设施。负责收纳市中心城区生活垃圾的凌云垃圾卫生填埋场设计日处理能力为328吨，目前实际处理规模已大大超过设计处理能力，处理场几近饱和。其他垃圾处理场的日实际处理量也均超过设计处理能力，短期内即将满容。妥善处理日益增长的城镇垃圾已成为市、区、县各级政府的当务之急。本项目实施完成后，可以有效缓解城市和人口增长带来的"垃圾围城"的困境。本项目采用先进的焚烧技术，配套新建处理能力300吨/日的渗滤液处理车间，烟气排放要求高于欧盟垃圾焚烧污染物排放标准（2000），污水在场内处理后循环利用，不外排，可控制生活垃圾产生二次污染，社会效益和环境效益突出。因此，本项目的建设实施对打造良好的城市环境，提高乐山城市建设具有重要的现实意义。

3. 产业效益

对乐山市而言，本项目可大大提高本市环卫工作的现代化程度和城市基础设施的管理水平。乐山市原有垃圾处理设施技术水平较低，且市区及周边各县分别处理，规模小、管理水平参差不齐。本项采用PPP模式，通过引入国内优秀的投资运营商，在提升本市垃圾处理技术的同时还可引进垃圾处理设施丰富的运营经验。另外，项目建成后，将作为峨眉山市的备用垃圾处理设施，同时负责乐山市市中区、五通桥区、井研县等范围内生活垃圾的集中处理，从而建立起垃圾处理"村收集、镇运输、县（市）处理"的垃圾收集处理模式，成为城市重大基础设施共建共享的重要手段，极大提高基础设施利用效率。

（三）问题与建议

1. 加大税收优惠力度，减少项目运营成本

根据《资源综合利用产品和劳务增值税优惠目录》（财税〔2015〕78号）规定，污水垃圾处理、再生水和污泥处理劳务自2015年7月1日起征收增值税。目前垃圾处理劳务收入部分增值税在缴税后返还70%。由于垃圾处理PPP项目通常都需要政府支付补贴，对于新建项目而言，增值税税负实际上最终转嫁给了地方政府，使得其政府付费增加；对于存量项目而言，由于税收增加上调垃圾处理服务费，该部分增加的成本，相当于转嫁给了地方政府，而未能提高服务费的项目，则相当于由项目公司承担。垃圾处理属于国家政策鼓励发展的行业，建议国家财税相关部门进一步开展研究，提高垃圾处理行业增值税即征即退比例，降低企业税收负担，进一步激发企业生产活力。

2. 转变政府决策模式，合理应对"邻避效应"

随着公众维权意识的逐渐觉醒，对关系自身利益的政策或项目越发敏感。"邻避效应"是垃圾处理行业的老大难问题，项目选址或建设因周边市民反对而暂停的报道屡见不鲜。导致这种现象的既有公众认知的问题，更多的是政府部门宣传、沟通、协调工作不到位的原因。要从源头上消除"邻避"设施的外部性影响，必须转变政府的决策模式，使政府决策从自上而下的"决定—宣布—辩护"模式转化为"参与—协商—共识"模式。在垃圾处理项目建设上，一方面要以科学、合理为原则，反复论证，深入调研，做到科学选址；另一方面要提高"邻避"设施决策的参与度，增强决策过程的透明度，充分吸纳民意，增强决策过程中的民主性，减少决

策带来的风险和冲突。

3. 抵制"低价中标",防范中长期合作风险

我国《政府采购法》《招投标法》等法规政策规定,技术、服务等标准统一的货物和服务项目应该采取最低评标价法,招标人不得规定最低投标报价等相关要求,就法规制度设计初衷而言,是为了引入竞争机制,鼓励社会资本参与市场竞争。在实际操作中,低于成本报价往往能得到价格分满分;即使有投标人的报价明显低于其他投标者,评审专家也往往会因为缺乏依据,无法否决该投标报价。

建议政府部门作为招标人要客观地看待报价问题,应深刻理解社会资本采购的重点并非"廉价",而是在"划算"的基础上选择优质的合作伙伴。虽然短期内低于成本价中标在客观上有利于招标人,但从长远利益出发,却对工程质量存在威胁和隐患。政府部门应在项目采购过程中采取多方面措施防范低于成本价的投标人中标。例如,在本项目中合理设置价值分权重;设置了投资额的"下限值"和报价的"警告阈值",投标人报价场内工程投资估算不应低于招标文件的要求,当投标人的报价低于其他投标报价平均值的20%时,会触发报价"警报",评审委员会有权让该投标人现场做出书面说明并提供相关证明材料,以说明其价格合理性;如投标人无法说明其合理性的,由评标委员会认定该投标人是否以低于成本报价竞标等。

案例 4

河南省光山县垃圾焚烧发电厂 PPP 项目

一、项目摘要

项目基本信息见表 4-1。

表 4-1　　　　　　　　　项目基本信息

项目名称	河南省光山县垃圾焚烧发电厂 PPP 项目（以下简称"本项目"）
项目类型	新建
所属行业	能源——垃圾发电
合作内容	1. 总投资：6.03 亿元。 2. 建设内容：新建一座 1 200 吨/日垃圾焚烧发电厂。 3. 运营服务范围：处理光山县、息县、潢川县生活垃圾，严格按照国家法律法规及行业规范执行，确保垃圾处理质量。 4. 产出标准：年处理量 43.8 万吨，年上网发电量 1.63 亿度。
合作期限	30 年（建设期 1 年，运营期 29 年）
运作方式	建设-运营-移交（BOT）
资产权属	合作期项目资产所有权始终归属政府方，项目公司拥有项目特许经营权，政府通过划拨的方式提供项目用地。
回报机制	可行性缺口补助
实施机构	光山县公用事业局
采购方式	公开招标

续表

政府出资方	光山县发展投资有限责任公司
咨询机构	北京大岳咨询有限责任公司
中选社会资本	上海康恒环境股份有限公司，民营企业
签约日期	2016年8月10日
项目公司设立概况	项目公司名称：信阳康恒新能源有限公司 设立时间：2016年4月14日 股权结构：注册资本12 000万元，上海康莘企业管理有限公司（康恒环境全资子公司）占90%股份；光山县发展投资有限责任公司（国有独资）占10%股份。
主要贷款机构	目前，融资暂未落地，处于前期资料审核过程

二、项目识别论证

（一）项目概况

本项目新建一座1 200吨/日垃圾焚烧发电厂，配置两台600吨/日机械炉排炉和一台30兆瓦凝汽式汽轮发电机组，年处理垃圾量43.80万吨。建设工期为12个月，自正式开工日起至试运营前。项目工程总投资为6.03亿元。项目的基本经济技术指标如表4-2所示。

表4-2　　　　　　　　基本经济技术指标

序号	栏　目	单位	金额	备注
一		投资总额	万元	60 306.30	
1	固定资产投资	万元	58 435.37	
	其中：机械设备	万元	26 163.65	
	土建工程	万元	16 708.15	
	安装工程投资	万元	6 372.44	
	其他费用	万元	6 408.51	
	基本预备费	万元	2 782.64	

续表

序号	栏目	单位	金额	备注
2	建设期利息	万元	1 591.69	
3	铺底流动资金	万元	279.23	
二	年处理垃圾量	万吨/年	43.80	
三	资金筹措	万元	60 957.84	
1	自有资金	万元	18 857.84	
2	银行长期借款	万元	42 100.00	
3	年限	年	14.25	
4	年利率	%	4.90	
四	经营成本			
1	年经营成本	万元	4 103.58	
2	单位经营成本	元/吨	93.69	
五	经营收入	万元	10 732.71	
1	垃圾处理贴费单价	元/吨	54.60	
2	垃圾处理费收入	万元/年	2 391.50	达产年
3	售电收入	万元/年	7 201.40	达产年
六	主要财务指标			
1	全部投资评价			
	内部收益率	%	6.02	所得税后
	财务净现值（i=6%）	万元	139.26	所得税后
	静态投资回收期（含建设期）	年	15.18	所得税后
2	全部投资评价			
	内部收益率	%	6.78	所得税前
	财务净现值（i=6%）	万元	4 808.82	所得税前
	静态投资回收期（含建设期）	年	14.26	所得税前
3	自有资金评价			
	内部收益率	%	6.41	所得税后
	净现值（i=6%）	万元	1 448.68	所得税后
	静态投资回收期（含建设期）	年	18.65	所得税后

续表

序号	栏　目	单位	金额	备注
4	自有资金评价			
	内部收益率	%	7.84	所得税前
	净现值（i=6%）	万元	6 879.68	所得税前
	静态投资回收期（含建设期）	年	17.28	所得税前
5	净资产利润率	%	12.88	
6	投资利润率	%	4.03	
7	投资利税率	%	6.56	
8	盈亏平衡点	%	57.82	

本项目投产运营后，同时处理光山县、息县、潢川县三个县城的生活垃圾，可实现生活垃圾的资源化、减量化，改善投资环境，促进城市的全面发展，并对当前的脱贫攻坚工作起到积极的推动作用。

本项目的建设，进一步改善光山县、息县、潢川县的环境卫生状况，促进光山县及周边县"循环经济、节能减排"事业的发展，建设生活富裕与生态良好的社会环境，实现县域经济、生态环境的可持续发展。

（二）发起方式

本项目由政府方发起。

（三）实施方案

1. 合作范围界定

本项目具体运作方式拟订为BOT（建设－运营－移交）。光山县公用事业局依照法定程序选定优秀的社会投资人，由社会投资人在光山县独立出资设立项目公司（经政府正式文件批复，股权变更为社会资本持股90%、政府参股10%，中标社会资本已与政府方出资代表——光山县发展投资有限责任公司签订了《合资协议》），由县政府授予项目公司本项目的 30 年特许经营权（含建设期 12 个月）。特许经营期为《特许经营协议》生效日起至《特许经营协议》生效日第 30 个周年之日结束。

项目公司在特许经营期内负责本项目的投融资、建设、运营、维护和更新改造项目设施，向社会公众提供持续稳定的生活垃圾处理服务，并接受公众监督。光山县公用事业局根据《特许经营协议》约定方式向项目公司支付垃圾处置服务费。此外，项目公司与电力企业签署购售电合同，向其提供垃圾焚烧发电产生的上网电量，由电力企业向项目公司支付购电费用。特许经营期届满时，项目公司将本项目设施无偿、完好地移交给县公用事业局或其指定机构。

本项目资金来源可为自筹资金和金融机构长期借款。项目资本金不低于 20%，项目融资由社会投资人或项目公司负责，融资比例不高于总投资的 80%。社会投资人需根据本项目的《特许经营协议》，制订融资方案，执行有关投融资安排，确保相应资金或资金来源落实。

2. 风险分配方案

本项目风险分配原则如表 4-3 所示。

表 4-3　　　　　　　　　　　项目风险分配

风险类型	风险描述	风险分配
社会稳定风险	项目建设对当地经济发展的作用，是否影响公共利益	政府方承担
	土地取得风险	政府方承担
建设风险	完工延误风险	项目公司承担；不可抗力延误通过保险规避风险
	建设成本超支风险	项目公司承担
	建设质量风险	项目公司承担
项目运营风险和成本超支风险	实际运营成本高于项目公司预期成本	项目公司承担
	由于项目公司的管理问题造成项目运营成本超支	项目公司承担，项目公司应通过加强管理提高效率以降低这类风险

续表

风险类型	风险描述	风险分配
项目运营风险和成本超支风险	由于项目人员工资、通货膨胀等主要成本因素价格上涨导致成本超支	设计根据直接成本因素来调整服务价格的公式，由政府方与项目公司合理分担此类风险
规划及法律政策环境变更	由于城市规划和生活垃圾处理规划等相关规划调整导致垃圾处理设施改造成本大幅度提升	政府方承担
	对项目环境保护或生活垃圾处理设施维护标准等方面的要求提高，导致项目公司必须投入改造费用或增加运行成本	此类风险应由双方合理分担。一次投入或运行费用增加在一定范围内由项目公司承担，超出一定范围后由政府方承担
	对项目公司税收、发电等方面的法律变更，导致项目公司实际收入增加或减少	政府方将严格按照相关税收等法律政策执行，其他由项目公司承担
不可抗力	政府对项目实施没收、充公等	政府方承担
	发生自然灾害等不可抗力事件，致使项目不能或暂时不能正常运转	要求项目公司为项目设施购买财产保险，用以灾害后项目设施的修复。不可抗力期间，双方各自承担风险

3. 交易结构

（1）运作模式

本项目采用BOT方式进行运作，授予项目公司特许经营权。本项目交易结构见图4-1。

（2）合作期限

特许经营期30年，其中，建设期为1年，运营期为29年。

（3）投融资结构

县政府授权光山县发展投资有限责任公司作为本项目的政府出资代表，与社会投资方共同出资新设项目公司。政府方代表与中标社会资本按10%：90%的出资比例共同组建PPP项目公司。项目资本金由项目公司股东根据项目的进度及融资机构要求及时、足额缴纳。

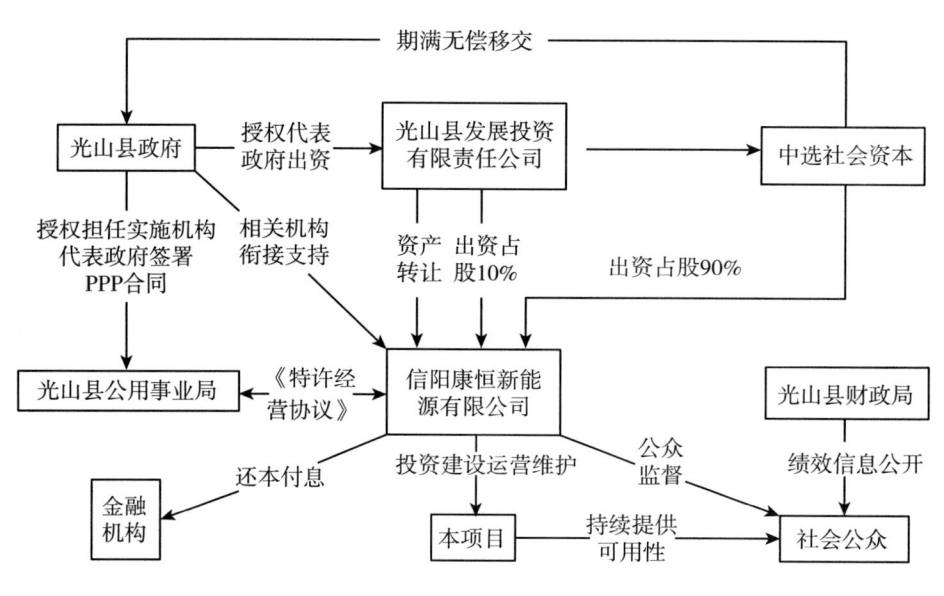

图 4-1 本项目交易结构

（4）项目投资回报

本项目投资回报由两部分构成。

①生活垃圾处置服务费

由县公用事业局按照本项目《特许经营协议》中约定的方式计算生活垃圾处置结算量，按照协议中约定的生活垃圾处置价格向项目公司支付生活垃圾处置服务费。

②售电收入

本项目在试运营日前，由项目公司按照《特许经营协议》的规定与电力企业签订《购售电合同》，电力企业根据合同约定方式向项目公司支付费用。

参照国内近期垃圾焚烧发电行业投资项目的实际状况，内部收益率一般为8%~12%，本项目的内部收益率暂定8%，实际财务内部收益率通过公开招标方式由市场竞争决定。

（5）配套支持

光山县政府大力支持该项目建设，县政府专门成立光山县垃圾焚烧发电厂PPP项目协调指挥部，下设4个专业工作小组，全力推进项目实施。政府组织项目所在地的居民代表参观同类项目运行情况，取得当地居民的理解和支持。2017 年 11 月 16 日取得用地规划许可证，环评批复已于 2017 年 11 月 20 日取得。目前，土地征拆、三通一平配套设施建设等工作均已完成。

①土地使用权

县政府拟将垃圾焚烧厂场地划拨至项目公司，项目前期发生的征地费用（含青苗补偿费用）由项目公司承担。项目公司仅能将土地使用权用于本项目下的特许经营，不得将该土地使用权的全部或部分用于本项目下特许经营之外的其他任何目的和用途。非经县政府书面同意，项目公司不得全部或部分地转让、出租或抵押本项目的土地使用权。

②配套设施

本项目工程施工前，县公用事业局拟将（红线范围外）项目建设所需的道路、供水、排污、供电、围墙和通讯配套至项目用地的红线外的具体连接点，以满足本项目建设需要。相关费用暂由县财政局垫付，经评估后由项目公司承担相关费用。

4. 绩效考核

（1）考核主体

考核主体为光山县公用事业局，被考核主体为项目公司。

（2）考核内容

考核内容包括：焚烧炉性能（包括烟气温度、烟气停留时间、出口含氧量和炉渣热灼减率等）、烟气污染物、渗滤液和其他废水。

（3）考核指标及方法

①检测方法

所有样品与分析方法以及检测因子均应依照适用法律的要求办理。在检测时，采集期间的工况应与正常运营工况相同，任何人不得随意改变运营工况。

②自检以及结果报送

ⅰ项目公司应由具有合格检测资质的人员自检，或委托具有计量认证或国家实验室认可资格的检测机构，按照适用法律的要求，自费对约定的项目进行日常检测，同时应将检测结果在报告出具后 2 个工作日内报送光山县公用事业局，如发现检测结果不符合本协议约定的情况必须立即报送，因项目公司未及时报送，由此产生的不利后果由项目公司承担。

ⅱ检测报告应包括所有有关检测结果以及就检测结果不符合本协议约定的情况所做的其他有关调整结果的详情。报告还应包括项目公司对超标情况可能持续的期限所做的预测，引起此等状况的原因分析，以及项目公司声称的任何有关不可抗力事件和所采取补救措施的详细描述。

ⅲ项目公司自检的报送结果中如炉渣热灼减率、烟气温度和停留时间、烟气污染物排放指标和处理后的渗滤液排放指标等没有达到本协议约定的标准，则应根据本协议的相关约定和国家相关规定处理。

ⅳ项目公司就本条款约定进行的检测，不作为光山县公用事业局对项目公司的考核计费依据。

③光山县公用事业局抽查及结果通知

ⅰ除对炉渣热灼减率、烟气温度和停留时间、烟气污染物排放指标和处理后的渗滤液排放指标等的定期检测外，光山县公用事业局还可进行抽查，此等非定期抽查检测的费用由光山县公用事业局承担。但如果抽查结果不合格，则上述抽查费由项目公司承担，且检测结果将作为判断已处理垃圾是否计费的依据。

ⅱ光山县公用事业局可委托有资质的检测机构对噪声、废气、废水、恶臭污染物进行不定期的抽查，若抽检认定本次噪声、废气、废水、恶臭污染物排放超标，则光山县公用事业局可将本次抽检结果报送相关环保部门处理。

ⅲ光山县公用事业局在现场取样前，应通知项目公司及监督员陪同取样，并在采样记录单上签字。项目公司签字人员应有书面授权，项目公司应保证随时有授权人员签字。光山县公用事业局委托的检测机构将在样品的所有应测指标测试完成后及时将检测结果书面通知项目公司。

ⅳ监督员可视工艺运行状况，随时通知光山县公用事业局对本条约定的污染物进行检测，其结果作为当日计费依据。光山县公用事业局应在样品的所有应测指标测试完成后及时将检测结果书面通知项目公司。

(4) 考核报告

考核方委托第三方进行检测，并形成检测报告，作为考核运营方的依据。

(5) 付费安排

①生活垃圾处置服务费计算公式如下：

生活垃圾处置服务费 = 生活垃圾处置结算量 × 生活垃圾处置价格

县公用事业局按日向项目公司调度垃圾供应量，根据《特许经营协议》相关条款计算生活垃圾处置结算量。

生活垃圾处置价格，根据投资成本、运营成本及垃圾处理量进行测算，并通过投标竞价确定，按照中标价格进行结算。

本项目在运营期内日均垃圾保底供应量（以入厂计）见表4-4。

表4-4　　　　　运营期内日均垃圾保底供应量（以入厂计）

运营年	设计规模（吨/日）	垃圾保底量（吨/日）
1	1 200	360
2	1 200	420
3	1 200	480
4	1 200	540
第5~29年	1 200	600

如实际垃圾量低于约定保底量，则政府方按保底量乘以生活垃圾处置价格计算向社会资本方支付生活垃圾处置服务费。

自正式商业运行起，若经营成本发生变化，生活垃圾处置服务费将根据《特许经营协议》中明确的调价方式进行调整，经物价部门核准并报政府批准后给予执行。

②上网电价

售电收入 = 上网电量 × 上网电价

上网电量为项目公司所生产的除自用外的剩余电量。上网电价按国家、河南省、信阳市的相关政策执行。根据国家发改委发布的《关于完善垃圾焚烧发电价格政策的通知》（发改价格〔2012〕801号）规定："以生活垃圾为原料的垃圾焚烧发电项目，均先按其入厂垃圾处理量折算成上网电量进行结算，每吨生活垃圾折算上网电量暂定为280千瓦时，并执行全国统一垃圾发电标杆电价0.65元/千瓦时（含税）；其余上网电量执行当地同类燃煤发电机组上网电价。"本项目的上网电价按0.65元/千瓦时测算。

（6）绩效管理

ⅰ焚烧炉排放的二噁英超标，视为项目公司在被发现违约日前10日加上被发现违约日至整改完毕日之和的天数，所处理的垃圾为无效处理量；

ⅱ烟气黑度超标，视为项目公司在被发现违约日前5日加上被发现违约日至整改完毕日之和的天数，所处理的垃圾为无效处理量；

ⅲ烟气污染物除二噁英和烟气黑度外的任何一项超标，视为项目公司在被发现违约日前10日加上被发现违约日至整改完毕日之和的天数，所处理的垃圾为无效处理量；

ⅳ飞灰螯合固化浸出毒性中的任何一项指标超标，视为项目公司在被发现违约前10日加上被发现违约日至整改完毕日之和的天数，所处理的垃圾为无效处理量；

ⅴ焚烧炉渣热灼减率超标，视为项目公司在被发现违约日前10日加上被发现违约日至整改完毕日之和的天数，所处理的垃圾为无效处理量；

ⅵ恶臭、垃圾渗滤液、其他废水和厂界噪声中任何一项指标超标，视为项目公司在被发现违约日前5日加上被发现违约日至整改完毕日之和的天数，所处理的垃圾为无效处理量。

5. 项目实施程序的规范性

（1）项目立项等前期手续

在取得《建设项目选址意见书》《用地预审意见函》《重大事项社会

稳定风险评估审批表》等支撑性文件后，信阳市发展改革委对项目予以了核准。

（2）预算安排

本项目有关政府支出责任由财政部门列入一般公共预算支出。项目涉及跨年度支出的，列入中长期规划。

（四）物有所值评价和财政承受能力论证要点

1. 项目物有所值评价

光山县财政局组织咨询机构，按照财政部《PPP物有所值评价指引（试行）》（财金〔2015〕167号）的要求，从定性和定量两个方面对项目进行了物有所值评价。

（1）定性评价

定性评价方面，选取了全生命周期整合程度、风险识别与分配、绩效导向与鼓励创新、潜在竞争程度、政府机构能力、可融资性6个基本指标，以及预期使用寿命长短、全生命周期成本估计准确性、法律和政策环境、行业示范性4个补充指标。

通过专家评价结合物有所值定性评价评分表打分，本项目物有所值定性评价的结论为"通过"。

（2）定量评价

定量评价是在假定采用PPP模式与政府传统投资方式产出绩效相同的前提下，通过对PPP项目全生命周期内政府方净成本的现值（PPP值）与公共部门比较值（PSC值）进行比较，判断PPP模式能否降低项目全生命周期成本。

①计算方法

PSC值为项目建设和运营净成本、竞争性中立调整值和项目全部风险成本的现值之和。用于测算PSC值的折现率应与用于测算PPP值的折现率相同，参照《政府和社会资本合作项目财政承受能力论证指引》（财金

〔2015〕21号）第十七条规定，根据本项目财政可承受能力论证报告，本项目折现率为7.4%。

项目建设净成本主要包括参照项目设计、建造、升级、改造、大修等方面投入的现金以及固定资产、土地使用权等实物和无形资产的价值，并扣除参照项目全生命周期内产生的转让、租赁或处置资产所获的收益，其现值为31 836万元。

项目运营净成本主要包括参照项目全生命周期内运营维护所需的原材料、设备、人工等成本，以及管理费用、销售费用和运营期财务费用等，并扣除假设参照项目与PPP项目付费机制相同情况下能够获得的使用者付费收入等，即项目运营成本减去发电收入，其现值为-15 650万元。

竞争性中立调整值，主要是采用政府传统投资方式比采用PPP模式实施项目少支出的费用，通常包括少支出的土地费用、行政审批费用、有关税费等，本项目涉及税费为增值税和所得税。根据财务测算其现值为4 145万元。

项目全部风险成本包括可转移给社会资本的风险承担成本和政府自留的风险承担成本，政府自留风险承担成本等同于PPP值中的全生命周期风险承担支出责任，两者在PSC值与PPP值比较时可对等扣除，则本项目转移风险为项目建设总投资的5%，其现值为1 582万元。

因此，PSC = 31 836 - 15 650 + 4 145 + 1 582 = 21 913万元。

PPP值可等同于PPP项目全生命周期内股权投资、运营补贴、风险承担和配套投入等各项财政支出责任的现值，根据财政可承受能力论证报告，本项目无风险支出的PPP值为15 130万元。

②评价结论

PPP值（15 130万元）< PSC值（21 913万元），所以本项目通过物有所值定量评价。

2. 项目财政承受能力论证

(1) PPP 项目每年支出总额及占比

根据《政府和社会资本合作项目财政承受能力论证指引》（财金〔2015〕21号）的要求，年度 PPP 项目需从预算中安排的支出责任不得超过一般公共预算的 10%。光山县正在进行的 PPP 项目共有两个，分别是河南省信阳市光山县垃圾焚烧发电厂 PPP 项目和光山县城污水处理厂扩建工程 PPP 项目。

2012~2014 年光山县全县一般预算支出年平均增长率为 8.21%。考虑国家未来经济下行风险压力较大，结合财政支出按照收支平衡、略有结余的原则，统筹考虑，县级一般预算支出增长率拟定为 7%。

假设 2017 年年初开始支付生活垃圾处置服务费，PPP 项目每年支出总额及占比见表 4-5。

表 4-5　　PPP 项目每年支出总额及占比

年份	预计一般公共预算支出（万元）	本项目财政支出金额（万元）	污水 PPP 项目年财政支出金额（万元）	PPP 项目年财政支出合计（万元）	本项目财政支出责任占比（%）	所有 PPP 项目财政支出责任占比（%）
2017	347 263	3 642	261.53	3 903	1.05	1.12
2018	371 571	381	261.53	642	0.10	0.17
2019	397 581	401	261.53	662	0.10	0.17
2020	425 412	427	261.53	689	0.10	0.16
2021	455 191	463	261.53	724	0.10	0.16
2022	487 054	506	261.53	768	0.10	0.16
2023	521 148	559	261.53	821	0.11	0.16
2024	557 628	622	261.53	884	0.11	0.16
2025	596 662	696	261.53	957	0.12	0.16
2026	638 429	787	261.53	1 048	0.12	0.16
2027	683 119	916	261.53	1 177	0.13	0.17
2028	730 937	1 108	261.53	1 370	0.15	0.19
2029	782 103	1 315	261.53	1 576	0.17	0.20

续表

年份	预计一般公共预算支出（万元）	本项目财政支出金额（万元）	污水 PPP 项目年财政支出金额（万元）	PPP 项目年财政支出合计（万元）	本项目财政支出责任占比（%）	所有 PPP 项目财政支出责任占比（%）
2030	836 850	1 537	261.53	1 798	0.18	0.21
2031	895 429	1 775	261.53	2 037	0.20	0.23
2032	958 109	2 031	261.53	2 293	0.21	0.24
2033	1 025 177	2 306	261.53	2 567	0.22	0.25
2034	1 096 939	2 601	261.53	2 863	0.24	0.26
2035	1 173 725	2 918	261.53	3 180	0.25	0.27
2036	1 255 886	3 259	261.53	3 521	0.26	0.28
2037	1 343 798	3 625	261.53	3 886	0.27	0.29
2038	1 437 864	4 018	261.53	4 279	0.28	0.30
2039	1 538 514	4 440	261.53	4 701	0.29	0.31
2040	1 646 210	4 893	261.53	5 154	0.30	0.31
2041	1 761 445	5 380	261.53	5 641	0.31	0.32
2042	1 884 746	5 902	261.53	6 164	0.31	0.33
2043	2 016 678	6 464	261.53	6 725	0.32	0.33
2044	2 157 846	7 067	261.53	7 328	0.33	0.34
2045	2 308 895	7 714	261.53	7 976	0.33	0.35

从表 4-5 可以看出，光山县 PPP 项目支出责任占光山县本级一般公共预算支出的比例最高出现在 2017 年，占比约为 1.12%，满足《政府和社会资本合作项目财政承受能力论证指引》（财金〔2015〕21 号）"每一年度全部 PPP 项目需要从预算中安排的支出责任，占一般公共预算支出比例不超过 10%"的要求。

（2）行业领域平衡性评估

光山县目前实施污水处理和垃圾处理共 2 个 PPP 项目，因此不会出现垃圾处理行业 PPP 项目过于集中的问题。

（3）评价结论

考虑本项目为光山县第二个 PPP 项目，结合光山县城污水处理厂扩建工程 PPP 项目的相关数据，由计算结果可得，两个 PPP 项目每年需从预算中安排的支出责任之和不超过一般公共预算的 10%，完全在光山县财政承受能力范围内。

三、项目采购

（一）市场测试及资格审查

1. 市场测试

本项目在前期的市场测试中，已有数十家符合项目资质的垃圾焚烧发电企业参与前期沟通，如北京首创、中电国际、中国天楹、启迪桑德等央企或行业认可度较高的民营企业等，对于本项目的竞争程度可以得到充分的肯定。

2. 资格预审

（1）资格预审条件

符合《中华人民共和国政府采购法》第二十二条规定的合格供应商条件。具有独立承担民事责任的能力；有良好的商业信誉和健全的财务会计制度；具有履行合同所必需的设备和专业技术能力；有依法缴纳税收和社会保障资金的良好记录；参加政府采购活动近三年内，在经营活动中没有相关违法记录；通过资格预审的潜在投标人应自愿申请参加；法律、行政法规规定的其他条件。

本项目不接受联合体投标，需是已建立现代企业制度的企业法人，企业经审计净资产额不少于 3 亿元（凭 2014 年经审计的财务会计报告为准）。

潜在投标人具备以下要求：

第一，财务要求：具有本项目要求的资金实力或融资能力。

第二，信誉要求：在过去 5 年（2011 年、2012 年、2013 年、2014 年、2015 年）内，投标人及其项目公司没有任何直接由于其过失而严重违约或被解除协议的情况，在当前所有未决诉讼、违约或法律纠纷均应不影响本项目运作或对项目可能造成实质影响。

第三，业绩经验要求：本项目要求资格预审递交截止日期之前，申请人在中国大陆地区应具有（指申请人控股和投资的）1个及以上单个日处理规模为1 000吨及以上的垃圾焚烧发电项目业绩或申请人有通过工程验收并稳定运行1年以上的运营业绩（以有效签署的《特许经营协议》为准）。

第四，潜在投标人须到人民检察院开无行贿犯罪档案结果告知函。

(2) 资格预审结果

河南创达建设工程管理有限公司受光山县公用事业局委托，于2016年2月24日下午，在光山县公用资源交易中心四楼，组织评审委员会对光山县垃圾焚烧发电PPP项目潜在投标人递交的资格预审材料进行了评审，确定了通过预审的单位如表4-6所示。

表4-6　　　　　　　　通过预审的单位名单

项目名称	申请人名称	资格审查情况
光山县垃圾焚烧发电PPP项目	东莞科维环保投资有限公司	通过审查
	中电国际新能源控股有限公司	通过审查
	北京京煤集团有限责任公司	通过审查
	中国天楹股份有限公司	通过审查
	杭州锦江集团有限公司	通过审查
	中国恩菲工程技术有限公司	通过审查
	上海康恒环境股份有限公司	通过审查
	北京首创环境投资有限公司	通过审查
	启迪桑德环境资源股份有限公司	通过审查

（二）评审情况

1. 评审标准

本项目评审标准如表4-7所示。

表 4-7　　　　　　　　　　　　　　　项目评审标准

序号	评分项目		分值及说明
	投标价格（30分）		
1	投标价格 >55元/吨	作废	投标人在投标文件中对垃圾处理服务费价格的报价不得高于55元/吨，高出55元/吨则视为作废。
	基准价得分为满分30分，其余报价按投标报价的偏差率计算得分	30分	当有效投标人超过5家（不含5家）时，在所有投标报价中，去掉一个最高报价和一个最低报价后取算术平均值作为基准价；当有效投标人不超过5家（含5家）时，取所有投标报价的算术平均值为基准价。当报价的偏差率小于1%，不扣分。
	综合实力（30分）		
2	财务实力	6分	2015年净资产小于3亿元的得0分，3亿元得1分，超过3亿元的部分，每多1亿元加1分，满分为3分。以投标人为评分对象，需提供经审计的财务审计报告。
			2015年资产负债率在50%（含）以下的得3分，50%（不含）到60%（含）的得2分，大于60%（不含）的得0分。以投标人为评分对象，需提供经审计的财务审计报告。
	业绩实力	9分	主要考察投标人的类似项目业绩规模情况。投标人拥有1个及以上炉排炉生活垃圾焚烧发电项目业绩，且单体规模不低于1000吨/日，每个得1分，满分4分。
			投标人获得1个列入国家财政部公布的政府和社会资本合作（单体规模1000吨/日及以上新建生活垃圾焚烧发电项目）PPP示范项目的得5分，满分5分。
	创新能力	5分	在与本次招标工程密切相关的环保技术方面，投标人每拥有1项发明专利，得0.2分，满分为2分。以国家知识产权局提供的授权文件复印件为准。 在与本次招标工程密切相关的环保技术方面，投标人每拥有1项实用新型专利，得0.1分，满分3分。以国家知识产权局提供的授权文件复印件为准。
	资金实力	10分	截至提交投标文件前，在光山县注册项目公司并且账户余额在7000万元以上的得7分，每增加1000万元加1分，满分为10分，不满7000万元的不计分（需出示项目公司银行账户存款证明及控股证明材料）。

续表

序号	评分项目	分值及说明	
3	投标人拟订的项目实施方案（35分）		
	技术方案	3分	考察技术管理方案的完整性和整体质量；方案论述是否全面详尽，是否有新技术应用，优化方案或优化建议是否合理、可行。优，得3分；良，得2分；中，得1分；差，得0分。
	技术能力	5分	主要考察投标人提交的工艺技术方案的质量。主要评估其工艺技术方案的深度是否符合招标文件要求，是否符合有关技术规范、标准和文件对垃圾减量化的要求。对项目产生的废气、废水、飞灰、炉渣、噪声、臭气等污染物处理方案是否满足文件规定的标准要求，是否合理可行。优，得5分；良，得3分；中，得1分；差，得0分。
	融资方案	3分	融资方案是否完整，方案是否合理。评估投标人对本项目资本金和债务融资的整体安排、出资能力和落实情况。包括资本结构、融资进展、风险分析、担保、融资计划、合理的成本超支的承担能力等。优，得3分；良，得2分；中，得1分；差，得0分。
	资金使用计划	2分	资金使用计划合理且能满足项目建设进度要求。优，得2分；良，得1分；中，得0.5分；差，得0分。
	建设方案	3分	项目建设总体方案是否编制合理、可行，可操作性强，符合采购人相关要求，并能确保其顺利实施；执行过程中的相关预案及应对措施是否明确、到位，是否有建设管理新技术的应用。优，得3分；良，得2分；中，得1分；差，得0分。
	建设能力	2分	是否符合项目进度控制（包含优化设计、建设手续办理、工程建设、调试等）、质量控制、安全控制的计划性好的标准，计划编制合理，相互衔接严密，措施得力可行，关键路线清晰、准确、完整。质量、安全、文明、环保管理体系与措施及主要隐患部位的防范措施先进、合理。优，得2分；良，得1分；中，得0.5分，差，得0分。
	运营方案	3分	是否编制合理可行的运营与维护手册、运营计划，内容全面；是否对运营与维护期的重点、难点、关键问题分析透彻、到位，措施有力，能满足实际运营与维护的需要；是否有运营管理新技术的应用，确保系统长期稳定运营。优，得3分；良，得2分；中，得1分；差，得0分。
	运营能力	2分	项目公司的运营管理组织机构、岗位要求及职责是否清晰；经营期内人力资源管理、激励机制设计方案是否合理。优，得2分；良，得1分；中，得0.5分；差，得0分。

续表

序号	评分项目		分值及说明
3	运营应急方案	2分	是否编制有可行的运营与维护应急预案，措施得当，保障有力。优，得2分；良，得1分；中，得0.5分；差，得0分。
	移交方案	2分	恢复性大修方案、移交方案（资料移交、权力移交等）、人员培训方案等是否全面、详尽，可实施性好。优，得2分；良，得1分；中，得0.5分；差，得0分。
	经济效益分析	6分	收入测算数量和价格与招标文件规定、自我方案及报价一致为2分，略有偏差为1分，重大偏差为0分。 对投标人的投资估算、总成本费用估算、运营成本、垃圾处理补贴费报价等财务分析测算方面的合理性进行评估。优，得2分；良，得1分；中，得0.5分；差，得0分。 报价分析期望的财务内部收益率合理性。优，得2分；良，得1分；中，得0.5分；差，得0分。
	风险责任划分	2分	对项目风险的合理划分。优，得2分；良，得1分；中，得0.5分；差，得0分。
4	对采购文件的响应	5分	全部响应项目协议内容，且对项目协议提出合理的修改建议，未增加采购人义务的，得5分；全部响应项目协议内容，且对项目协议提出非实质性的修改意见，部分意见增加了采购人义务的，得4分；未全部响应项目协议内容，且对项目协议提出非实质性的修改意见，且多处加重了采购人义务的，得3分；未全部响应项目协议内容，且对项目协议提出非实质性的修改意见，且多处、显著地加重了采购人义务的，得1分；未全部响应项目协议内容，且对项目协议提出重大的修改意见，且多处、显著地加重了采购人义务的，得0分。

2. 中标人确定方式

本次评审采用综合评分法，评审小组对满足采购文件实质性要求的投标文件，按照规定的评审标准进行评审，按评审因素的量化指标评审得分由高到低顺序推荐候选投标人排名。评审得分相同的，按照最后报价由低到高的顺序推荐。评审得分且最后报价相同的，按照投标人拟订的项目实施方案优劣顺序推荐。评标委员会由有关技术、经济方案的专家及招标人代表共7人组成。

根据预审结果，评审专家小组对入围的 9 家投标单位进行了开标、评标、定标工作，并根据各单位的综合实力、技术能力、报价等情况进行打分，最终 3 家单位被评标委员会推荐为中标候选人，这三家单位名称和中标金额分别是：

第一候选人：上海康恒环境股份有限公司，中标金额为 54.6 元/吨；
第二候选人：中国恩菲工程技术有限公司，中标金额为 55 元/吨；
第三候选人：中电国际新能源控股有限公司，中标金额为 54.8 元/吨。

3. 中标公示

河南创达建设工程管理有限公司受光山县公用事业局委托，于 2016 年 4 月 29 日，在多个媒体上对光山县垃圾焚烧发电厂 PPP 项目的中标人候选公告进行了公示。公示期满后，上海康恒环境股份有限公司最终中标，取得光山县公用事业局的中标通知书，以 54.6 元/吨的价格成功中标光山县垃圾焚烧发电厂 PPP 项目。

（三）合同谈判及签署

上海康恒环境股份有限公司于 2016 年 5 月 12 日取得光山县垃圾焚烧发电厂 PPP 项目特许经营中标通知书后，与光山县政府就项目合同中的可变细节部分进行了合同签署前的确认谈判。双方于 2016 年 8 月 11 日，正式签订《特许经营协议》。

四、项目落地情况

（一）项目公司设立情况

1. 公司概况

名称：信阳康恒新能源有限公司；

地址：光山县紫水办事处司马光东路北侧；

注册资本：12 000万元。

2. 股权结构

信阳康恒新能源有限公司是康恒环境与光山县政府签订垃圾焚烧发电PPP项目《特许经营协议》后成立的子公司。公司成立后，全权负责光山县垃圾焚烧发电PPP项目的建设和运营。公司的股权结构如表4-8所示。

表4-8　　　　　　　　　　公司的股权结构

股东名称	出资额（万元）	股权比例（%）
上海康莘企业管理有限公司 （上海康恒环境股份有限公司全资子公司）	10 800	90
光山县发展投资有限责任公司	1 200	10

3. 管理层架构

项目公司成立后，积极推进项目建设，目前各部门管理人员已基本到岗，具体组织架构如图4-2所示。

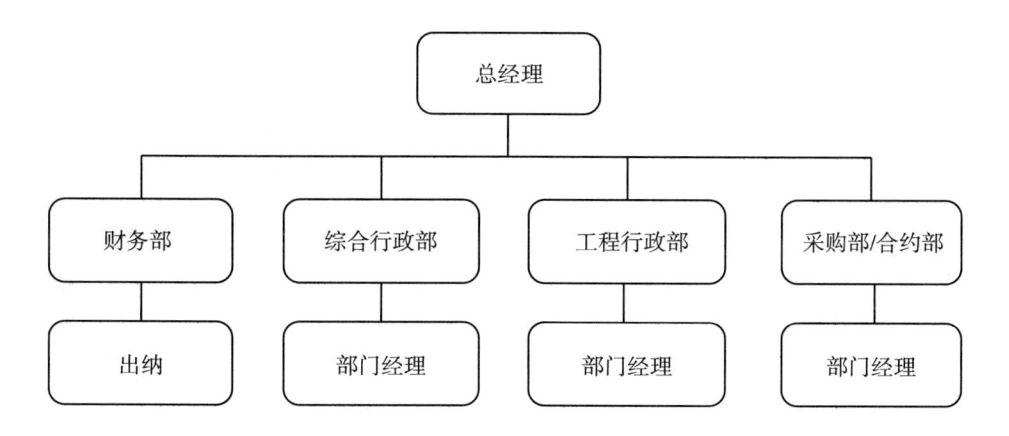

图4-2　本项目管理层结构

(二) 项目融资落实情况

1. 融资方式及条件

(1) 项目的投资规模及构成

根据《光山县生活垃圾焚烧发电项目建议书》，本项目的工程总投资为 60 306.30 万元，其中：建筑工程费用为 58 435.47 万元，建设期利息为 1 591.69 万元，铺底流动资金为 273.29 万元。

(2) 资金来源及融资计划

本项目资金来源可为自筹资金和金融机构长期借款。项目融资由社会投资人或项目公司负责，融资比例约为总投资的80%。社会投资人需根据本项目的特许经营协议，制订融资方案，执行有关投融资安排，确保相应资金或资金来源落实。

本项目采用固定资产贷款方式进行融资，条件暂未确定。

2. 融资实际执行情况和交割情况

融资暂未落地，处于前期资料审核过程。

3. 再融资问题

未进行项目再融资。

(三) 资产权属及会计税收处理

资产权属：合作期限内，项目资产所有权始终归属政府方，项目公司拥有项目特许经营权，土地由县政府划拨至项目公司。项目采用PPP特许经营方式，通过签订合同，项目公司负责投资、融资、设计、建设。项目公司无资产所有权，所形成的资产确认为无形资产，在特许经营内摊销，资产到期后无偿移交给接收人。

项目涉及的主要税种包括：企业所得税、增值税、增值税附加等。

根据《中华人民共和国企业所得税法实施条例》（2008年）、《关于公布环境保护节能节水项目企业所得税优惠目录（试行）的通知》（财税〔2009〕166号），本项目可以享受企业所得税"三免三减半"的优惠政策。

根据《财政部 国家税务总局关于印发〈资源综合利用产品和劳务增值税优惠目录〉的通知》（财税〔2015〕78号）规定，"以垃圾为燃料生产的电力或者热力。垃圾用量占发电燃料的比重不低于80%，并且生产排放符合《生活垃圾焚烧污染控制标准》（GB 18485 - 2014）规定的技术要求，实行增值税即征即退的政策"。本项目增值税税率为17%，增值税即征即退。

项目需缴纳增值税附加，其中包括城市建设税、教育附加税和地方教育费附加，即需要按增值税的7%计算城建税；按3%计算教育附加税；按照2%计算地方教育费附加。此外，本项目涉及的劳务增值税退税比例为30%。

（四）项目进度

1. PPP项目实施进度

本项目整体进度见图4-3。

2. 项目建设进度

（1）项目投资建设进度

2017年度资金总支出金额为1 145.7万元，其中土建工程费用238.99万元，建设规费527.99万元，建设期管理费332.13万元，固定资产采购46.59万元。

（2）项目建设进展

项目现场已完成"三通一平"及厂区围墙大门修建工作，正在进行

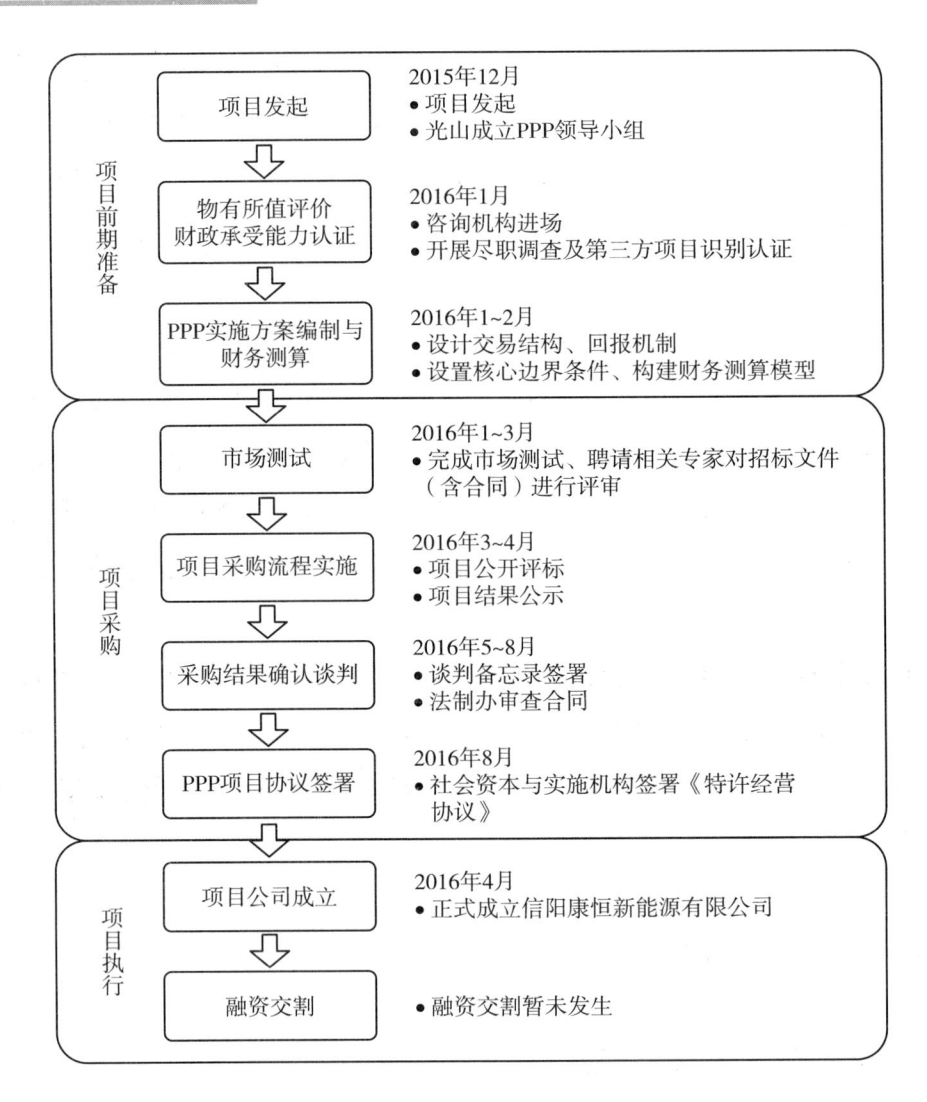

```
项目前期准备
  ┌─ 项目发起 ──────── 2015年12月
  │                  • 项目发起
  │                  • 光山成立PPP领导小组
  │
  ├─ 物有所值评价 ──── 2016年1月
  │  财政承受能力认证   • 咨询机构进场
  │                  • 开展尽职调查及第三方项目识别认证
  │
  └─ PPP实施方案编制与  2016年1~2月
     财务测算         • 设计交易结构、回报机制
                    • 设置核心边界条件、构建财务测算模型

项目采购
  ┌─ 市场测试 ─────── 2016年1~3月
  │                  • 完成市场测试、聘请相关专家对招标文件
  │                    （含合同）进行评审
  │
  ├─ 项目采购流程实施 ─ 2016年3~4月
  │                  • 项目公开评标
  │                  • 项目结果公示
  │
  ├─ 采购结果确认谈判 ─ 2016年5~8月
  │                  • 谈判备忘录签署
  │                  • 法制办审查合同
  │
  └─ PPP项目协议签署 ─ 2016年8月
                    • 社会资本与实施机构签署《特许经营
                      协议》

项目执行
  ┌─ 项目公司成立 ──── 2016年4月
  │                  • 正式成立信阳康恒新能源有限公司
  │
  └─ 融资交割 ─────── • 融资交割暂未发生
```

图 4-3　项目实施进度

桩基工程施工。总承包单位已经进场，正在开展前期临时建筑建设工作。

①外围工程情况（见表 4-9）

表 4-9　　　　　　　　　　　外围工程情况

工程名称	现状	预测	备注
电力接入系统	河南省电网公司已批复	2018 年 7 月动工建设	

②项目总体进度计划（见表 4-10）

表4-10　　　　　　　　　项目总体进度计划

序号	节点工期名称	完成及计划完成时间
1	主厂房开挖	2018年3月1日
2	垃圾坑出零米	2018年4月15日
3	尾气基础交付安装	2018年5月1日
4	主厂房、锅炉框架基础交安	2018年5月10日
5	倒送电完成	2018年9月10日
6	#1炉水压试验完成	2018年8月20日
7	#2炉水压试验完成	2018年9月10日
8	主厂房结构完成、烟囱结构封顶	2018年8月31日
9	汽机台板就位	2018年7月15日
10	汽机扣缸	2018年9月5日
11	化水出除盐水	2018年6月25日
12	机组首次并网	2018年12月30日
13	机组投入商业运营	2019年3月10日

五、项目监管

（一）履约管理

县公用事业局对项目公司在特许经营期内的协议履行情况进行监督管理，定期对项目公司经营情况进行评估和考核。县财政局按照《政府和社会资本合作模式操作指南（试行）的通知》（财金〔2014〕113号）要求，对项目全生命周期进行监督管理。

（二）行政监管

环保、建设、质量、消防、卫生、财政、审计等行政主管部门有权按照有关法律法规和政府管理的相关职能规定，行使政府监管的权力。

质量及安全监管：包括政府行政主管部门可以随时进场监督、检查项目设施的建设、运营和维护状况等。

成本监管：包括项目公司应向政府行政主管部门和县财政部门提交年度经营成本、管理成本、财务费用等的分析资料。

报告制度：包括项目公司向政府行政主管部门和其他相关部门的定期报告和临时报告。

（三）公众监督

社会公众有权对本项目的特许经营活动进行监督，向有关监管部门投诉，或者向项目公司提出意见建议。项目公司应按照适用法律要求，建立公众监督机制，依法公开披露相关信息，接受社会监督。

六、项目点评

（一）特点及亮点

1. 三县合作共建区域性垃圾焚烧项目，解决单个县垃圾量不足问题

在垃圾焚烧发电厂的选址上，不仅符合城镇总体规划和环境卫生专项规划，而且考虑生活垃圾焚烧发电设施的服务区域、运输距离、安全卫生防护距离等因素，并预留发展空间，最终选取的是大广高速和沪陕高速交叉口，处在光山县、息县、潢川县的三县交界处，距离光山县城14公里、潢川县城15公里、息县县城30公里。既可以满足三个县区的垃圾处理问题，同时解决了日处理规模不足600吨的立项问题，实现了区域性资源共享，在河南乃至全国范围内多县联建垃圾焚烧处理设施发挥示范作用。

2. 社会稳定风险评估工作在前，避免"邻避"效应

项目实施机构在项目开始之前，提前开展社会稳定风险评估工作，做了大量关于垃圾焚烧发电的正面宣传和舆论引导工作，正确传播生活垃圾无害化处理的相关知识，全面客观报道相关信息。带领选址区附近村民代表先后远赴宁波、杭州、佛山、深圳、惠州等地进行考察参观，对垃圾焚烧发电的现有技术和可能存在的风险均告知村民，并且充分利用各种媒体，开展各种形式的主题宣传活动，引导全民树立"垃圾处理、人人有责"观念，形成有利于促进生活垃圾焚烧工作加快发展的舆论氛围。在项目正式进入采购程序之前，社会稳定风险评估已完成，村民代表通过率96.6%。在签约《特许经营协议》中，也重点完善当地村民参与和政府决策机制，加强公众监督、健全居民对本项目诉求表达机制，做到零上访，公示零抗议。

3. 打通上下产业链，建立健全乡镇垃圾收运体系

垃圾焚烧发电厂项目在运作中，最大的难题是垃圾收运问题，尤其是乡镇垃圾无法有效收集进行集中处理。本项目涉及3个县的合作，三地联合既可以解决日产垃圾量不足1 200吨无法满足垃圾焚烧发电站建设条件的缺点，又可以解决重复投资问题，所以如何加强生活垃圾区域统筹收处工作，如何科学布局设立垃圾运输点就更为重要。收运是处置的前提，通过相关绩效考核机制的设计，可以有效激励项目公司主动甚至超额完成收运工作。项目公司作为收运工作责任主体建立乡镇垃圾收运体系，进行三县统一科学布局垃圾转运站和压缩式垃圾车的运行路线，完成覆盖半径60公里的生活垃圾焚烧处理设施，降低运营成本，提高垃圾收集效率和质量，形成"户集、村收、乡转运、县处理"的垃圾区域收运和处理新模式，逐步实现生活垃圾终端处理方式由填埋向焚烧转变。

（二）项目实施成效

1. 带动就业和相关产业发展

本项目建成后促进当地经济发展；增加当地居民就业的机会，有利于改善当地的财政收入，拉动相关企业的发展；电厂充足的电力，可为当地工业生产提供可靠的电力保障，促进工业产业链的发展，产生良好的社会效益。

建设期间，大量建设人员驻扎当地，材料设备运输进厂，大量建材当地采购供应，建成后招聘员工，在当地增加生产生活消费，从而增加当地就业机会。新参与项目建设和运营的人员可获得垃圾焚烧发电建设和运营经验。

2. 通过垃圾焚烧解决环境问题，并提供清洁能源

本项目的建设有效缓解了由于经济发展和人们生活等带来的垃圾对环境的危害，服务区的垃圾得到妥善处置，生活环境显著改善。垃圾焚烧发电厂利用垃圾焚烧产生的余热发电，增加供应电量，成为保证城市环境质量的重要手段。

3. 落实生态文明，改善城乡环境

本项目焚烧烟气高标准处理，周边敏感目标处各污染物浓度都能满足相应的环境空气质量标准；项目恶臭污染控制的环境防护距离范围内的敏感点全部进行了拆迁安置；项目生产废水和生活污水厂内处理达标后进行回用，如有外排则就近进入市政污水处理厂进一步处理，对当地地表水体影响较小；固体废物能够得到安全处置。

（三）问题与建议

政府方前期准备需要进一步落实。如招标文件中 1 200 吨/日的焚烧

厂占地 150 亩，但实际上按照《城市生活垃圾处理和给水与污水处理工程项目建设用地指标》（建标〔2015〕157 号），该设施用地面积不应超过 86 亩；招标文件约定前期征地费用由项目公司支付，未约定费用额度；招标文件规定红线外费用由政府组织实施后，费用也由项目公司支付，事先也没有约定额度。上述事项都会给中标后的谈判带来难度。本项目的签署协议中约定了征地费不超过 8 万元/亩，厂外拆迁补偿费用由政府承担，进厂道路费用由项目公司承担等，合理性有待商榷。建议对一些招标时未明确的费用，特别是由地方政府主导的征地动迁费、红线外市政配套费等，给出暂定值，并约定暂定值变化后，按投资每千万元变化调整多少垃圾处理补助来实施。

关于特许经营期。PPP 协议约定特许经营期 30 年，但建设期从取得施工许可证之日起计算。因此，本项目在签约后至开工前的这段时间不属于建设期，也就不属于特许经营期，存在法律上的瑕疵，如特许经营期第一年需要缴纳的履约保证金该何时缴纳、《特许经营协议》何时实际生效等。

关于改扩建。PPP 协议约定对更新改造追加投资，采用"增加的成本＋合理利润＋税金"方式测算垃圾费的变化。在几十年的运营期中，各种类型的技术改造较多，要区分对待，对单纯的环保提高标准类改造项目，该方法较适用；但同时还存在各种类型增加效益的改造，扩建也属于此类，应考虑"收入的变化"。建议在不能详细阐述清楚的情况下，还是采用恢复原有的经济地位（包括约定的自有资金内部收益率）的方式比较恰当。

本项目目前已经取得核准批复和环评批复，且项目土地证已经办理完毕（性质为国有建设用地划拨）。后期的主要问题是垃圾焚烧发电厂建成后，单纯依靠原有县城环卫处收集、运输城区垃圾，损耗量较大，也难以达到环境处理公众满意度。建议按照合理布局、区域统筹的原则，采用共建共享方式推进区域性垃圾中转设施相关配套设施的建设，增强城镇生活垃圾收运能力，支持跨县域的城镇生活垃圾协同处置效果。

关于跨区域 PPP 财政付费。本项目实际涉及多个县的垃圾处置，建议在财政承受能力论证环节考虑在相关县财政中进行合理分担，分别纳入各个县财政预算。此外，考虑县县协调难题，建议此类项目由上级地级市政府牵头，由市级主管部门作为实施机构，以便更好推动项目实施。由于涉及多县，项目合作边界应进一步明确，确保各县垃圾收运体系协同，以及垃圾处理量分配和付费责任明晰。

案例 5

河北省沧州市河间市环卫服务市场化 PPP 项目

一、项目摘要

项目基本信息见表 5-1。

表 5-1　　　　　　　　　　项目基本信息

项目名称	河北省沧州市河间市环卫服务市场化项目（以下简称"本项目"）
项目类型	存量 + 新建
所属行业	市政工程——垃圾处理
合作内容	1. 总投资：79 404 万元。 2. 建设内容：河间市现有垃圾中转站的基础设施改造和除臭系统建设以及公厕改造。 存量项目：河间市第一垃圾处理场，按功能分为管理区、填埋区、堆土区三部分，总占地面积 11.07 公顷，投资额 3 405.52 万元，总库容 85.4 万立方米，设计日处理垃圾 160 吨，渗滤液处理规模为 50 吨/日，政府通过采用 TOT 的方式将其特许经营权转让给项目公司，转让价格 2 310 万元。 改扩建项目：河间市现有垃圾中转站基础设施改造、除臭系统建设、公厕改造等。改扩建项目总投资 990 万元，其中改扩建投资 440 万元，原有设备租赁 550 万元。 新建项目：当第一垃圾处理场不能满足需要时适时启动第二垃圾处理场建设，第二垃圾处理场预计设计日处理量 350 吨，填埋库容 250 万立方米，具体投资规模、设计标准、工艺选择将另行协商，未来通过签订补充协议的方式予以约定。

续表

合作内容	3. 运营服务范围：约定范围内的主次干道、慢车道、辅道、道路绿化隔离带和广场绿地等的清扫保洁，生活垃圾收运处理，公厕的运营管理及粪便抽运等。 4. 产出标准：垃圾填埋场满足《生活垃圾填埋场污染控制标准》（GB 16889 – 2008）要求。
合作期限	特许经营期为25年
运作方式	转让 – 运营 – 移交（TOT）+ 改建 – 运营 – 移交（ROT）+ 建设 – 运营 – 移交（BOT）
资产权属	河间市人民政府授予项目公司特许经营权。合作期内，项目公司拥有项目资产所有权。合作期满，项目公司无偿移交项目所有资产及附属设施的所有权至河间市城市管理局。
回报机制	政府付费
实施机构	河间市城市管理局（以下简称"市城管局"）
采购方式	竞争性磋商
政府出资方	无
咨询机构	江苏现代资产投资管理顾问有限公司
中选社会资本	北控水务（中国）投资有限公司（以下简称"北控水务"），国有企业
签约日期	2016年9月19日
项目公司设立概况	项目公司名称：北控（沧州河间）环境服务有限公司 设立时间：2016年9月30日 股权结构：注册资本2 300万元，由北控水务100%出资。
主要贷款机构	北控水务已向中国农业银行贷款2 145万元，期限5年，综合成本为基准利率下浮4%。

二、项目识别论证

（一）项目概况

河间地处华北平原腹地，属河北省沧州市管辖。居京（北京）、津（天津）、石（石家庄）三角中心，环渤海经济区，距北京189公里，距天津183公里，距石家庄176公里。东与沧县、青县接壤，北与大城县、任丘市交界，西与肃宁县、高阳县相邻，南与献县相连。距离雄安新区核心区域仅50公里，未来的经济发展不可限量。河间古城历史悠久，人杰地灵，名家辈出，定位为"历史古城、文化名城、北方水城和现代化中等城市"。

随着河间市委、市政府不断加大环境卫生事业的投入力度，城市市容市貌得到显著改善。面对京津冀协同发展的新机遇，河间市城市发展将进入高速发展阶段。作为城市公共服务的环境卫生事业面临着诸多的挑战。面对新形势，河间市委、市政府积极响应国家政策，鼓励社会资本积极参与公共服务供给项目。

（二）项目发起方式

本项目由政府发起。

（三）实施方案要点

1. 合作范围界定

本项目涉及环卫及垃圾填埋建设运维市场化服务。建设内容主要为河间市现有垃圾中转站的基础设施改造和除臭系统建设以及公厕改造。运维内容主要包括约定范围内的主次干道、慢车道、辅道、道路绿化隔离带和广场绿地等的清扫保洁，生活垃圾收运处理，公厕的运营管理及粪便抽运等，涉及城乡两级管理。

（1）环卫市场化服务

本项目环卫市场化服务分为两个阶段实施。

第一阶段区域为城区和城区周边43个村庄。其中，城区服务范围：东至齐会大街、西至瀛西街、南至瀛南路、北至诗经路。包括419.3万平方米的道路清扫保洁（含106国道至河间北高速路口26.64万平方米、尊祖庄开发区保洁面积28.8万平方米、28个城中村27.86万平方米）和城区周边43个村庄的道路清扫保洁，146吨/日生活垃圾的收运（具体清运数量按实际清运量为准),21座公共厕所的管理和保洁以及粪便抽运,13座垃圾中转站的运营管理,冬季除雪铲冰及各项应急保障。

第二阶段区域为河间市城乡一体化过程中涉及的544个村庄(含乡镇政府所在区域),在后续条件成熟后另行约定执行时间与执行标准。

(2)垃圾填埋场市场化服务

垃圾填埋场市场化包括河间市现有的生活垃圾无害化填埋场(以下简称"第一垃圾填埋场")的市场化与未来第二垃圾填埋场的市场化运营。

第一垃圾填埋场剩余容量为521 243吨,预计剩余年限8年,政府通过采用TOT的方式将其特许经营权转让给项目公司,转让价格为2 310万元。

如在特许经营期内,按实际垃圾进场量预计,当第一垃圾填埋场可填埋库容不能满足24个月的填埋时间之时,政府方结合实际情况,适时启动第二垃圾填埋场及其配套设施的投资建设。

2. 风险分配方案

本项目政府承担的风险主要包括:法律政策风险、政府支付风险。项目公司承担的风险主要包括:项目投融资风险、项目运营风险、环境污染风险、移交风险。不可抗力风险及部分运营风险由双方共同承担。具体风险分配方案见表5-2。

表5-2　　　　　　　　项目风险分配明细

风险类型	风险描述	风险分配
法律政策风险	法律政策变化产生的风险	属于河间市政府可控的政策风险由政府方承担
投融资风险	项目融资风险	项目融资风险由社会资本承担
	利率风险	利率变动风险属于市场行为,由项目公司自行承担

续表

风险类型	风险描述	风险分配
运营风险	运营管理能力不足导致运营成本超支风险	由项目公司承担,项目公司应不断提高自身运营管理能力,保障项目运营服务能力,并承担因运营不稳定和服务能力不足造成的损失
	突发清扫任务产生的运营成本超支风险	由于政府方原因需临时增加清扫频率或清扫范围的,政府方需给予项目公司一定补偿
	物价上涨导致运营成本超支风险	根据直接成本因素来调整绩效服务费的公式,由政府方承担此类风险
环境污染风险	道路清扫处理不及时、垃圾收运处理不当、垃圾填埋场运营不规范造成的环境污染风险	由项目公司承担
政府支付风险	因项目公司提供服务质量不合格导致政府付费额减少的风险	由项目公司承担。项目公司需不断提高自身经营管理水平,保障服务质量
	因政府原因无法依照合同约定按期足额支付服务费风险	由政府方承担。政府须将每年的付费额度纳入中长期政府预算,保障政府支付信用
移交风险	项目移交标准未达到前期签订合同标准	垃圾填埋场运营期结束后,项目公司须在经营期届满前将填埋场的运营管理相关资料进行移交
不可抗力风险	发生自然灾害不可抗力事件或者河间市政府不可控的政策风险致使项目不能或暂时不能正常运转	不可抗力期间,双方各自承担风险。项目公司应为项目设施购买相关保险,用以灾害后项目设施的修复

3. 交易结构

(1) 运作模式

本项目对于已有垃圾填埋场采取 TOT(转让-运营-移交)模式运作,政府将现有垃圾填埋场转让给项目公司,由项目公司负责现有垃圾填埋场的运营维护,在合作期满由项目公司无偿移交给河间市政府或其指定机构。

对于环卫服务采取 ROT(改建-运营-移交)运作方式,政府在特许经营期内将河间市环卫服务的设施改造、运营维护等职责授权项目公司，项目公司负责约定的环卫服务，政府向项目公司支付绩效服务费用。

河间市政府授权项目公司在特许经营期内，负责河间市环卫服务市场化的投资、融资、建设及运维等；政府授权城管局作为本项目实施机构，定期对项目公司进行绩效考核，政府通过支付绩效服务费的方式使项目公司获取合理的投资及运营收益。本项目运作模式如图 5-1 所示。

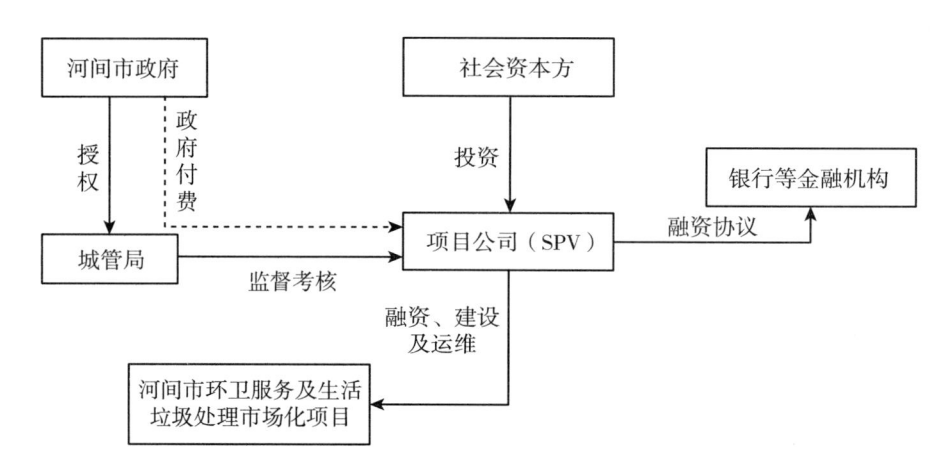

图 5-1 项目运作模式

（2）合作期限

本项目合作期限为 25 年。

（3）交易结构

本项目交易结构如图 5-2 所示。

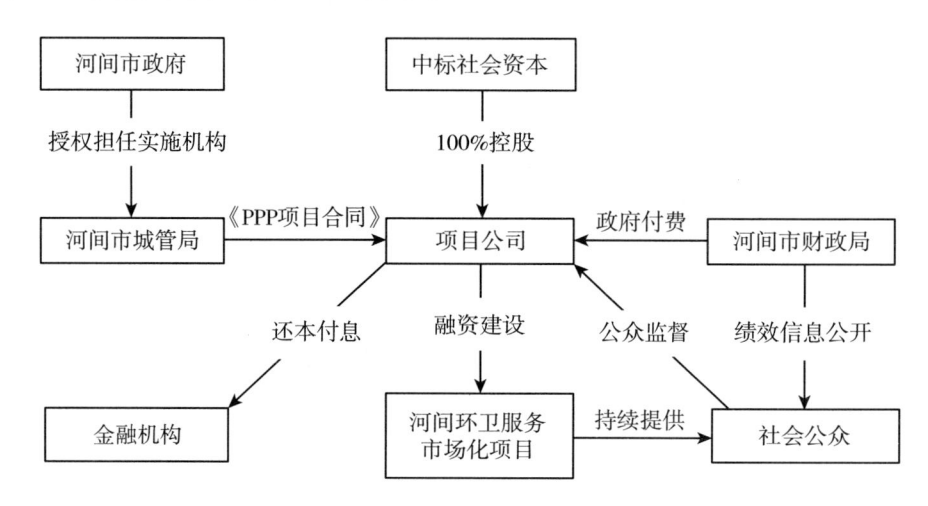

图 5-2 项目交易结构

(4) 回报机制

环卫服务作为公益性项目，且本项目由项目公司负责提供符合项目合同约定的道路清扫、垃圾清运处理、中转站的运营维护以及公厕清洁管理等环卫服务，缺乏使用者付费机制，因此需要通过政府付费实现项目投资收益，即采用政府付费的回报机制。回报机制如图5-3所示。

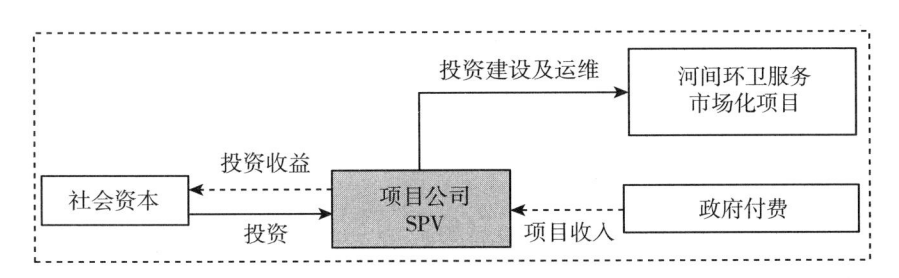

图5-3 项目回报机制

注：实线箭头表示资金流出；虚线箭头表示资金流入。

政府对项目公司提供的服务进行绩效考核，按照考核结果支付绩效服务费，在保证项目运维质量的同时也调动了项目公司的积极性。

4. 绩效考核指标及体系

(1) 考核主体

考核小组由河间市城管局联合其他政府相关部门及有关专家组成，对项目公司进行评估。

(2) 考核内容

ⅰ 确认特许经营协议是否实现了其目标；

ⅱ 评估项目公司在特许经营期内的运营维护状况；

ⅲ 与特许经营权有关的其他需评估事项。

(3) 考核指标及要求

本项目运维管理考核涉及道路清扫保洁、垃圾收集清运、公厕管理维护以及中转站管理维护等内容。运维绩效考核指标按大类划分后具体要求如下：

①道路清扫保洁

环境卫生整洁，道路清扫保洁率100%，道路全线无垃圾暴露。其中，一类道路实行工作期间不间断、全天候保洁，达到"六无四净"标准。二类道路实行工作期间动态保洁，达到"六无四净"标准。三类道路实行机械清扫，安排工人定时保洁，路面满足通用标准要求。四类道路达到小街小巷内无杂物、漂浮物、废弃物等。

②垃圾收集清运

垃圾密闭化运输、定点收运、日产日清、清运率100%。要求按规定的清运路线，在规定的清运时间内，将所负责区域内的垃圾清运完毕，做到日产日清，清运后将垃圾桶摆放整齐，保持清洁美观。清运车辆必须做到密闭化，避免运输过程中扬撒、泄露。垃圾必须运到指定的地点倾倒，清运后车厢内不得有残留，车体干净卫生无异味。

③公厕管理维护

公厕内采光、照明和通风良好，无明显臭味。公厕内墙面、天花板、门窗和隔离板无积灰、污迹、蛛网，无乱涂乱画，墙面光洁。公厕外墙面整洁。公厕内地面光洁，无积水。蹲位整洁，大便槽两侧无粪便污物，槽内无积粪，洁净见底，及时清理废纸篓，做到不溢满。小便槽（斗）应无水锈、尿垢、垃圾，基本无臭，沟眼、管道保持畅通。公厕内照明灯具、洗手器具、镜子、挂衣钩、烘手器、冲水设备等完好，无积灰、污物。公厕外环境整洁，无乱堆杂物，公厕保洁工具放置整齐。公厕四周5米范围内，无垃圾、粪便、污水等污物。夏季应每日喷洒两次灭蚊蝇药物，有效控制蝇蛆滋生。公厕管理室物品摆放整齐，无杂物堆放，地面、桌面、墙面干净，见本色。发现公厕设施损坏、运转异常及时修缮。

④中转站管理维护

中转站由专人负责，认真做好设备的维护、检修、管理工作。严禁在中转站及周围乱堆乱放、任意焚烧树叶和杂物。中转站内外墙面不得有明显积灰、污物、蛛网、乱刻乱画。地面整洁无散落垃圾和堆积杂物、积留污水，无明显恶臭。适时喷洒灭蚊蝇药物，防止蚊蝇滋生。设备按程序操作，不得违章，保持设备经常处于良好状态，确保人身安全，切实预防事故发生。看站人员对站内垃圾及时填压，不准空岗。有专人负责中转站的监督、巡查、管理工作。保持中转站和周围的环境卫生整洁、设备完好。每天必须掌握各站的情况并填写巡查记录，发现问题及时处理，并上报情况。

（4）考核方式

本项目采取每天巡查、每周抽查、社会监督等相结合的检查方式。

ⅰ巡查：每天对道路环境卫生进行普遍巡视，发现问题现场督办。

ⅱ抽查：每周以暗访形式进行，对发现的问题进行拍照、录像，记录在案，限期进行整改。

ⅲ社会监督：对数字化督办和群众反映突出的问题，记录在案，限期进行整改。

ⅳ重点考评：重大节庆、大型活动环境卫生保障工作及领导安排的各种突击性、阶段性整治活动；媒体曝光、群众投诉案件；河间市政府网络平台、公开电话等相关案件；河间市政府督查室督办、社会监督员反映的环境卫生问题；重点路段及区域的环境卫生整治。

（5）考核与付费

市城管局负责对各环卫作业公司考核，采取天天检查、月度考核的方式进行。每天对作业公司作业情况进行全面检查并以书面形式通知作业公司，对作业质量达不到规定要求、不按作业规范和标准进行作业的，按照规定扣款。

当每月考核分数高于90分（含90分），全额支付当月服务费；当每月考核成绩低于90分，按照当月考核的扣款情况汇总计算出被考核当月扣款经费。一年内累计3个月环卫服务考核评分低于60分，河间市城管局可单方面终止合同，并启动社会资本方退出程序。

绩效付费按季进行支付。第一次支付绩效服务费的时点为自运营日起3个月后的30个工作日内支付，以此类推。

（6）调价机制

在25年的PPP项目合作期间，市场环境的波动会直接引起项目运营成本的变化，进而影响项目公司的收益情况。设置合理的价格调整机制，可以将政府付费金额维持在合理范围，防止过高或过低付费导致项目公司获得超额利润或亏损，有利于项目物有所值目标的实现。

本项目价格调整主要包括四个方面：道路清扫价格的调整；垃圾清运价格的调整；中转站和公厕等设施维护费用的调整；垃圾填埋费用的调整。价格调整公式可按照各成本构成与成本变动幅度予以调整。在进入运营日后，在满足调价年与基准年的时间间隔不少于2年（含2年）且据调价公式计算的垃圾服务成本自上一个调价日起变动幅度不低于3%（含3%）的条件下，双方应按照不同调价公式对各类单价进行调整。

①环卫作业服务费的调整公式

服务期第n年费用价格调整公式为：

$$P_n = K \times P_{n-1}$$

其中：P_n为服务期内第n年适用的服务费（万元/年）；P_{n-1}为服务期内第n-1年适用的服务费（万元/年）；

K为调整系数，计算公式为：

$$K = \alpha_1 \times (B_{n-1}/B_{n-2}) + \alpha_2 \times (C_{n-1}/C_{n-2}) + \alpha_3 \times (D_{n-1}/D_{n-2})$$

其中：α_1为服务费中人员工资、福利、保险费的费用在相应成本费用中所占的权重；α_2为服务费中燃油价格在相应成本费用中所占的权重；α_3为CPI指数所占的权重；$\alpha_1 + \alpha_2 + \alpha_3 = 1$。PPP项目合同签订日，以上各系数权重按照项目运行第一年的成本（实际签约价格）构成比例来核定共同确认。服务期内，以上各系数权重可在每年项目公司申请调整的服务费时根据实际情况进行调整。B_{n-1}为第n-1年项目公司所在地统计局公布的在岗职工平均工资（元）；B_{n-2}为第n-2年项目公司所在地统计局公布的在岗职工平均工资（元）；C_{n-1}为第n-1年项目公司所在地发改委公布的燃油指导价格（元）；C_{n-2}为第n-2年项目公司所在地发改委公布的燃油指导价格（元）；D_{n-1}为第n-1年统计部门公布的CPI指数；D_{n-2}为第n-2年统计部门公布的CPI指数。

②垃圾处理服务费单价的调整公式

第n年的垃圾处理服务费单价具体计算公式为：

$$P_n = P_{n-1} \times CPI_{n-1}$$

其中：P_{n-1} 为上一年度适用的垃圾处理服务费单价；P_n 为当年度调整后的垃圾处理服务费单价；CPI_{n-1} 为上一年度的河北省居民消费价格指数。

特别说明：当 CPI≤1 时，$P_n = P_{n-1}$；当 CPI＞1 时，$P_n > P_{n-1}$。

如果上述任何数据不能自河间市统计局公布的资料中获得，则采用上一级统计局公布的数据替代。

5. 项目实施程序的规范性

(1) 项目立项等前期手续

本项目立项手续齐备，按照 PPP 项目的操作流程，进行了该项目的物有所值评价和财政承受能力论证，PPP 项目实施方案得到了河间市政府的批准。

(2) 预算安排

河间市人大常务会于 2017 年 2 月 18 日将本 PPP 项目政府补贴列入市本级财政预算，出具了相关决议。

(四) 物有所值评价和财政承受能力论证要点

1. 物有所值评价要点

(1) 定性评价

本项目定性评价指标打分如表 5-3 所示。

表 5-3　　　　　　　本项目定性评价指标打分

指　标		权重（%）
基本指标	生命周期整合程度	15
	风险识别与分配	15
	绩效导向	10
	鼓励创新	5
	潜在竞争程度	15

续表

指 标		权重（%）
基本指标	政府机构能力	10
	融资性	10
	基本指标小计	80
补充指标	项目规模	5
	行业示范性	5
	政策环境	5
	社会效益	5
	补充指标小计	20
合计		100

本项目经专家组打分，最终加权得分为79.12分，通过PPP项目的物有所值定性评价。

（2）定量评价

鉴于物有所值定量评估的测算方法需要收集、统计、挖掘、分析本项目同类型项目数据，在现有的数据信息条件下，此阶段的数据获得较为困难，因此本项目以定性评价为主，没有开展定量评价。

（3）评价结论

本项目采用PPP模式可以撬动财政资金杠杆，促进河间市环卫服务市场化和城镇化建设水平，提升市民生活品质；同时引入专业运营主体，优化运营管理结构，推动城市公益事业的管理能力与效率提升；转变政府监管职能，注重经济效益与社会效益的统一。本项目通过物有所值评价。

2. 财政承受能力论证要点

（1）支出责任

综合政府股权投资、运营补贴支出、风险支出以及配套支出，政府授权经营期每年支出总金额如表5-4所示。政府每年支出维持在2 500万~3 300万元之间，累计支出责任约为69 135万元。

表 5-4　　　　　　　　　　　财政每年支出明细　　　　　　　　　　单位：万元

类别	第1年	第2年	第3年	第4年	第5年
政府股权投资支出	0	0	0	0	0
政府运营补贴支出	2738.40	2758.27	2779.13	2801.00	2823.95
风险支出	273.84	275.83	277.91	280.10	282.40
配套投入	0	0	0	0	0
年度总支出	3012.24	3034.10	3057.04	3081.10	3106.35
类别	第6年	第7年	第8年	第9年	第10年
政府股权投资支出	0	0	0	0	0
政府运营补贴支出	2876.69	2903.34	2931.30	2333.99	2341.61
风险支出	287.67	290.33	293.13	233.40	234.16
配套投入	0	0	0	0	0
年度总支出	3164.35	3193.67	3224.43	2567.38	2575.77
类别	第11年	第12年	第13年	第14年	第15年
政府股权投资支出	0	0	0	0	0
政府运营补贴支出	2313.19	2319.80	2326.72	2333.99	2341.61
风险支出	231.32	231.98	232.67	233.40	234.16
配套投入	0	0	0	0	0
年度总支出	2544.51	2551.78	2559.39	2567.38	2575.77
类别	第16年	第17年	第18年	第19年	第20年
政府股权投资支出	0	0	0	0	0
政府运营补贴支出	2349.60	2357.99	2366.78	2376.01	2385.69
风险支出	234.96	235.80	236.68	237.60	238.57
配套投入	0	0	0	0	0
年度总支出	2584.56	2593.79	2603.46	2613.61	2624.26
类别	第21年	第22年	第23年	第24年	第25年
政府股权投资支出	0	0	0	0	0
政府运营补贴支出	2395.85	2406.50	2417.67	2429.39	2441.69
风险支出	239.58	240.65	241.77	242.94	244.17
配套投入	0	0	0	0	0
年度总支出	2635.43	2647.15	2659.44	2672.33	2685.86

(2) 政府可用财力增长的计算过程和依据

河间市市级财政一般公共预算支出 2010~2015 年度平均增长率为 19.39%，考虑到通货膨胀、经济发展状况、财政收入结构替代因素等，保守预计 2016~2040 年一般公共预算支出增长率为 10%。

(3) 财政承受能力结论

根据《政府和社会资本合作项目财政承受能力论证指引》（财金〔2015〕21号）要求，"每一年度全部 PPP 项目需要从预算中安排的支出责任，占一般公共预算支出比例应当不超过 10%。"除本项目外，2016 年河间市还有 3 个项目在识别、准备阶段，4 个 PPP 项目汇总后在全生命周期内各年度的政府支出责任占一般公共预算支出的比例均远低于 10%，每年合计支出占河间市一般公共预算支出的比重最高时不超过 3.26%，符合要求。

三、项目采购

（一）资格审查情况

本项目于 2016 年 6 月 23 日在河北省政府采购网发布社会资本资格预审公告，资格预审条件如下：应具有中华人民共和国独立法人资格；符合《中华人民共和国政府采购法》第二十二条规定的供应商应具备的条件，有承担项目能力、良好资信、能独立承担民事责任；自 2013 年 4 月 1 日至今从事过单项合同金额年度服务费用不小于 500 万元（含 500 万元）的道路清扫保洁或垃圾收集转运作业服务项目（以合同签订时间为准）；单位负责人为同一人或者存在控股、管理关系的不同单位，不得参加同一项目的投标；不接受任何形式的联合体投标。

本次资格预审共有 6 家单位参与。按照资格条件对各参与单位予以审核。审核结果为 3 家通过了资格预审，分别为北控水务（中国）投资有限公司、广西家宝环境服务有限公司、重庆新安洁景观园林环保股份有限公司。

（二）评审情况

本项目采取综合评分法，具体评分标准见表 5-5。

表 5-5　　　　　　　　　　社会资本评分标准

第一部分：报价评分（15 分）		
评分因素	分值	评分标准
运营费报价得分	10 分	各磋商人最后报价中的最低报价为评审基准价，其价格分为满分（10 分）。其他磋商人的价格分统一按照下列公式计算：报价得分 =（评审基准价/最后报价）×10。超出采购预算的竞争为无效响应。
设备租赁费报价得分	2 分	各磋商人最后报价中的最高报价为评审基准价，其价格分为满分（2 分）。其他磋商人的价格分统一按照下列公式计算：报价得分 =（最后报价/评审基准价）×2。低于采购预算的竞争为无效响应。
垃圾填埋场特许经营权转让费报价得分	3 分	各磋商人最后报价中的最高报价为评审基准价，其价格分为满分（3 分）。其他磋商人的价格分统一按照下列公式计算：报价得分 =（最后报价/评审基准价）×3。低于采购预算的竞争为无效响应。

第二部分：技术评分（85 分）				
评审内容	评审细则		分值	要求
项目实施方案（38 分）	改善提高方案	方案全面、重点突出、亮点明确。	10~15	根据竞争性磋商文件的要求和河间市的实际情况，就河间市的环卫现状提出改善提高措施及整体运行方案；对现有人员接收提出明确的接收方案和承诺。根据竞争性磋商文件的要求和河间市的实际情况进行阐述。
^	^	方案较全面、有重点、无亮点。	5~9.9	^
^	^	方案不全面、无重点、无亮点。	0~4.9	^
^	整体运行方案	方案全面、重点突出、亮点明确。	10~15	^
^	^	方案较全面、有重点、无亮点。	5~9.9	^
^	^	方案不全面、无重点、无亮点。	0~4.9	^
^	人员接收方案	方案全面、重点突出、亮点明确。	5~8	^
^	^	方案较全面、有重点、无亮点。	2~4.9	^
^	^	方案不全面、无重点、无亮点。	0~1.9	^

续表

评审内容	评审细则	分值	要求
质量保障体系（20分）	方案全面、可操作性强、重点突出、亮点明确。	15~20	根据竞争性磋商文件的要求和河间市的实际情况进行阐述。
	方案较全面、有一定可操作性、有重点、无亮点。	6~15	
	方案不全面、不具可操作性、无重点、无亮点。	0~5	
应急预案（5分）	组织机构健全、措施得力、应急预案全面、方案详尽、可操作性强。	4~5	组织机构健全，措施得力，应急预案全面，方案详尽、可操作性强。
	组织机构较健全、措施较得力、应急预案不全面、方案不详尽。	2~3	
	组织机构不健全、措施不得力、应急预案不全面、方案不详尽。	0~1	
企业信誉、财务及业绩情况（22分）	具有银行开具的在有效期内的信用等级证明2A级及以上得5分，A级得2分，没有的得0分。	0~5	开标时以提供的证书原件为准，不提供不得分。
	根据投资人2015年度财务报表（经审计）的年末净资产（即资产总额减负债总额）大小排名：第一名得5分；第二名得3分；第三名得1分；其余不得分。	0~5	
	业绩： 1. 投标人近三年（2013年7月1日至投标截止时间）仍在运营期内的同类环卫保洁、垃圾收运项目，并且满足合同服务期限不小于5年：单份合同额1 000万（含）~3 000万元的每个得1分，单份合同额大于3 000万元（含）的每个得3分，本条累计最高得6分，同一项目只按最高项计分（提供合同原件）。 2. 投标人或其关联公司（即投标人及投标人参股的各级子公司）生活垃圾填埋业绩，以上业绩限于BOT、TOT、O&M类型。每个得2分，本条累计最高得6分（提供合同原件和相关证明）。	0~12	

2016年8月1日于河间市公共资源交易中心组织开标，并在河北省政府采购专家库中随机抽取专家进行评标。评审专家共7人组成，其中采购人代表2人，专家5人。评审结果公示5个工作日无异议，8月15日发布正式中标公告，由北控水务中标。

（三）合同谈判及签署

北控水务作为第一顺序的中标候选人于2016年8月1日开标当天进行了确认谈判，并完全响应招标文件及合同的全部内容。9月19日河间市城管局与北控水务草签《PPP项目合同》，9月30日完成项目公司——北控（沧州河间）环境服务有限公司组建。

四、项目落地情况

（一）项目公司设立情况

1. 公司概况

公司名称：北控（沧州河间）环境服务有限公司。
公司成立时间：2016年9月30日。

2. 股权结构

公司股权结构：注册资本为2 300万元，北控水务100%控股项目公司。

3. 管理层架构

按照公司章程规定，公司不设股东会，股东是公司的权力机构，股东行使职权时，应当采用书面形式，并由股东签名后置备于公司。公司不设董事会，设执行董事1名，由股东委派，任期3年。公司不设监事会，设监事 1 名,由股东委派,任期 3 年。

根据公司的实际情况,公司设综合管理办公室、生产技术部、技术质量部和财务部。生产技术部下辖人工作业中心、机械作业中心、生活垃圾卫生填埋场。具体管理层架构如图 5-4 所示。

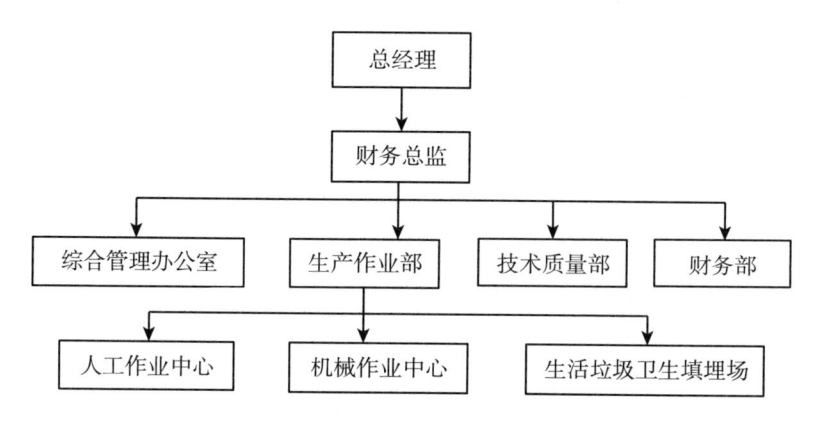

图 5-4 项目公司管理层架构

(二) 项目融资落实情况

1. 实施方案中的融资方式及条件

考虑到项目资本金制度、项目后续再融资等情况,项目公司注册资本不少于项目总投资的 20%,因此方案设计项目公司注册资本为 1 000 万元,由社会资本全额出资,可按照项目进度分批到位,其他资金可通过银行贷款、股东借款、基金等方式筹集。

2. 融资实际执行情况

为确保项目运营,本项目实际出资额为 2 300 万元,高于方案设定的注册资本。项目公司已向中国农业银行贷款 2 145 万元,期限 5 年,综合成本基准利率下浮 4%,增信条件为河间市人大将该 PPP 项目政府支出责任列入市本级财政预算的决议。

（三）PPP 项目实施进度

本项目于 2016 年 2 月由政府方发起并成立 PPP 领导小组，推进项目实施。2016 年 3 月咨询机构开始进场调研，经过为期 6 个月的项目识别与准备，于 2016 年 8 月完成采购。2016 年 9 月 19 日，河间市城管局与中标社会资本签署《PPP 项目合同》，标志着本项目的成功落地。本项目实施进度安排如图 5-5 所示。

项目前期准备

- 项目发起 —— 2016年2月
  - 项目发起
  - 成立PPP领导小组
- 物有所值评价 财政承受能力论证
- PPP实施方案编制与财务测算 —— 2016年3月
  - 第三方咨询机构进场
  - 开展尽职调查及项目识别论证

项目采购

- 项目采购流程实施 —— 2016年6~8月
  - 项目招标和开标
  - 项目结果公示
- 采购结果确认谈判 —— 2016年8月
  - 谈判备忘录签署
  - 法制办审查合同
- 《PPP项目合同》签署 —— 2016年9月
  - 签署《PPP项目合同》

项目执行

- 项目公司成立 —— 2016年9月
  - 正式成立北控（沧州河间）环境服务有限公司

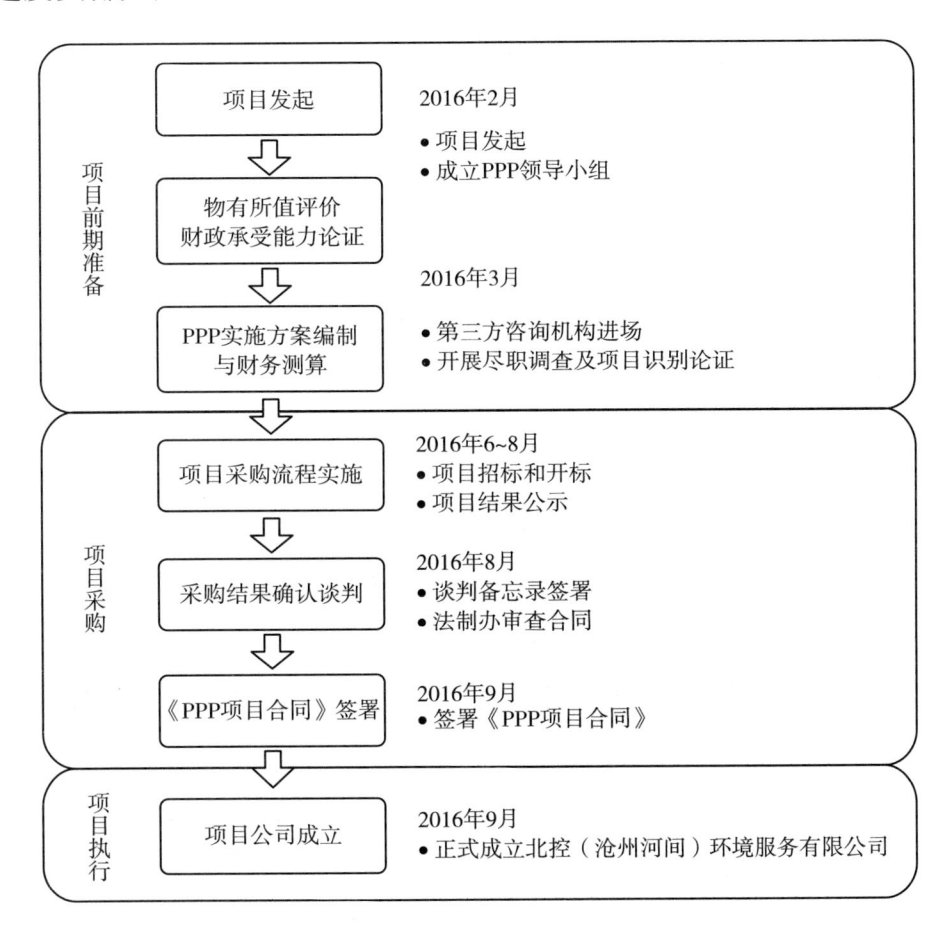

图 5-5 项目实施进度安排

五、项目监管

项目监管方式主要包括履约管理、行政监管和公众监督等。

（一）履约管理

项目实施机构根据《PPP 项目合同》规定对项目公司在项目期限内的合同履行情况进行监督管理，定期对项目公司经营情况进行评估和考核。

（二）行政监管

政府相关行业主管部门依据法定职责对项目公司安全、成本等进行行政监管。

安全生产监管，包括政府主管部门可在不影响项目正常运行的条件下，随时进场监督、检查项目设施的建设和运营状况等。

成本监管，包括项目公司应向政府主管部门提交年度经营成本、管理成本、财务费用等的分析资料。

报告制度，包括项目公司向政府主管部门和其他相关部门的定期报告和临时报告。

（三）公众监管

本项目属于公益性项目，环卫一体化与公众的日常生活息息相关。因此，河间市城管局在对项目公司进行考核评价时，应体现本项目环卫一体化服务市民的宗旨，接受公众监督。

六、项目点评

（一）特点及亮点

本项目合理界定项目有效边界，有效安排原有资产设施，设置绩效考核体系，严格筛选潜在投资人，最终引进具有技术专业特长和运作效率优势的社会资本方，提供城乡一体化环卫服务。项目落地后，通过社会资本投资增配，运用企业先进管理经验，优化作业调度，提高作业水平，短时间内使河间市城乡环卫水平得到明显提升，成效显著。在项目实施的过程中展现出一些亮点，主要体现在以下几个方面：

1. 转变服务供给方式，提高服务质量与运营效率

本项目采用环卫一体化PPP模式，市区环卫部门不再保留环卫作业队伍，环卫部门的职能转变为研究环境卫生行业发展规划，监督考核PPP项目企业，引用新科技、新产品不断推动环卫事业健康发展等。通过市场竞争机制下引入社会投资人，充分发挥社会投资人的专业优势，利用其融资、专业、技术和管理优势，实现资源的优化配置；通过绩效考核与政府付费相挂钩的方式，实现政府对社会资本提供环卫市场化服务的全过程监管，并突出以合理的风险分担为导向，建立起一套高效有序、权责分明的绩效评价和考核机制。

为确保本项目环卫市场化的作业要求符合预期要求，达到"美丽乡村"建设标准，河间市专门研究制定了《河间市环卫市场化作业要求》《河间市环境卫生作业考核评分标准（试行）》，为本项目的绩效考核提供了参考依据。本项目按照河间市颁布相关规定要求及标准执行，由河间市城管局负责对市场化作业道路日常清扫保洁工作进行监督管理，采取每天巡查、每周抽查、社会监督等相结合的检查方式，通过百分制考评办法，监督考核项目公司的运营管理。如有考核不达标情况，将采取相应的惩罚措施，并责令项目公司予以整改。

2. 平稳引进企业管理，提高运营管理水平

环卫人员的安置是本项目运作的关键问题，本项目按照"以人为本，平稳交接"的基本原则，最终确定了以下职工安置方法：

（1）在岗正式职工

对于在岗正式职工采取自愿原则：一是可以选择继续留在原单位，或者由政府进行内部分流；二是可以选择转换身份，到项目公司工作。

（2）临聘工作人员

项目公司必须按照合同约定标准对河间市城管局环卫处自愿进入项目公司的现有人员进行全员接收，签订劳动合同，并保证其工资福利水平不低于有关标准，且3年内项目公司主动辞退原环卫处工人不得高于接收总人数的30%。

本项目考虑到县级环卫从业人员普遍存在年龄老化、知识层次不高等问题，由项目公司通过严格管理，实行标准化、规范化作业，明确工作时间和标准，对员工进行岗前技能培训，进而实现员工个人待遇提高和人员管理制度化的目标，促使环卫作业水平提升。

特别是，本项目引入智慧平台，实现对环卫服务的科学调度，在县级环卫工作中引入了智慧平台，依托物联网技术和移动互联网技术，对环卫管理所涉及的人、车、物、事进行全过程实时管理，实现了环卫服务体系的智能化、精细化、高效化，消除城市管理"盲点"，提高对城市环境卫生问题的应急响应能力，能够有效应对各类突发事件，从而进一步提高全市环卫业务的综合管理水平。

3. 有效盘活现有环卫资产，缓解政府投资压力

河间市在采用PPP模式前的环卫资产按其种类可分为车辆、垃圾中转站、公厕、果皮箱、垃圾收集桶等。随着环卫服务市场化的开展，项目公司可通过购买获得、有偿使用（租赁使用）、无偿使用三种方式获得这部分环卫资产，具体分以下情况实施：

将车辆租赁给项目公司有偿使用,并于期初一次性支付租金。租赁期限为 20 年(受法律保护的最高租赁年限),到期后继续续租 5 年,期间每年年底对车辆进行盘点,部分车辆如需报废处理,由环卫处负责办理资产报废相关手续。

垃圾中转站和公厕资产由政府无偿提供给项目公司使用,项目公司负责按照有关标准对垃圾中转站和公厕进行运营维护。

果皮箱与垃圾收集桶等低值易耗品无偿提供给项目公司使用,项目公司根据实际需求和有关标准负责对上述低值易耗品进行添置、更新和维护。

对场地(车库)的使用由项目公司根据自身意愿和实际需求,与城管局协商租赁现有场地。

(二) 项目实施成效

本项目采取 PPP 模式之前,由政府直接控制的事业单位进行项目实施。采取环卫服务市场化后,政企分离,通过市场化竞争,政府授予项目公司特许经营权,由项目公司提供运营管理,政府部门全程监督,共同推进城乡环卫市场化服务。

1. 推进美丽乡村建设,打造环卫产业链,实现城乡环卫一体化

本项目覆盖了河间市大部分的环卫服务,能够大幅提升当地整体的环境卫生状况,实现全面推进城乡环卫一体化改革,加快推进农村地区垃圾治理,为更好地有序开展河北省美丽乡村建设打下坚实基础。从产业链角度看,本项目进行"收、运、处"一体化管理,实现了前端的道路清扫保洁、中端的垃圾收运以及末端的垃圾处理与资源回收再利用;建立起完善的生活垃圾收集、运输和处理一体化管理体系,实现城乡生活垃圾处理无害化、资源化、减量化,全力打造整洁优美、和谐宜居的城乡人居环境。从城市区域管理角度看,实现城乡一体化管理,本项目覆盖了城乡服

务体系整合，最终实现城乡一体化的服务，加快农村地区垃圾治理，有效推进美丽乡村建设。从环卫资产角度看，本项目实现了环卫资产的统一管理运营，包括环卫作业车辆、中转机械等设施设备以及环卫作业人员的一体化。

2. 提升整体环卫服务质量，实现项目物有所值

本项目秉持物有所值的运作理念，在实行环卫PPP模式后，河间市将过去由社会企业承包管理的水域卫生、无人管理的"三无小区"以及城中村的卫生管理分配到各区PPP项目作业小组，由PPP项目公司统一管理，实现了陆地、水域卫生管理全覆盖，做到卫生管理无缝隙、无盲点。政府通过绩效考核结果向项目公司支付服务费用，保证项目公司在获得稳定收益的同时，公众也可获得高品质的公共服务，真正实现物有所值甚至物超所值的目标。

3. 突破传统环卫管理模式，改善居民生活环境

本项目构建的可持续的机械化、环保化、智能化的环卫服务运营系统，突破了传统的城管环卫的管理模式，在落地后短期内即取得明显成效。道路和公共场所清扫保洁取得重大发展，漂浮垃圾、尘土明显减少，路面保持洁净。环卫设施设备的有效管理使城市建设井然有序。公司健全的监督机制促进了环卫工作在改革中不断发展完善。对作业人员技能培训，进一步改善环境卫生状况，提高工作效率。垃圾、粪便处理逐步向无害化、减量化、资源化发展。PPP项目的运作不仅仅保障城市重大活动期间的环境卫生工作，更提升了河间市整体卫生环境面貌，为当地部分小区居民解决了多年来垃圾成堆、臭味扰民的顽疾，打造了整洁宜居、群众认可的生活环境。

（三）问题与建议

当前在市政环卫服务领域引入PPP模式仍然存在不少的问题，主要

体现在以下几点：

1. 环卫服务与付费标准尚需明确

当前的环卫服务尚没有收费机制，较难完全市场化，仍然依靠政府付费，服务的标准和相应的付费标准较难确定。在政府招标阶段尚未明确服务标准和出台合理付费指导价格的情况下，为追求降低政府投入，往往会出现最低价中标的现象，难以保障后续环卫服务质量。

2. 现有环卫资产转让需合规化

环卫项目现有资产的处置方式确定存在一定难度，主要有重新购置新资产、现有资产转让和租赁现有资产三种处置方式。对于采用现有资产转让这种模式的项目，资产持有方（政府）通过和社会资本签订资产转让协议，按照评估价格将现有资产进行转让。这种方案的优势是政府的资金回笼较快、项目边界条件易界定；而其缺点则是资产的质量较难保证，可能增加项目公司后续运营维护的难度。此外，资产转让交易准备时间较长，根据《企业国有产权交易操作规则》，国有产权转让需要经历受理转让申请、发布转让信息、登记受让意向、组织交易签约等一系列环节，周期比较长，增加了项目运作的复杂性。

3. 注重环卫人员安置问题

环卫队伍的稳定性关系到环卫服务的质量，环卫工人因职务、薪资、待遇、保障等问题影响工作，将直接造成环境卫生质量下降。因此，需要稳妥处理原有不同身份人员的安置问题，采用"平稳过渡+竞争淘汰"的方式，既要充分保护原有环卫工人队伍，又要兼顾企业利益，通过职业培训、竞争淘汰等方式逐渐提高环卫服务队伍的服务水平。

4. 财政专项资金的使用尚需明确

本项目作为垃圾处理领域较有特色的PPP项目，符合国家产业政策，具有一定的行业示范性，获得财政专项资金支持的机会较大。但财政专项资金用于类似项目的阶段和方式尚不明确,为项目公司资金申请带来了困惑。建议相关部门出台细化的资金管理办法,明确资金支持范围与方式,以发挥财政专项资金的奖励补助作用。

案例 6

江西省抚州市东乡县城乡环卫一体化垃圾处理 PPP 项目

一、项目摘要

项目基本信息见表 6-1。

表 6-1　　项目基本信息

项目名称	江西省抚州市东乡县城乡环卫一体化垃圾处理 PPP 项目（以下简称"本项目"）
项目类型	新建
所属行业	市政工程——垃圾处理
合作内容	1. 总投资：本项目建设期投资总额约为 2 753 万元，之后合作期 15 年内累计投资总额约为 5 210.85 万元。15 年实际累计投资总额约为 7 964 万元，实际年均投资额约为 530.94 万元。 2. 建设内容：本项目拟在东乡县所辖的孝岗镇郊区、小璜、马圩、岗上积、圩上桥、占圩、王桥、黎圩、杨桥殿 9 个建制镇，珀玕、邓家、虎圩、瑶圩 4 个乡，红星、红亮、红光 3 个垦殖场，以及甘坑 1 个林场和经济开发区（除东升版块外）内建设和配置清扫保洁、生活垃圾收集和转运设施设备，并于项目建成后形成城乡生活垃圾一体化处理体系。 3. 运营服务范围：项目范围内的清扫保洁、前端收集、压缩转运体系和数字化管理平台的投资建设运营。 4. 产出标准：项目范围内垃圾清扫、收集、转运等符合 PPP 合同约定的标准。
合作期限	2.5 个月 + 15 年（其中建设期 2.5 个月，运营期 15 年）

续表

运作方式	设计－建设－融资－运营维护－移交（Design-Build-Finance-Operate-Transfer, DBFOT）
资产权属	合作期限内，项目公司为实现本项目之目的投资购买（建设）的设备（设施）所有权归项目公司。 各乡镇、街道（场）原有可使用的清扫保洁和垃圾清运存量设施设备（如垃圾中转站等）所有权归政府，项目公司原则上可无偿使用，但有义务维护保养该等资产。 土地由项目公司无偿使用，但不得变更土地用途，也不得处分土地的使用权。
回报机制	政府付费
实施机构	东乡县城市管理局（以下简称"城管局"）
采购方式	竞争性磋商
政府出资方	江西省东乡区城市投资开发有限公司（以下简称"城投公司"）
咨询机构	上海交通大学规划建筑设计有限公司政府与社会资本合作PPP项目研究中心
中选社会资本	劲旅环境科技有限公司，民营企业
签约日期	2017年3月6日
项目公司设立概况	项目公司名称：抚州市劲旅环境科技有限公司 设立时间：2017年4月12日 股权结构：注册资金551万元，社会资本方持股90%，政府方代表持股10%。
主要贷款机构	因前期工期紧、任务重，截至目前无贷款

二、项目识别论证

（一）项目概况

东乡县位于江西省东部，生态环境优美，农业特色鲜明，是全国"东桑西移"项目的基地县，是全国瘦肉型猪出口重点县和生猪养殖国家农业标准化示范区，从事农业的人口众多。随着社会的发展，人们越来越重视周边的居住环境，因此为大力改善农村人居环境，促进全县生态文明先行示范区建设，切实改善城乡人居环境，东乡县政府决定全面启动农村生活垃圾专项治理工作。

在现行的环境卫生管理体制下，农村没有被纳入环境卫生公共服务范围，导致农村环境脏、乱、差现象普遍，农村生活垃圾得不到无害化处置。同时，城市环卫服务也存在效率低、质量差的问题。为提升农村环境卫生水平，让农村分享经济发展成果，减少农村生活垃圾对环境的污染，并通过引入市场机制提高环卫公共服务的质量和效率，同时，为引进社会投资人在城乡生活垃圾治理领域的理念、技术、资金及管理优势，东乡县人民政府（以下简称"东乡县政府"或"县政府"。需说明的是，2016年12月23日，按国务院有关批复精神，同意撤销东乡县，设立抚州市东乡区。因本项目在此之前推进，未变更项目名称，所有文件均为"东乡县"）决定采用PPP模式实施本项目，由社会投资人与政府指定的出资代表共同组建PPP项目公司（以下简称"项目公司"），由项目公司承担以下工作：负责投资购买（建设）本项目所需要的设备（设施）；负责提供在本项目服务区域范围内的清扫保洁、生活垃圾收集和转运等服务；负责本项目运营期内的运营维护工作；通过收取服务费的方式收回投资成本并获得合理回报；合作期满后，项目公司将为本项目购买（建设）的设备（设施）无偿移交给东乡县城乡生活垃圾政府或其指定机构，未达到使用年限的设备（设施）必须在使用年限内保持其可用性。

东乡县政府授权东乡县城市管理局（以下简称"城管局"或"项目实施机构"）作为本项目实施机构，具体负责本项目的准备、执行、移交等工作。

（二）发起方式

本项目由政府方发起。

（三）实施方案

1. 合作范围界定

本项目拟在东乡县所辖的孝岗镇郊区、小璜、马圩、岗上积、圩上桥、占圩、王桥、黎圩、杨桥殿9个建制镇，珀玕、邓家、虎圩、瑶圩4个乡，红星、红亮、红光3个垦殖场，以及甘坑1个林场和经济开发区（除东升版块外）内建设和配置清扫保洁、生活垃圾收集和转运设施设备，并于项目建成后形成城乡生活垃圾一体化处理体系。

县政府授权城投公司作为本项目的政府出资代表，与社会投资人共同出资新设项目公司。本项目建设期投资为2 753万元，运营期间15年累计更新投资总额约为5 210.85万元。项目公司15年实际累计投资总额约为7 964万元。

项目公司将安排项目资本金（同注册资本）约551万元，其中，政府方代表出资55万元，中选社会资本出资496万元，政府方代表与社会资本方在项目公司的资本金出资比例为10%：90%。项目资本金由项目公司股东根据项目的进度及融资机构要求及时、足额缴纳。

PPP项目合作期满后，项目公司应依法进行清算、解散。政府方和社会投资人将按出资比例（10%：90%）参与项目公司可分配利润和到期清算资产的分配。

在本项目15年的PPP合作期内，各项资产需要根据其不同使用寿命（3年、5年、7.5年）持续更新，其中，3年期设备每次投资约449万元，15年需投资5次（第1、4、7、10、13年投入）；5年期设备每次投资约1 203万元，15年需投资3次（第1、6、11年投入）；7.5年期设备每次投资约1 009万元，15年需投资2次（第1、8年投入）。故本项目首期固定资产投资为2 753万元，运营期投资为5 210.85万元，合作期内总计固定资产投资总额约为7 964万元，年均投资约530.94万元/年。

2. 风险分配方案

政府方承担的风险：项目审批风险、项目用地获取风险、法律变更风险、财务风险（因财政支付不能及时到位）、法律风险等。

社会资本方承担的风险：设计和工艺风险、融资风险、运营风险、财务风险（融资成本风险）等。

双方共担的风险：不可抗力风险、非正常损耗风险。

3. 交易结构

（1）运作模式

综合考虑项目回报机制、投资收益水平、融资需求等因素，本项拟采取 DBFOT（设计－建设－融资－运营维护－移交）的运作方式实施。

本项目由东乡县政府或其授权的项目实施机构通过政府采购程序选择确定社会资本方后，社会投资人与政府指定的出资代表"政府投资机构"共同组建 PPP 项目公司（SPV）。

项目公司成立后，县城管局授予项目公司特许经营权，由项目公司负责本项目的设计、建设、融资以及运营维护等工作。

在运营期内，县城管局授权项目公司负责在本项目服务区域范围内提供清扫保洁、生活垃圾收集和转运服务，并负责投资购买（建设）提供服务所需要的设备（设施）。

在运营期间，县农工部、城管局具有绩效监督权，对于项目公司在服务区进行绩效考评，并将考评结果上报县财政局，最终由县财政局根据绩效支付费用。

（2）合作期限

本项目于 2016 年 10 月启动实施方案编制，项目建设期约为 2.5 个月；本项目从 2017 年 4 月 1 日开始运营，建设运营期拟设定为 15 年。

（3）投融资结构

本项目交易结构如图 6-1 所示，从交易结构可以看出本项目的投融资结构以及回报机制等安排。其中，本项目政府方出资占股 10%；中标社会资本占股90%；项目公司的投资回报主要来自政府付费，县财政局根据运营维护绩效考核结果向项目公司购买清扫保洁和垃圾收运等服务，并支付绩效服务费。

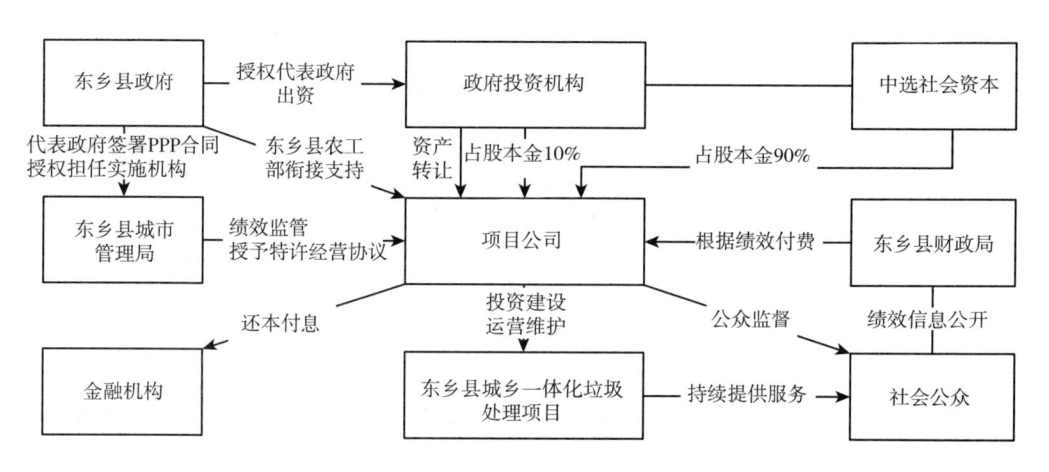

图6-1　PPP交易结构

4. 绩效考核

（1）考核主体

东乡县政府负责所辖区域内的服务绩效考核，并按月度进行。

（2）考核内容

考核内容分为道路保洁，乡镇、村庄公共区域，水面，垃圾桶、深埋桶保洁，交通护栏清洁，街道和道路除尘淤泥处理，广告牌、牛皮癣保洁和管理，特殊天气保洁共8个方面。

（3）考核指标及方法

考核指标见表6-2。

表6-2　　　　东乡县城乡环卫一体化垃圾处理考核

序号	项	目
1	道路保洁（25分）	路面保洁（8分）
		道路两侧（8分）
		路肩除草（4分）
		路边警示牌（3分）
		树枝修剪（2分）

续表

序号	项	目
2	乡镇、村庄公共区域（25分）	公共活动区域（8分）
		绿化带清洁（7分）
		巷道（5分）
		道路村庄沟渠及河塘（5分）
3	水面（20分）	水面漂浮物（8分）
		水面拦截设施（3分）
		堤岸保洁（6分）
		清捞垃圾（3分）
4	垃圾桶、深埋桶保洁（5分）	
5	交通护栏清洁（5分）	
6	街道和道路除尘淤泥处理（5分）	
7	广告牌、牛皮癣保洁和管理（6分）	
8	特殊天气保洁（3分）	雨后积水处理

政府方与社会资本方将通过竞争性磋商程序明确、细化考核标准、考核程序以及考核结果换算为调整系数的计算公式，针对农村清扫保洁、集镇清扫保洁、市政道路清扫保洁、垃圾清运分别考核，分别得出 KPI_{crij}、KPI_{ctij}、KPI_{ccij}、KPI_{tig}。建议的考核调整系数（KPI）计算方法为：

考核结果80分为合格，80~90分为良，90分以上为优。

考核结果80分（含）~90分（含）不奖不罚，即调整系数为1。

考核结果低于80分（不含）时，每低1分调整系数降低0.002，即：

$$KPI = 1 - (80 - 考核得分) \times 1\% \times 20\%$$

考核结果高于90分（不含）时，每高出1分调整系数增加0.002，即：

$$KPI = 1 + (考核得分 - 90) \times 1\% \times 20\%$$

(4) 考核与付费

绩效服务费按月支付，计算公式如下：

$$P_{ij} = P_{cri}/4 \times KPI_{crij} + P_{cti}/4 \times KPI_{ctij} + P_{cci}/4 \times KPI_{ccij} + P_{ti}/4 \times KPI_{tij}$$

其中：P_{ij}为i县（市、区）j月应付绩效服务费，i代表各乡、镇（场），i=1~18，j代表各月度，j=1~180；P_{cri}为i区县当时适用的农村清扫保洁年度绩效服务费基数；P_{cti}为i区县当时适用的集镇清扫保洁年度绩效服务费基数；P_{cci}为i区县当时适用的市政道路清扫保洁年度绩效服务费基数；P_{ti}为i区县当时适用的垃圾清运年度绩效服务费基数；KPI_{crij}为i区县j月度农村清扫保洁绩效服务考核调整系数；KPI_{ctij}为i区县j月度集镇清扫保洁绩效服务考核调整系数；KPI_{ccij}为i区县j月度市政道路清扫保洁绩效服务考核调整系数；KPI_{tij}为i区县j月度垃圾清运绩效服务考核调整系数。

县财政每月15日前向项目公司支付上月绩效服务费。

(5) 绩效管理

在运营期间，县农工部、城管局具有绩效监督权，对于项目公司在服务区进行绩效考评，并将考评结果上报县财政局，最终由县财政局根据绩效支付费用。

(6) 定价调价机制

①定价机制

社会投资人绩效服务费报价体系将由以下4项价格构成：农村清扫保洁初始单价R_{cri0}，各乡、镇（场）分别报价（万元/平方公里·年）；集镇清扫保洁初始单价R_{ct0}，全县统一报价（万元/平方公里·年）；市政道路清扫保洁初始单价R_{cc0}，全县统一报价（万元/平方米·年）；垃圾清运初始单价R_{t0}，全县统一报价（元/吨公里·日）。

②调价机制

本项目各项单价将在初始单价的基础上根据PPP合作期内的成本变动情况（主要指人工、油价、通胀等因素）进行调整。

5. 项目实施程序的规范性

（1）项目立项等前期手续

东乡县政府针对本项目进行了系统深入的研究论证，形成了较为完善的工作方案。前期研究工作为本项目 PPP 流程的开展奠定了良好的基础。

（2）配套支持

成立 PPP 项目领导小组：东乡县政府已成立 PPP 项目领导小组，解决本项目推进过程中的重大疑难问题，将项目相关工作责任落实到具体单位，协调各成员单位高效协作，确保本项目积极稳妥推进。

聘请专业咨询机构：东乡县政府已经聘请专业咨询机构为项目准备和项目采购提供财务、法律、技术和谈判支持，协助政府推进本项目。项目落地后，东乡县政府可根据需要聘请专业咨询机构在项目执行阶段提供监管、绩效评估等方面的专业支持。

争取政策支持：充分整合、有效利用现有资源和政策，争取项目配套政策支持。

（3）预算安排

东乡县在本项目全生命周期过程的财政支出已纳入一般公共预算及中长期财政规划。

（四）物有所值评价和财政承受能力论证要点

1. 项目物有所值评价

（1）定性评价

本 PPP 项目物有所值定性分析的主要政策依据有：《政府和社会资本合作模式操作指南（试行）》（财金〔2014〕113 号）、《政府和社会资本合作项目物有所值评价指引（试行）》（财金〔2015〕167 号）。

定性评价采用"专家评分"和"专业咨询团队评价"二者相结合的

方式，从项目规模、项目资产寿命、项目固定资产种类、全生命周期成本测算准确性等角度分析，对本项目进行了分析评价。专家小组从全生命周期整合潜力等10项基本指标和补充指标进行评分和分析，并在各位专家分析判断的基础上，通过评分表形成专家意见。本项目综合得分较高（92.05分），符合PPP物有所值定性评价的基本原则，能够通过物有所值定性评价。

（2）定量评价

①本项目物有所值定量分析的测算依据

因为难以找到近年内实施的类似项目数据，定量分析部分采用虚拟项目作为参照项目。

本项目PPP合作期满后，项目资产全部无偿移交给政府，资本性收益应归政府所有，因此在计算过程中不计算资本性收益值。

根据国家投资主管部门发布的《建设项目经济评价方法与参数（第三版）》，当前社会折现率一般取值为8%；对于受益期较长、远期效益显著、风险较小的项目，社会折现率可适当降低，但一般不得低于6%，结合本项目特点，本测算中折现率取7.8%。

依据财政部《政府和社会资本合作项目财政承受能力论证指引》（财金〔2015〕21号）第十八条，"合理利润率应以商业银行中长期贷款利率水平为基准，充分考虑可用性付费、使用量付费、绩效付费的不同情景，结合风险等因素确定"，考虑到对社会资本应产生一定吸引力，本项目年均利润率取9.48%，财务内部收益率为7.82%。

本项目为完全政府付费项目，假定项目公司的第三方收入为0。

假设本项目不存在其他成本。

②物有所值的计算结果

根据PSC值计算公式：

$$PSC值 = 政府自行建设总投资 + 政府自行运营成本 + 竞争性中立调整值 + 可转移风险承担成本$$

可得PSC净现值测算（见表6-3），PSC值的净现值为26 014.53万元。

表 6-3　　　　　　　　　　　PSC 净现值测算　　　　　　　　　单位：万元

年份		政府自行建设成本（+）	政府自行运营成本（+）	竞争性中立调整值（+）	可转移风险承担成本（+）	PSC	折现系数（折现率7.8%）	NPV（PSC）
建设期	1	2 666.18	2 256.82	84.17	5.59	5 012.76	0.93	4 649.84
运营年度	2	0.00	2 235.58	116.42	5.59	2 357.59	0.86	2 028.71
	3	448.83	2 209.34	113.23	5.52	2 776.92	0.80	2 216.54
	4	0.00	2 245.85	103.87	5.61	2 355.33	0.74	1 743.89
	5	1203.18	2 219.61	100.86	5.55	3 529.20	0.69	2 423.85
	6	448.83	2 253.53	88.16	5.63	2 796.15	0.64	1 781.43
	7	1009.17	2 290.14	80.85	5.73	3 385.88	0.59	2 001.06
	8	0.00	2 314.35	71.68	5.79	2 391.82	0.55	1 311.20
	9	448.83	2 288.11	69.82	5.72	2 812.48	0.51	1 430.15
	10	1203.18	2 324.83	64.03	5.81	3 597.85	0.47	1 697.11
	11	0.00	2 358.75	55.69	5.90	2 420.34	0.44	1 059.14
	12	448.83	2 332.51	54.32	5.83	2 841.49	0.41	1 153.36
	13	0.00	2 369.35	49.80	5.92	2 425.07	0.38	913.04
	14	0.00	2 343.11	48.49	5.86	2 397.46	0.35	837.43
	15	0.00	2 316.87	47.10	5.79	2 369.76	0.32	767.80
合计		7 877.03	34 358.75	1 148.49	85.84	43 470.12		26 014.53

根据 PPPs 值计算公式：

$$\text{PPPs 值} = \text{政府方股权投资} + \text{运营绩效服务费} - \text{政府方股权投资分红与清算所得}$$

可得 PPPs 净现值测算（见表 6-4），PPPs 值的净现值为 22 343.30 万元。

将上述 PSC 值和 PPPs 值的净现值分别代入 VFM 计算公式：

$$\text{VFM} = \text{NPV(PSC)} - \text{NPV(PPPs)}$$

得到本项目物有所值量值为 3 671.23 万元，说明在实施方案的设定下，本项目适宜采用 PPP 模式。

因此，本项目物有所值定量评价结论为"通过"。

表6-4　　　　　　　　　PPPs 净现值测算　　　　　　　　单位：万元

项目		政府方股权投资（+）	运营绩效服务费（+）	政府方分红与清算所得（-）	PPPs	折现系数（折现率7.8%）	NPV（PPPs）
建设期	1	55.00	2 557.08	12.65	2 599.43	0.93	2 411.23
运营年度	2		2 557.08	24.68	2 532.40	0.86	2 179.13
	3		2 557.08	26.45	2 530.63	0.80	2 019.95
	4		2 582.65	25.91	2 556.74	0.74	1 893.01
	5		2 582.65	27.68	2 554.97	0.69	1 754.76
	6		2 582.65	25.39	2 557.26	0.64	1 629.23
	7		2 608.22	24.84	2 583.38	0.59	1 526.78
	8		2 608.22	23.21	2 585.01	0.55	1 417.10
	9		2 608.22	24.98	2 583.24	0.51	1 313.58
	10		2 633.79	24.44	2 609.35	0.47	1 230.83
	11		2 633.79	22.15	2 611.64	0.44	1 142.86
	12		2 633.79	23.92	2 609.87	0.41	1 059.35
	13		2 659.36	23.38	2 635.99	0.38	992.45
	14		2 659.36	25.15	2 634.21	0.35	920.13
	15		2 659.36	26.92	2 632.44	0.32	852.91
合计		55.00	39 123.32	361.74	38 816.58		22 343.30

2. 财政承受能力论证

本项目每年需从东乡县财政预算中安排的支出责任包括：股权投资支出、运营补贴支出、风险承担支出、配套投入支出。本项目不涉及股权投资支出和配套投入支出，因此东乡县承担的政府支出只包括运营支出及风险支出。

本项目为东乡县首个PPP项目，无其他拟实施PPP项目。根据分析测算，政府方（东乡县）在本项目全生命周期过程的财政支出责任合计约为41 736.49万元，年生命周期财政支出平均为2 782.43万元左右，占东乡县年一般公共财政预算支出（合作期内一般预算支出保守增长 6.94%~8.94%）的比例在 0.17%~0.71% 之间（随着东乡县财政逐年增长，本项目支出义务比例逐年下降）。

目前本项目为东乡县首个 PPP 项目，不会出现单一行业方面 PPP 项目过于集中的问题，因此本项目也通过了行业领域平衡性评估。

三、项目采购

（一）市场测试及资格审查

1. 市场测试

为加快项目实施进度、明确采购需求、保证项目获得社会资本的充分响应。本项目以公告形式广泛邀请投资机构、施工企业、金融机构等潜在社会资本参与测试，测试报告经汇总调研，在编制实施方案中，作为边界条件确定和方案调整的重要依据。经测试，本项目实施方案较为合理，社会资本参与积极性高，能够达到充分竞争。

2. 资格预审

（1）社会资本资格预审条件

符合《中华人民共和国政府采购法》第二十二条规定的合格供应商条件。具有独立承担民事责任的能力且在中华人民共和国境内注册；具有良好的商业信誉和健全的财务会计制度；具有履行合同所必需的设备和专业技术能力；有依法缴纳税收和社会保障资金的良好记录；参加政府采购活动前三年内，在经营活动中没有重大违法记录；中国境内注册的具有独立法人资格的企业，注册资金 5 000 万元以上；具有清扫保洁和垃圾清运的能力、设备和人员，投标人营业执照经营范围须包括环卫设备生产或垃圾清扫、收运等相关服务；财务状况良好，2015 年度平均净资产收益率大于零（提供会计事务所出具的财务审计报告）；近三年内（2014 年 1 月 1 日至今）具有单项合同金额 1 000 万元/年及以上生活垃圾清扫、收运服务业绩。

其他要求：资格预审申请人近三年内（2014年1月1日至今）无行贿犯罪记录，由采购人在资格预审会后到东乡县人民检察院统一对投标人和项目负责人进行行贿犯罪档案查询，若发现投标人和项目负责人有行贿犯罪记录的，取消其投标资格或作废标处理，并报相关行政主管部门。查询结果以东乡县人民检察院出具的书面文件为准。

本次资格预审不接受联合体。具体审查标准见表6-5。

表6-5　　　　　　　　　　审查标准

条款	审查因素	审查标准
1　初步审查标准	申请人名称	与营业执照一致
	申请书签字盖章	有法定代理人或其委托代理人签字（私章）及加盖单位公章
	申请书格式	符合"资格预审申请文件格式"要求
	其他要求	满足申请人须知规定及是否按须知规定提交资料原件
2　详细审查标准	企业营业执照	具备有效的企业营业执照，注册资金、经营范围是否符合资审文件要求内容
	业绩要求	近三年（2014年1月1日至今）具有单项合同金额1 000万元/年及以上生活垃圾清扫、收运服务业绩（提供合同原件）
	财务报告或上市公司公开年报	2015年度平均净资产收益率大于零（提供会计事务所出具的财务审计报告）

（2）资格预审结果

抚州市华鑫工程咨询有限公司受东乡县城市管理局委托，就东乡县城乡环卫一体化垃圾处理PPP项目进行了资格预审。资格预审会于2016年12月29日下午在东乡县公共资源交易中心举行，经评标委员会评审和采购人确认，有5家供应商资格预审合格。具体预审结果如表6-6所示。

表 6-6 资格预审结果

项目名称	供应商名称	评审结果
东乡县城乡环卫一体化垃圾处理 PPP 项目	长沙中联重科环境产业有限公司	合格
	无锡市金沙田科技有限公司	合格
	劲旅环境科技有限公司	合格
	滁州阳天环卫服务有限公司	合格
	安徽风驰环保设备有限公司	合格

（二）竞争性磋商采购

1. 过程简介

抚州市华鑫工程咨询有限公司受东乡县城管局委托就东乡县城乡环卫一体化垃圾处 PPP 项目进行竞争性磋商采购，采购公告于 2017 年 1 月 3 日在江西省公共资源交易网、抚州市财政局网发布，到报名截止时间共有 5 家供应商购买了竞争性磋商文件，磋商会议于 2017 年 1 月 15 日上午在南昌市公共资源交易中心举行。到磋商会截止时间，共有 3 家供应商按时提交了响应文件。

2. 竞争性磋商采购标准

抚州市华鑫工程咨询有限公司代表在 2017 年 1 月 15 日上午召开了磋商会议，现场对各报价人代表进行身份确认，并由报价人代表对磋商响应文件的密封进行检查。

经采购监管部门批准，根据磋商文件的规定，由采购人在省级政府采购专家库中随机抽取 3 名专家和 2 名采购人代表组成磋商小组，磋商小组成员于 2017 年 1 月 15 日上午进入江西省南昌市公共资源交易中心磋商。

3. 中标人确定方式

经磋商确定最终采购需求和提交最后报价的供应商后，由磋商小组采用综合评分法对提交最后报价的供应商的响应文件和最后报价进行综合评分。

4. 中标公示

根据磋商文件的各项规定，对所有参与竞争报价供应商的响应文件进行评审和比较，经磋商评议，磋商小组确定磋商结果如表6-7所示。

表6-7 磋商结果

项目名称	东乡县城乡环卫一体化垃圾处理PPP项目		
项目编号	FZHX-2016-G102		
序号	供应商名称	投标报价（万元/年）	最终得分
1	安徽风驰环保设备有限公司	2 605	43.96
2	滁州阳天环卫服务有限公司	2 600	49
3	劲旅环境科技有限公司	2 603.88	89.97
4			
5			
专家评委对谈判结果持不通过意见情况记录栏			

磋商谈判小组向采购人正式推荐的成交排序人分别为：劲旅环境科技有限公司、滁州阳天环卫服务有限公司、安徽风驰环保设备有限公司。经磋商确定最终中标人为劲旅环境科技有限公司。

（三）合同谈判及签署

1. 合同谈判及签署时间、地点及相关人员

2017年1月18日，项目实施机构（东乡县城市管理局）组织与劲旅环境科技有限公司就东乡县城乡环卫一体化垃圾处理PPP项目合同签署前的确认谈判会议。

2. 合同签署

通过本次谈判，确认了劲旅环境科技有限公司为东乡县城乡环卫一体化垃圾处理PPP项目的预成交人，双方达成共识，已签署了《东乡县城乡环卫一体化垃圾处理PPP项目合同》及相关备忘录，双方同意履行合同要求。

四、项目落地情况

（一）项目公司设立情况

1. 公司概况

抚州市劲旅环境科技有限公司成立于2017年4月12日，法定代表人为陈迎，注册资金为551万元，公司服务于抚州市东乡区城乡环卫一体化垃圾处理PPP项目的日常运营工作。

2. 股权结构

政府方出资代表"政府投资机构"与社会资本方在项目公司股本金的出资比例为10%：90%。

3. 管理层架构

项目公司设总经理1人，总经理助理1人，清运部、运营部及办公室负责人各1人。以上人员均为社会资本方聘请任职。政府主要通过日常运营监管、财务监管等方式参与项目公司管理。

（二）项目融资落实情况

1. 融资方式及条件

本项目的投融资结构主要说明项目的资本性支出的资金来源、性质与用途，以及项目资产的形成和转移过程等。

县政府授权城投公司作为本项目的政府出资代表，与社会投资人共同出资新设项目公司。本项目建设期投资为2 753万元，运营期间15年累计更新投资总额约为5 210.85万元。项目公司15年实际累计投资总额约为7 964万元。

2. 融资实际执行情况和交割情况

项目公司将安排项目资本金（同注册资本）约551万元，其中，政府方代表出资55万元，中选社会资本出资496万元，政府方代表与社会资本方在项目公司的资本金出资比例为10%：90%。项目资本金由项目公司股东根据项目的进度及融资机构要求及时、足额缴纳。

本项目运营期内所需资金除可通过项目本身现金流解决外，项目公司可以采用股东借款、金融机构贷款、引入基金等方式筹措项目资金，以解决项目资本金与所需投资之间的差额。该等资金的融资责任由社会投资人承担，社会投资人应协助项目公司完成。

3. 再融资问题

项目公司可以为本项目融资之目的，将其在本PPP项目合同项下的收益权质押给金融机构,但该等质押不得影响公共服务的正常提供,且须取得政府方的书面批准。

(三) 资产权属

项目公司为实现本项目之目的投资购买(建设)的设备(设施),在 PPP 合作期内所有权归政府方所有。

各乡镇、街道(场)现有可使用的清扫保洁和垃圾清运存量设施设备(如垃圾中转站等)应尽量充分利用,项目公司原则上可以无偿使用,但有义务维护保养该等资产。但如项目公司利用该等资产可以减少其投资义务的(如存量垃圾桶等),由区县政府与项目公司协商确定该等资产价值,在其使用年限内相应抵扣区县政府应支付项目公司的清扫保洁或垃圾清运服务费或以其价值入股。

为实现本项目融资之目的,项目公司可以将其在本项目 PPP 合同项下的收益权设定质押、抵押或其他担保权益。除此以外,项目公司不得以其他任何目的抵押、质押项目资产和权益。经东乡县政府同意,为本项目融资之目的,社会投资人可以转让其在项目公司的股权,但社会投资人在本项目项下的义务不得免除。

本项目垃圾站设立地点与面积由项目公司与各乡镇、街道(场)协商,土地由项目公司无偿使用,但未经实施机构和乡镇、街道(场)同意,项目公司不得变更垃圾站土地用途,也不得处分垃圾站所在土地的使用权。项目合作期满后,项目公司应将所有资产及相应资料按移交时资产的现状无偿移交至政府或其指定的机构;未达到使用年限的设备(设施),项目公司必须在使用年限内保持其可用性。

(四) 项目进度

本项目于 2017 年 3 月成立项目公司。本项目在 2017 年 4 月 1 日完成建设并投入运营,运营期拟设定为 15 年。项目进度见图 6-2。

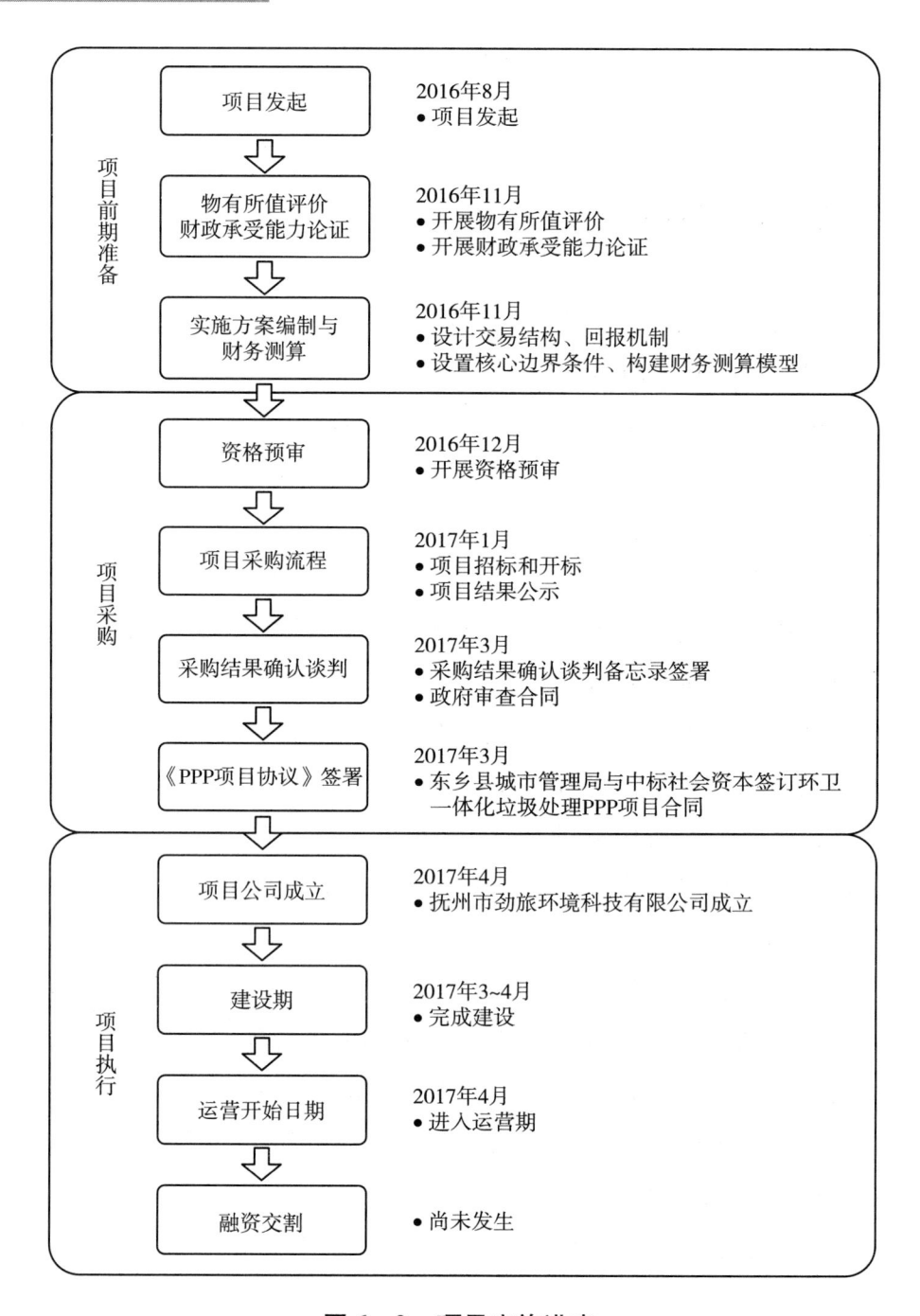

```
项目前期准备
  项目发起          2016年8月
                   • 项目发起
  
  物有所值评价      2016年11月
  财政承受能力论证   • 开展物有所值评价
                   • 开展财政承受能力论证
  
  实施方案编制与    2016年11月
  财务测算         • 设计交易结构、回报机制
                   • 设置核心边界条件、构建财务测算模型

项目采购
  资格预审         2016年12月
                   • 开展资格预审
  
  项目采购流程      2017年1月
                   • 项目招标和开标
                   • 项目结果公示
  
  采购结果确认谈判  2017年3月
                   • 采购结果确认谈判备忘录签署
                   • 政府审查合同
  
  《PPP项目协议》签署  2017年3月
                   • 东乡县城市管理局与中标社会资本签订环卫
                     一体化垃圾处理PPP项目合同

项目执行
  项目公司成立     2017年4月
                   • 抚州市劲旅环境科技有限公司成立
  
  建设期          2017年3~4月
                   • 完成建设
  
  运营开始日期     2017年4月
                   • 进入运营期
  
  融资交割         • 尚未发生
```

图 6-2 项目实施进度

五、项目监管

（一）实施机构监管

经县政府研究，决定授权城管局作为本 PPP 项目的实施机构，负责 PPP 项目相关实施工作。

（二）项目全生命周期的监管

项目监管体系是项目能否高质量、高效率完成的前提。

评估机制：针对本 PPP 项目，县政府将分别建立事前、事中和事后三阶段评估机制，以保证本项目顺利实施：

事前评估：在决策方面，县政府聘请了专业机构进行物有所值评价（VFM）和财政承受能力论证，作为 PPP 项目的实施依据。

事中评估：项目实施机构将定期聘请第三方评估机构对项目公司的服务进行评估，重点分析项目运行状况和项目合同的合规性、适应性和合理性；及时评估已发现问题的风险，制定应对措施。

事后评估：PPP 合作期结束后，项目实施机构将组织对项目的全面评价，结论将为以后的 PPP 项目提供决策依据。

履约监管：县政府授权城管局作为 PPP 实施机构负责本项目 PPP 合同（包含所有合同附件）的履约管理，如社会资本违反 PPP 项目合同约定的，政府方将按合同追究社会资本的违约责任，并从履约保证金中抵扣相应的违约金。

行政监管：政府相关部门依照法律法规的授权对项目进行合规性监管。

公众参与：本项目将建立适当机制鼓励社会公众参与，包括主动信息公开、建议意见征集、公共服务评价等各个方面和环节。村民作为本项目的主要受益者,政府和社会资本在考核程序的设计中,应将村民作为考核主体之一纳入考核体系。

对于本项目,在建设准备阶段、建设阶段和运营阶段中,贯穿整个项目全过程的考核标准体系如图6-3所示,切实保障了项目运行的合法合规性,确保整个项目安全顺利推进实施。

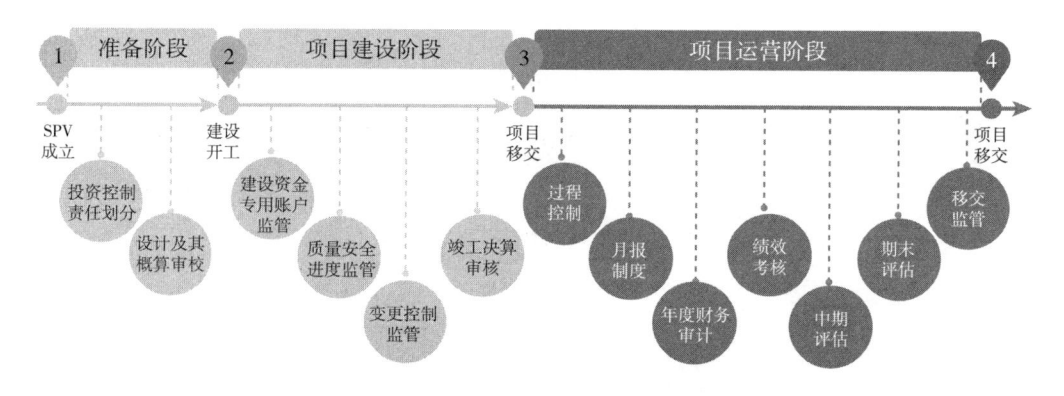

图6-3 项目监管体系

在项目全生命周期内,政府方主要从以下几个方面对社会资本方进行监管:

1. 建设准备阶段的监管

项目投资中涉及市政配套设施建设、已签订前期工作协议等部分的投资控制责任由政府方承担。以上费用于项目决算审计时按实结算。项目投资中涉及建安投资、建设期利息、其他前期费用等部分的投资控制责任由PPP项目公司承担。

2. 建设阶段的监管

(1) 建设资金使用监管

项目建设期内,PPP项目公司应自行根据项目建设进度、融资要求安排资本金、债务资金的到位计划,并保证为项目筹措的资金能够满足本项目建设进度需要,如未来PPP项目公司不能顺利完成项目融资的,社会资本方应采取股东贷款、补充提供担保等方式以确保PPP公司建设资金足额到位。PPP项目公司成立后，应建立项目建设资金专用账户，PPP项目公司应保证专用资金账户余额满足本项目进度需要，政府有权随时查询了解专用资金账户的资金余额和使用情况。政府负责控制好时间节点，明确社会资本自有资金具体数额及进入时间。

（2）质量安全进度监管

PPP项目公司作为本项目的工程总承包商，按照国家、省、市有关规定，自行开展设备及材料采购工作，需事先经过政府同意。PPP项目公司不得将工程总承包项目进行违法分包转包，不得将工程总承包项目中的设计、施工业务全部分包给其他单位。PPP项目公司应根据适用法律的要求，通过招标程序选择有相应资质的监理公司进行项目工程施工全过程的监理，并承担相应的费用。PPP项目公司或PPP项目公司的控股子公司不得承担监理任务。PPP项目公司应定期向政府报告建设工程进度，详细说明项目已完成和进行中的建设工程情况以及政府或政府相关机构合理要求的其他相关事项，并每月定期向政府提交上个月的项目工程进度报告和监理月报。PPP项目公司应制定有效的并由PPP项目公司、建设承包商和工程监理公司共同执行的质量保证和质量控制计划，并不断向政府提供完整的有关已完成或正在进行的建设工程质量控制结果的文件。在不影响项目实施的情况下，政府或政府指定机构有权参加或检查项目任何建设承包商和工程监理公司的质量控制过程及方法，以确保建设工程符合质量要求。PPP项目公司应协助进行这类定期检查。政府或其指定机构有权在不影响建设进度的情况下对项目工程的施工情况进行检查，PPP项目公司应当派人陪同。若PPP项目公司未能派代表参加，政府或其指定机构仍可以对项目的建设情况进行监督和检查。政府或其指定机构行使现场监督和检查，应提前24小时通知PPP项目公司有关检查的事宜。PPP项目公司应当提供或责成承包商提供政府或其指定机构进入场地的便利条件，并对政府或其指定机构与实施PPP项目合同项下监督和检查有关的合理要求予以必要协助。PPP项目公司应当提供或责成建设承包商提供政府或其指定机构进行检查所需的相关的所有方案、设计、文件和资料的复印件。政府或其指定机构对项目工程的监督和检查不影响也不能替代其他政府部门依

(3) 物资控制监管

PPP 项目公司应设立项目建设专用资金账户，保证资金账户资金余额满足本项目进度需要，政府或政府指定机构有权随时查询了解专用资金账户的资金余额和使用情况。在项目建设期内，PPP 项目公司提出重大设计变更，应向政府或政府指定机构提交设计变更的所有必要的支持和证明文件，从而使其能够合理地出具书面意见。在未得到政府同意及适用法律要求的对设计文件的变更文件的批准前，PPP 项目公司不得将此变更文件用于本项目施工。项目竣工验收完成后，政府或政府指定的机构对项目决算进行审计核定项目决算审计投资。政府付费的计算基数的确定：政府最终审计金额超过可研报批的期初总投资的，按可研批复金额为准，未超过的以政府最终审计金额为准。

(4) 建设档案管理监管

PPP 项目公司社会资本负责建立业主、相关专业咨询公司、设计单位、施工单位等各参建单位之间的沟通渠道，制定信息资料传送、整理和归档程序及要求；在工程招标及与设计单位、施工监理、施工等单位签订协议、合同时，提出对工程文件的套数、费用、质量、移交时间等要求；对各参建单位提交的文件进行审查并分类归档；监控各参建单位文件提交进度的情况并定期向监管单位汇报；监督检查设计单位工程文件的形成、积累和立卷归档工作；对施工单位工程文件的形成、积累、立卷归档工作进行监督检查；做好工程项目文件验收及向有关部门移交的工作；定期对设计单位、施工监理、施工单位的文档工作进行审核；各类文档管理工作均设置相应台账，具体包括：发文台账、收文台账、进度款支付台账、合同台账、变更台账、签证台账、资产登记台账等。PPP 项目公司应在签署、取得或完成下列文件后 10 日内，将下列文件的复印件报送政府或政府指定机构备案：经政府行政主管部门批准的施工图、初步设计和施工图设计审查意见，以及建设工程规划许可证和施工许可证；招标选择承包商的招标文件；同承包商签订的工程建设承包合同和详细的工程建设计划；招标选择分包商的招标文件；同监理机构签订的监理合同和监理计划；其他国家、地方、行业相关规定应当保存的档案。政府授权实施机构负责 PPP 项目公司建设档案管理的监管，定期检查 PPP 项目公司档案管理情况。

3. 运营阶段的监管

（1）过程控制

项目投入使用后，应建立项目运营资金专用账户，PPP 项目公司应保证专用资金账户余额满足本项目运营开支需要，政府有权随时查询了解专用资金账户的资金余额和使用情况。

（2）季报制度

PPP 项目公司每季度向政府提交运维开支报表，未列入运维开支报表的运维开支审计机构不予确认。

（3）年度财务审计

PPP 项目公司每年向政府提交财务审计报告，报财政局审查，审查后的财务审计报告作为核算项目政府付费的依据。

4. 绩效考核

政府定期对 PPP 项目公司的运营绩效进行考核，考核主要内容包括运营成本控制、经营绩效、服务质量等。政府授权实施机构应会同 PPP 项目公司制订年度绩效考核方案报政府审核，绩效考核方案审核通过后作为年度绩效考核的依据。政府每年根据绩效考核方案对 PPP 项目公司运营成本控制、经营绩效、公共服务质量等进行考核，并根据考核结果，会同财政局调整政府付费。

5. 中期评估

中期评估为每三年一次，从项目投入使用起算。资本金中期评估由政府授权实施机构发起，组织财政局及其他政府相关部门及有关专家组成评估小组（或由政府指定专业第三方咨询机构）对项目的运营情况进行评估，中期评估应包括以下主要内容：项目设施的建设与改造是否依据规定的基本建设程序和规划要求执行；行业发展和投资是否满足城市功能的需求；提供的产品和服务是否满足各类标准和规范的要求；行业服务质量和用户投诉处理情况；应急预案的制定、执行情况；成本、价格的控制和执行情况；行业规划和年度计划的制定、执行情况；重要设备、设施的完好情况；运营服务和管理情况；社会公益性义务的执行情况；政府方认为需要评估的其他事项。

开展中期评估应当按照以下程序执行：政府在每一个中期评估前1个月向PPP项目公司发出中期评估通知；PPP项目公司在收到通知后的1个月内负责准备和报送涉及中期评估内容的相关资料，包括中期评估周期内的年度经营计划及执行情况、各类财务报表、生产运行过程中的各类报表、服务及投诉处理的各类报表、建设和投资情况说明、保障正常运行的情况说明、普遍服务和公益性义务的执行情况以及服务对象满意度调查情况等；政府应在发出中期评估通知后的3个月内组织专门人员完成中期评估工作，并向特许经营企业出具中期评估报告；对中期评估报告中的部分内容，政府有权以适当的方式予以公示。如果经中期评估发现PPP项目公司不履行其在PPP项目合同下运营和维护项目设施的义务，或者PPP项目公司不再具备履行PPP项目合同的能力，则政府可就此向PPP项目公司发出书面通知，并要求PPP项目公司在政府要求的合理期限内整改，整改期限不超过1年。如果PPP项目公司在整改期限后仍达不到要求，则政府可以提前终止PPP项目合同。中期评估的费用由政府方承担。

6. 期末评估

项目特许经营期满，对项目实施情况进行期末评估。期末评估由政府授权实施机构发起，组织财政局及其他政府相关部门及有关专家组成评估小组（或委托专业咨询机构）对项目政府与社会资本合作情况进行综合评价。评估内容包括：确认政府与社会资本合作模式是否实现了其目标；评估项目公共服务质量、社会效益是否达到预期；评估项目公司在特许经营期内的运营维护、经营绩效、资产管理状况；其他需评估事项。

7. 移交监管

项目移交过渡期为特许经营期届满前18个月。移交过渡期内，政府或其指定机构和 PPP 项目公司应成立移交委员会，双方分别委派 5 名人员，移交委员会负责人由政府或其指定机构委派的人员担任。移交委员会应在成立之后 6 个月内确定最后恢复性大修计划、移交程序、移交标准、PPP 项目公司聘用雇员的安置计划等事项。移交委员会有权对与移交有关的或可能影响移交的事项进行调查了解，PPP 项目公司应提供方便，但移交委员会不应干预 PPP 项目公司的正常运营。PPP 项目公司应于移交委员会成立后的 10 日内向其提供下列资料：全部固定资产和存货的清单；知识产权和专有技术目录及其概要；债权、债务资料；到移交时仍履行的经营性合同；各类设施；设备的技术资料；各类人员及其工资、福利状况资料；完成移交所需的其他资料。特许经营期结束前 6 个月，PPP 项目公司应提交一份其全部雇员名单，还应说明移交后可供政府或政府指定机构雇用的人员的情况。政府或政府指定机构应有独立的自主权选择在移交后雇用的人员。政府或政府指定机构应不迟于移交开始前 3 个月向 PPP 项目公司通报移交后拟雇用的人员名单并提供其工作背景。PPP 项目公司应在移交之前免费对上述人员提供培训，使其可以熟练地使用和运行项目设施和设备。PPP 项目公司和政府或政府指定机构在移交日 12 个月前共同对项目设施进行一次全面检修，以确保项目设施在移交时能够良好地运转。但此检修应不迟于移交日之前 6 个月完成。项目移交前需经过大修改造，PPP 项目公司应确保项目建（构）筑物及其附属设施经由资质机构鉴定合格，设备、仪器等须经鉴定评估质量合格，且性能、参数符合现行行业规范、标准。

六、项目点评

（一）特点及亮点

1. 城乡环卫一体，智慧精细管理

本项目以"源头分类减量化，收运工艺区别化，清扫保洁网格化，

清运路线最优化，管理平台数字化"为实施工艺规划总体思路，设计出一条"政府严格监管、企业专业运营、群众广泛参与、城乡一体推进"的城乡生活垃圾一体化处理新模式。

通过市场机制引入专业技术领先的服务公司负责对全县城乡生活垃圾进行清扫保洁、垃圾收集、垃圾转运等全过程处理，由政府负责监管服务质量，鼓励社会公众参与、监督和评价，各个服务单元界面比较清晰，该项目采取 DBFOT 模式运作，提高环卫服务水平，实现市场化可持续融资，并缓解当地政府财政压力，为地方环卫市场化操作提供行业借鉴与参考意义。

同时，项目公司采取"互联网+"技术，基本建成智慧环卫管理平台，对所有车辆、机械设备安装 GPS 数字化管理模块，建立全程数字化监控平台，实时监控深埋桶的垃圾量，保洁员的作业时间、作业区域，驾驶员的作业时间、收运线路、油耗、车速等，有效提高运营效率、降低运营成本，保证了环卫服务质量。

2. "两纵三横"网格监管，政府转职"裁判员"

在全面推进城乡环卫一体化进程中，东乡县坚持以服务群众为着力点，采取 PPP 市场化运作模式，引入专业服务企业作为社会资本合作方，参与农村生活垃圾治理，将农村生活垃圾清扫、保洁、转运、处理等服务市场化，政府主要负责监管服务质量，实现政府由干到管、由财政拿钱养人到购买服务、只负责督促考核当"裁判员"的角色转换。

项目公司以效率和经济原则进行整体规划和设计，推行网格化管理模式。网格化管理模式是根据地域特点、自然村分布、人口分布、道路特征及政府规划等现有状况，打破现有行政区域划分，将项目所在地区域分成若干小区域，这些小区域纵横分布，形成网格。所有网格覆盖全责任区域，每个网格均具有地理、价值及责任属性。项目公司以网格为管理基础，对网格设立管理目标、核算成本价值，承担独立责任、接受独立考核，形成日常管理的最小管理单元。通过推行网格单元管理，实现对前端清扫、保洁的全面覆盖。这种多区域、多网格的模式，不仅有利于提高各单元的积极性,形成考核机制,也可以降低公司管理难度,引导资源分配。

3. 聚焦精准,助力脱贫攻坚

东乡县还把生态文明建设与精准扶贫有机结合,要求服务企业聘请有劳动能力的建档立卡对象为保洁员。截至2017年底,本项目聘请当地居民70余人,使贫困群体既享受到扶贫的效果,也美化了生态环境,更让维护村庄环境卫生成为村民的自觉行动,形成了共建共治共享的局面。

(二) 项目实施成效

通过一年多的探索实践,全县城乡生活垃圾得到专业化处理,人居环境明显改善,垃圾"反弹"问题得到有效解决,公众普遍给予好评。

第一,合作长期稳定,实现互利共赢。PPP合同期限为15年,而一般常规的城市环卫项目采取政府购买服务是1~3年。本项目为长期的战略性合作,对于社会资本而言,合同金额适当、实施区域较大、项目内容一体化,有利于开拓环卫市场服务、扩大全国影响。对于政府来说,长期稳定的合作,也有利于城市环卫面貌的改进和提升。

第二,围绕创新处理方式,实现了由简单粗放到集约高效的全面升级。充分利用服务公司的专业优势,加大了保洁人员的培训力度,购置了自卸式保洁车、吊装式垃圾运输车,垃圾桶以深埋桶为主,垃圾转运科学快捷,整个过程做到"垃圾不落地、臭气不外散、滤液不滴漏",提高了环卫保洁精细化作业水平。

第三,环卫一体化理念进一步得到深化。围绕公共服务均等化,实现了由城镇到乡村的全面延伸。按照城乡融合发展的理念,由同一个公司统一负责城乡生活垃圾处理,建立了全民覆盖、普惠共享、城乡一体的城乡环卫公共服务体系,迈出了城乡融合发展的坚实步伐。

(三) 问题与建议

第一，原有基础设施的薄弱会影响整个项目的实施成效。在 PPP 项目实施过程中，往往存在很多不确定性因素，导致项目的推进速度跟不上实施方案的要求。例如，本项目政府各乡镇场只有个别地方存在消防栓，如能在各乡镇场增设消防栓，可以大大提高路面冲洗效率，很大程度提高运营效果。此外，东乡县处在快速发展阶段，相关各项基础设施及利民工程都在同步建设中。建议本着谁污染、谁治理原则，督促各施工单位增配水车，对作业车辆及污染的道路每天进行清洗工作，确保全县项目整体效果。

第二，加大宣传力度，增强全民环境卫生意识，强化乡村环境卫生综合整治力度，扭转乡村环境卫生脏、乱、差面貌。环境卫生管理属于社会公益事业，与群众的生活息息相关，离不开人民群众的支持和参与，尤其体现在"门前三包"方面。建议充分发挥舆论的导向作用，进一步加大对环境卫生管理的宣传力度，提高公众积极参与环境卫生管理的自觉性，形成全社会关心、支持环境卫生管理的良好氛围。

第三，政府与项目公司要做到密切配合，共同协作推进环卫项目。建议适当地对群众反映强烈的问题和恶意制造环境卫生脏乱差的行为进行曝光，加强管理，促进相关责任人自觉整改。建议集中精力、人力、物力强化乡村环境卫生综合整治力度，重点解决乡村主要路段、重点区域存在脏乱差的问题。通过综合整治、强化管理着力消除乡村环境卫生的"盲点"和"死角"。

第四，在城乡环卫协同运作的背景下，建议地方政府探索建立垂直管理、精简、高效的组织机构，专门负责城乡环卫一体化工作的组织、协调、监督、考核等工作，建立统一的运行经费保障机制，由县财政、物价结合有关制度，统筹考虑运行经费的保障体系。

第五，建议国家行业主管部门研究出台城乡环卫 PPP 绩效考核相关标准，以推动城乡环卫领域 PPP 项目落地实施，提高城乡人居环境质量。

案例 7

广西壮族自治区梧州市静脉产业园项目

一、项目摘要

项目基本信息见表 7-1。

表 7-1　　项目基本信息

项目名称	广西壮族自治区梧州市静脉产业园项目（以下简称"本项目"）
项目类型	新建
所属行业	市政工程——垃圾处理
合作内容	1. 总投资：总投资约17.19亿元，其中一期总投资约10.03亿元。 2. 建设内容： （1）生活垃圾焚烧发电厂2 000吨/日（其中一期1 000吨/日、二期1 000吨/日），配套建设污水处理中心、灰渣填埋场、宿舍楼、办公楼、宣教中心等； （2）污泥处理厂200吨/日（其中一期100吨/日、二期100吨/日）； （3）餐厨垃圾处理厂200吨/日（其中一期100吨/日、二期100吨/日）； （4）医疗废物处置5吨/日； （5）相关配套设施（即政府配套工程，含进园道路2.8公里、村屯道路7.8公里、给水工程、排水工程、园区用电及电力上网设施、通信网络设施等）； （6）粪便处理厂、危险废弃物处理厂根据今后城市发展需要建设。 3. 运营服务范围：合作期内，项目公司负责项目服务范围内生活垃圾、污泥、餐厨垃圾、医疗废物的处理及相关项目设施的运营维护。

续表

合作内容	4. 产出标准：生活垃圾处理过程中，烟气排放标准达到《生活垃圾焚烧污染控制标准》（GB 18485-2014）和 2000 年欧盟标准；厂区污水经处理后出水水质达到《城市污水再生利用工业用水水质》（GB 19923-2005）排放标准；飞灰在厂内经"固化+稳定化"处理后，满足《危险废物鉴别标准 浸出毒性鉴别》（GB 5085.3-2007）和《生活垃圾填埋场污染控制标准》（GB 16889-2008）。
合作期限	30 年（一期工程 2016 年开始建设，建设期为 2 年，运营期 28 年）
运作方式	建设-运营-移交（BOT）
资产权属	项目公司拟通过划拨方式取得土地使用权，但需由项目公司承担建设用地划拨成本费用。合作期满后，项目公司需将划拨的所有土地无偿移交给梧州市人民政府。
回报机制	可行性缺口补助
实施机构	梧州市市政和园林管理局（以下简称"市政局"）
采购方式	公开招标
政府出资方	梧州政荣建设投资有限公司
咨询机构	中化国际招标有限责任公司
中选社会资本	上海康恒环境股份有限公司（以下简称"上海康恒环境"），民营企业
签约日期	2016 年 12 月 1 日
项目公司设立概况	项目公司名称：梧州康恒再生能源有限公司 设立时间：2017 年 5 月 11 日 股权结构：注册资本 30 090 万元，占总投资 30%。其中，上海康恒环境股份有限公司占 90%，梧州政荣建设投资有限公司占 10%。
主要贷款机构	尚未确定

二、项目识别论证

（一）项目背景

梧州市静脉产业园项目是梧州市重点民生工程，也是广西壮族自治区第一批 PPP 项目之一，入选国家发改委第二批 PPP 项目典型案例，并入选财政部第四批政府和社会资本合作（PPP）示范项目。项目选址于梧州市龙圩区新地镇古令村,服务范围为梧州市万秀区、长洲区、龙圩区、苍梧县、藤县、岑溪市、蒙山县(目前仅限处理医疗废物),总体规划面积约1 225亩(不包括进园道路约227.61亩),规划建设生活垃圾焚烧发电厂、污泥处理厂、餐厨垃圾处理厂、医疗废弃物处理厂及相关配套设施。

第一,生活垃圾焚烧发电厂2 000吨/日(其中一期1 000吨/日、二期1 000吨/日),配套建设的污水处理中心、灰渣填埋场、宿舍楼、办公楼、宣教中心等。一期采用500吨/日×2机械炉排炉,余热锅炉采用中温中压蒸汽锅炉。配置1×30兆瓦凝汽式汽轮发电机组,烟气处理采用SNCR+半干法(Ca(OH)$_2$)+干法(NaHCO$_3$)+活性炭喷射+布袋除尘。烟气排放标准达到《生活垃圾焚烧污染控制标准》(GB 18485-2014)和2000年欧盟标准。厂区污水经处理后出水水质应达到《城市污水再生利用工业用水水质》(GB 19923-2005)排放标准后回用。飞灰在厂内经"固化+稳定化"处理后,满足《危险废物鉴别标准 浸出毒性鉴别》(GB 5085.3-2007)和《生活垃圾填埋场污染控制标准》(GB 16889-2008)的要求后,运输至厂内填埋场填埋。

第二,污泥处理厂200吨/日(其中一期100吨/日、二期100吨/日),采用"深度脱水+掺烧"的工艺技术路线。含水率80%的泥饼经稀释、投加三氯化铁和固化剂改性,再用高压泵送至高压板框压榨机,得到含水率60%以下的块状泥饼,经污泥破碎机破碎后进行焚烧处理。

第三,餐厨垃圾处理厂200吨/日(其中一期100吨/日、二期100吨/日),包含收运系统和处理系统。收运系统由收集容器、收运车辆和管理系统组成。处理系统采用"中温厌氧消化"工艺技术路线。

第四,医疗废物收集、运输、处理5吨/日,采取"高温蒸煮"工艺消毒后与生活垃圾一同焚烧处理。

第五,相关配套设施(含进园道路2.8公里、村屯道路7.8公里、给水工程、排水工程、园区用电及电力上网设施、通信网络设施等)。

第六,粪便处理厂、危险废弃物处理厂根据今后城市发展需要建设。

为提高公共服务供给质量和效率,充分发挥社会资本的专业优势,本项目采用PPP模式开展。

（二）发起方式

本项目由政府方发起。

（三）实施方案

1. 合作范围界定

本项目含多个子项目，其中，垃圾焚烧发电子项目采用机械炉排炉，余热锅炉采用中温中压蒸汽锅炉，配套建设污水处理中心、灰渣填埋场、宿舍楼、办公楼、宣教中心等；餐厨垃圾处理厂建设收运系统和处理系统，收运系统由收集容器、收运车辆和管理系统组成，处理系统采用"中温厌氧消化"工艺技术路线；污泥处理采用"深度脱水＋掺烧"的工艺技术路线；医疗废物采取"高温蒸煮"工艺消毒后与生活垃圾一同焚烧处理。

项目公司负责项目投资、融资、设计、建设、运营管理和项目合作期结束后的移交。

2. 风险分配方案

政府方承担的风险有：政策风险、法律风险、配套及支持风险、最低供应风险、支付风险等。项目公司应承担的风险有：出资融资风险、成本超支风险、财经风险、设计建设完工风险、运营维护移交风险、市场风险等。双方共同承担的风险主要包括：不可抗力风险、应急风险、其他风险等。项目风险分配如表7-2所示。

表7-2　　　　　　　　项目风险分配

风险分类	风险内容	政府承担	社会资本承担	共同承担
政策风险	特许经营权收回、征用、审批延误等	√		
法律风险	重要法律变更、合同文件冲突等	√		

续表

风险分类	风险内容	政府承担	社会资本承担	共同承担
配套及支持风险	前期动迁、市政配套等	√		
最低供应风险	垃圾供应量低于保底量	√		
支付风险	政府付费或补贴的履行	√		
出资融资风险	足额出资保证，承诺融资落实		√	
成本超支风险	建设成本或运营成本超出预期		√	
财经风险	通货膨胀、利率变化、外汇风险等		√	
设计建设完工风险	设计变更、建设质量、完工时间等		√	
运营维护移交风险	运营安全、维护标准、移交履约等		√	
市场风险	价格、竞争、管理水平等		√	
不可抗力风险	不可预见、不可避免、不可控制			√
应急风险	出于社会或公益或安全需要			√
其他风险	双方未考虑到的未知风险			√

3. 交易结构

（1）运作模式

本项目采用 BOT 模式运作：项目公司对本项目投融资、建设实施、运营维护管理和资产管理全过程负责。项目收益基于发电上网营业收入以及政府可行性缺口补助获得。市政局依法授予项目公司特许经营权。合作期届满后，项目公司将项目资产无偿、完好移交给政府或市政局。项目交易结构如图 7-1 所示。

（2）合作期限

本项目合作期 30 年（含 2 年建设期），自特许经营协议签署生效之日起计。

（3）投融资结构

梧州市人民政府授权市政局作为实施机构，通过招标采购确定社会资本，政府方出资代表和中选社会资本共同组建项目公司，注册资本金 30 090 万元（总投资 30%），70 210 万元（总投资 70%）通过融资方式获得。政府方出资 3 009 万元，占股 10%；社会资本方出资 27 081 万元，

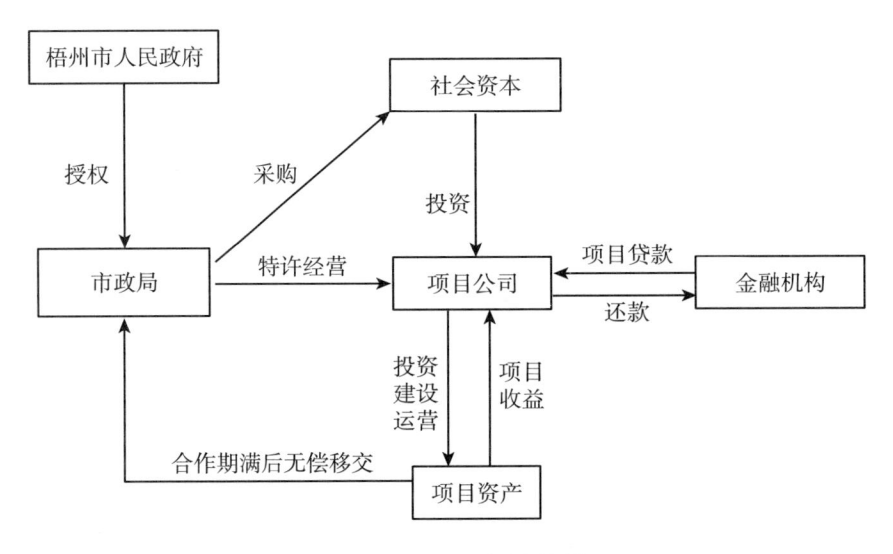

图 7-1　项目交易结构

占股 90%。市政局与项目公司签订《特许经营协议》，梧州市人民政府授予项目公司本项目的特许经营权，由项目公司负责本项目设计、投融资、建设、运营维护、移交等工作。合作期满后，项目公司将相关资产无偿移交给梧州市人民政府或其指定机构。

(4) 回报机制

本项目回报机制为可行性缺口补助。项目公司收入来源包括发电上网营业收入、政府支付的垃圾处理补贴以及收取医疗机构的医疗危废处理处置费用。垃圾处理补贴指由政府或其委托机构向项目公司支付的每吨垃圾（包括生活垃圾、餐厨垃圾、污泥）处理、处置的补贴费用。

(5) 配套支持

①行政审批手续

政府方应协助项目公司办理本项目前期工作和相关手续报批工作，包括项目立项核准、环评批复、电力并网许可、土地使用权证、建设工程规划许可证、建设用地规划许可证、建设工程施工许可证等，并依法出具相关必要的文件。

②土地使用权

梧州市人民政府以行政无偿划拨的方式向项目公司提供项目所在地块

的国有土地使用权。地块的土地面积、用途、使用权期限以土地使用证标注为准。梧州市人民政府应与项目公司签署相关国有土地使用权划拨协议，并办理相关国有土地使用权证至项目公司名下。项目公司有权为本项目之目的，在其获得地块国有土地使用权之日起至合作期届满之日止的连续期间内，无偿且独占性地持有项目所在地块的国有土地使用权。

项目公司仅能将土地用于本项目下的特许经营，不得将该土地的全部或部分用于本项目下特许经营之外的其他任何目的和用途。非经政府书面同意，项目公司不得全部或部分转让、出租或抵押本项目用地。

③配套设施

本项目由政府协调有关政府部门或机构实施本项目用地征地拆迁及场地平整、护坡工程（如有）和"三通"（通路、通水、通电）工作，费用计入总投资，由项目公司承担。

4. 绩效考核

考核主体为市政局，考核对象为项目公司。

(1) 生活垃圾处理考核

①考核内容

在项目运营期内，项目公司应保证噪音及排放物达到国家规定的相关标准。市政局及市环保部门对排放物进行监管，监管的数据作为市财政部门支付生活垃圾处理补贴费的依据。

②考核指标及方法

如果项目公司提供的垃圾处理服务未达到合同约定的标准（如热灼减率不达标、三废排放不达标等），政府付费将进行相应扣减。

双方对运营质量进行定期和不定期的检测：

ⅰ检测内容。对运营质量的检测内容包括但不限于：焚烧炉技术性能，炉渣热灼减率，大气污染物，炉渣、飞灰、废水的处置和垃圾焚烧厂噪声情况，臭气污染物排放。

ⅱ项目公司的定期检测。项目公司自行承担费用进行下列检测：对可以实行在线监测的项目，项目公司应安装符合国家环保主管部门要求的在线自动监测设备对检测项目进行24小时监测,检测项目应包括国家相关规范所要求的所有指标,在线自动监测应提供远程传输通信接口和发射装置,以便环境保护等有关部门实时监督。对不能实行在线检测的项目,应按特许经营协议的规定进行。法律规定的抽检频率高于此规定的,适用法律规定。在各项指标正常的情况下,项目公司应将检测结果在月度结束后的5个工作日内书面报告市政局及市环保部门。如果检测结果中有1项不达标,则应立即书面通知市政局及市环保部门,并在整改后,项目公司通知检测机构及时检测。

ⅲ市政局及市环保部门的检测。市政局及市环保部门有权在任何时候对项目公司的检测程序、结果、设备和仪器进行现场检查,或者令其进行对运营质量达标所必需的进一步检测,也可以委托有相应资格的检验机构进行该检测。

③考核报告

考核方委托第三方进行检测,并形成检测报告,作为考核运营方的依据。

④考核与付费

在合作期间,除不可抗力或市政局责任外,项目公司适用下列规定:

ⅰ垃圾处理数量不足,应向甲方支付按"不足数量×垃圾处理服务费单价×50%"计算的违约金。注:垃圾处理数量不足指在市政局足额提供垃圾的情况下,项目公司的垃圾处理量低于特许经营协议中的任何一项。

ⅱ由于项目公司原因,垃圾处理质量不合格的,项目公司应按以下规定向市政局支付违约金:

第一,炉渣热灼减率不合格的,按上月垃圾处理服务费的5%向市政局支付违约金。

第二,飞灰和污水的处置有一项不合格的,应向市政局支付违约金5万元整。对可以实行在线监测的项目,项目公司应安装符合国家环保主管部门要求的在线自动监测设备对检测项目进行24小时监测,检测项目应包括国家相关规范所要求的所有指标,在线自动监测应提供远程传输通信接口和发射装置，以便环境保护等有关部门实时监督。

第三，对不能实行在线检测的项目，应按特许经营协议的规定进行。法律规定的抽检频率高于此规定的，适用法律规定。

第四，其他质量不合格的，按"无效处理量×垃圾处理服务费单价"计算违约金。

(2) 污泥处理考核

①考核内容

在项目运营期内，项目公司应保证噪声及排放物达到国家规定的相关标准。市政局及市环保部门对排放物进行监管，监管的数据作为市财政部门支付污泥处理补贴费的依据。

②考核指标及方法

项目公司的污泥处理过程中的运营质量必须符合特许经营协议相关技术规范和要求。双方对运营质量进行定期和不定期的检测：

ⅰ检测内容。对运营质量的检测内容包括但不限于：焚烧炉技术性能，高压板框压榨机性能，大气污染物，生产废水、生活污水等污染物，臭气污染物。

ⅱ项目公司的定期检测。项目公司自行承担费用进行下列检测：对可以实行在线监测的项目，项目公司应安装符合国家环保主管部门要求的在线自动监测设备对检测项目进行 24 小时监测，检测项目应包括国家相关规范所要求的所有指标，在线自动监测应提供远程传输通信接口和发射装置，以便环境保护等有关部门实时监督。对不能实行在线检测的项目，应按特许经营协议技术规范和要求的规定进行。法律规定的抽检频率高于此规定的，适用法律规定。在各项指标正常的情况下，项目公司应将检测结果在月度结束后的 5 个工作日内书面报告市政局及市环保部门。如果检测结果中有 1 项不达标，则应立即书面通知市政局及市环保部门，并在整改后，项目公司通知检测机构及时检测。

ⅲ市政局及市环保部门的检测。市政局及市环保部门有权在任何时候对项目公司的检测程序、结果、设备和仪器进行现场检查，或者令其进行对运营质量达标所需的进一步检测，也可以委托有相应资格的检验机构进行该检测。

③考核报告

考核方委托第三方进行检测,并形成检测报告,作为考核运营方的依据。

④考核与付费

由于项目公司原因,污泥处理质量不合格的,项目公司应按以下规定向市政局支付违约金:

ⅰ飞灰和污水的处置有一项不合格的,应向市政局支付违约金5万元整。注:本项同生活垃圾处理子项,进行统一监控,不重复处罚。

ⅱ其他质量不合格的,按"无效处理量×污泥处理服务费单价"计算违约金。注:污泥处理质量不合格指考核内容中任何一项内容的检测结果有一个及一个以上指标不合格。上述几项情况同时出现时,按违约金最高的一项处理。

(3) 餐厨垃圾处理考核

①考核内容

在项目运营期内,项目公司应保证运营质量达到国家规定的相关标准。市政局及市环保部门对排放物进行监管,监管的数据作为市财政部门支付餐厨垃圾处理补贴费的依据。

②考核指标及方法

项目公司的餐厨垃圾处理过程中的运营质量必须符合国家相关规范和标准的要求(注:如果中标人投标技术方案的标准高于上述要求的,以中标人的为准)。双方对运营质量进行定期和不定期的检测:

ⅰ检测内容。对运营质量的检测内容包括但不限于:餐厨垃圾收运系统性能,餐厨垃圾整体工艺日处理能力及性能,厌氧消化工艺,除臭系统性能,沼渣、残渣、废水的处置和餐厨垃圾处理厂噪声情况,沼气利用系统性能,辅助配套设施性能及可靠性运行。

ⅱ项目公司的定期检测。项目公司自行承担费用进行下列检测:对可以实行在线监测的项目,项目公司应安装符合国家环保主管部门要求的在线自动监测设备对检测项目进行24小时监测,检测项目应包括国家相关规范所要求的所有指标,在线自动监测应提供远程传输通信接口和发射装置,以便环境保护等有关部门实时监督;对不能实行在线检测的项目,项目公司应采取其他可行的监测措施,每周至少检测一次并进行记录;在各项指标正常的情况下,项目公司应将检测结果在月度结束后的5个工作日内书面报告市政局及市环保部门。如果检测结果中有1项不达标,则应立即书面通知市政局及市环保部门,并在整改后,项目公司通知检测机构及时检测。

ⅲ市政局及市环保部门的检测。市政局及市环保部门有权在任何时候对项目公司的检测程序、结果、设备和仪器进行现场检查,或者令其进行对运营质量达标所必需的进一步检测,也可以委托有相应资格的检验机构进行该检测。

③考核报告

考核方委托第三方进行检测,并形成检测报告,作为考核运营方的依据。

④考核与付费

在运营期间,除不可抗力或市政局责任外,项目公司适用下列规定:

ⅰ由于项目公司原因,餐厨垃圾处理数量不足:非收运原因,项目公司年处理餐厨垃圾的数量低于3.65万吨或项目公司正常运营期间月平均每日处理餐厨垃圾的数量低于80吨,应向市政局支付按"不足数量×餐厨垃圾处理服务费基准单价的50%"计算的违约金。

ⅱ餐厨垃圾处理质量不合格的,项目公司应按以下规定向市政局支付违约金:有一项不合格的,应向市政局支付违约金5万元整。其他质量不合格的,按"无效处理量×污泥处理服务费单价"计算违约金。注:餐厨垃圾处理质量不合格指本协议中任何一项内容的检测结果有一个及一个以上指标不合格。上述情况同时出现时,按违约金最高的一项处理。

(4)绩效管理

年度考核与季度考核及日常考核相结合,当考核不达标时需要扣减相应的违约金。

(5) 定价调价机制

在合同期限内，为保障投资人的投资收益不受物价波动等因素的影响，本项目垃圾处理运营服务费单价设置了调整机制。当出现投资额变动、物价指数变化、上网电价调整、税收政策变化、垃圾供应量及质量变化等情况时，可依据约定的调价公式进行调价。本项目第一次调价时间为开始运营日后满三年，第一次调价后，每满3年且居民消费价格指数或工业品出厂价格指数变化幅度超过5%时，价格可调整一次，调整时间为次年公布价格指数后，执行时间为价格调整后的次年1月1日起。

垃圾处理服务费单价按调整公式如下：

$$W = W_1 + W_1 \times [(1 + i_{n-3}) \times (1 + i_{n-2}) \times (1 + i_{n-1}) - 1]$$

其中：W为调整后的垃圾处理服务费单价（元/吨）；W_1为调整前的垃圾处理服务费单价（元/吨）；i为综合物价上涨指数，i = [（居民消费价格指数÷2 + 工业品出厂价格指数÷2）- 100]/100。

如果法律变更导致本项目建设标准、环保标准及技术规范的变化/调整，双方协商调整垃圾处理补贴费。协商标准参照当地上网电价、物价指数、主要原辅材料价格、人工成本、环保要求及重要法律政策变更引起的相应税收政策变化，以保证本项目持续稳定运行、合理收回投资成本、保证合理利润。

5. 项目实施程序的规范性

(1) 前期手续

本项目严格按照国家规定组织实施有关工作。

项目采购前，已编制《预可行性研究报告》，获得项目初步审查意见的复函（梧发改环资〔2017〕46号）、项目土地预审意见（梧国土资函〔2017〕632号）、《项目选址意见书》（选字第450404201700002号）、水土保持方案批复（龙水利〔2017〕51号），同时完成《安全预评价报告》《职业病危害预评价报告》《地质灾害评估报告》，并于2017年11月取得发改委出具的《项目核准意见书》（梧审批投核字〔2017〕1号），2018

年 2 月取得市行政审批局出具的《环境影响评价报告》批复（梧审批环字〔2018〕6 号）。

（2）预算安排

项目支出已纳入财政一般公共预算支出和中长期财政规划。

（四）物有所值评价和财政承受能力论证要点

根据《政府和社会资本合作模式操作指南（试行）》（财金〔2014〕113 号）、《PPP 物有所值评价指引（试行）》（财金〔2015〕167 号）、《政府和社会资本合作项目财政承受能力论证指引》（财金〔2015〕21 号）要求，市财政部门委托咨询机构编制了物有所值评价和财政承受能力论证报告，并通过了评审论证。

1. 项目物有所值评价

（1）定性评价

定性评价选取了 6 项基本指标和 4 项附加指标，指标及权重及评分标准如表 7-3 所示。定性评价专家组由工程技术、金融、财政、项目管理、法律等领域的 7 名专家组成，通过汇总各位专家对本项目物有所值定性评价的逐项打分，按照评价指标权重计算加权平均分，得出每位专家的打分结果后，去掉一个最高分和一个最低分，得出平均分为 89.45 分，项目通过物有所值定性评价，可采用 PPP 模式。

表 7-3 定性评价指标及权重 单位：%

指标名称	考核内容	比重
基本指标		80
（1）全生命周期整合潜力	主要考核在项目全生命周期内，项目设计、投融资、建造、运营和维护等环节能否实现长期、充分整合	12
（2）风险识别与分配	主要考核在项目全生命周期内，各风险因素是否得到充分识别并在政府和社会资本之间进行合理分配	15

续表

指标名称	考核内容	比重
(3) 绩效导向与鼓励创新	主要考核是否建立以基础设施及公共服务供给数量、质量和效率为导向的绩效标准和监管机制，是否落实节能环保、支持本国产业等政府采购政策，能否鼓励社会资本创新	14
(4) 潜在竞争程度	主要考核项目内容对社会资本参与竞争的吸引力	12
(5) 政府机构能力	主要考核政府转变职能、优化服务、依法履约、行政监管和项目执行管理等能力	15
(6) 可融资性	主要考核项目的市场融资能力	12
附加指标		20
(1) 项目规模	主要考核项目规模大小	5
(2) 项目资产寿命	主要考核项目预期使用寿命的长短	5
(3) 项目资产种类	主要考核项目实施过程中形成的资产种类	5
(4) 全生命周期成本估计准确性	主要考核项目的全生命周期成本是否已被准确地预估	5
合计		100

(2) 定量评价

根据《PPP物有所值评价指引（试行）》（财金〔2015〕167号）等规定，结合梧州市静脉产业园区PPP项目的实际情况，对本项目的物有所值评价工作从定性评价方面进行，不开展定量评价。

2. 财政承受能力论证

根据预测的垃圾焚烧发电项目、餐厨收集运输处理项目和污泥项目政府补贴单价计算本项目财政支出，同时将区域内其他PPP项目支付责任纳入，一并分析已实施所有PPP项目的财政支出占一般公共预算的比例。

(1) 本项目合作期内财政支出责任

本项目全生命周期内政府支出责任包括股权投资、运营补贴、风险承担支出等，其中股权投资支出3 018.34万元，建设期第一年发生；运营补贴支出6 935万元/年，共支付28年，合计194 180万元；风险承担支出 346.75 万元/年，运营期每年都发生，共计 9 709 万元；全生命周期内，政府支出责任合计 206 907.34 万元。

（2）财政支出能力预测

2012~2015 年梧州市一般公共预算支出平均年增长率约为 10.50%，市本级约为 11.48%（见表 7-4），考虑到国家未来经济因结构转型导致的下行风险压力较大，GDP 增速在 6.5%~7% 之间，结合财政支出按照收支平衡、略有结余的原则，假设在项目合作期内，梧州市全市和市本级一般公共预算支出均按 8% 速度增长。

表 7-4　2012~2015 年梧州市全市及市本级一般公共预算支出情况

	全市一般公共预算支出（万元）	同比增速（%）	市本级一般公共预算支出（万元）	同比增速（%）
2012 年	1 592 109		405 130	
2013 年	1 762 808	10.72	392 695	-3.11
2014 年	1 830 915	3.86	499 302	27.15
2015 年	2 140 521	16.91	551 267	10.41
平均增长率		10.50		11.48

（3）PPP 项目占比一般公共预算支出情况

根据《政府和社会资本合作项目财政承受能力论证指引》（财金〔2015〕21 号）的要求，"每一年度全部 PPP 项目需要从预算中安排的支出责任，占一般公共预算支出比例应当不超过 10%"。年度 PPP 项目累计支出责任占当年一般公共预算支出比例如表 7-5 所示。

本项目实施时，梧州市尚无其他需要政府承担支出责任的 PPP 项目。通过表 7-5 可知，本项目支出占全市一般公共预算支出最大值为 0.27%，占市本级一般公共预算支出的最大值为 1.05%，并随一般公共预算支出的增加逐年降低；项目支出无论是在全市还是市本级财政支出的占比都远小于 10% 的要求，财政支出处于梧州市财政可承受能力范围之内。

表 7－5　　年度 PPP 项目累计支出责任占一般公共预算情况

年份	全市一般公共预算支出预测（万元）	市本级一般公共预算支出预测（万元）	本项目财政支出（万元）	项目支出占全市预算支出比例（%）	项目支出占市本级预算支出比例（%）
第 1 年	2 311 762.68	595 368.36	3 018.34	0.13	0.51
第 2 年	2 496 703.69	642 997.83		0.00	0.00
第 3 年	2 696 439.99	694 437.66	7 281.75	0.27	1.05
第 4 年	2 912 155.19	749 992.67	7 281.75	0.25	0.97
第 5 年	3 145 127.60	809 992.08	7 281.75	0.23	0.90
第 6 年	3 396 737.81	874 791.45	7 281.75	0.21	0.83
第 7 年	3 668 476.84	944 774.76	7 281.75	0.20	0.77
第 8 年	3 961 954.98	1 020 356.74	7 281.75	0.18	0.71
第 9 年	4 278 911.38	1 101 985.28	7 281.75	0.17	0.66
第 10 年	4 621 224.29	1 190 144.11	7 281.75	0.16	0.61
第 11 年	4 990 922.24	1 285 355.63	7 281.75	0.15	0.57
第 12 年	5 390 196.02	1 388 184.09	7 281.75	0.14	0.52
第 13 年	5 821 411.70	1 499 238.81	7 281.75	0.13	0.49
第 14 年	6 287 124.63	1 619 177.92	7 281.75	0.12	0.45
第 15 年	6 790 094.60	1 748 712.15	7 281.75	0.11	0.42
第 16 年	7 333 302.17	1 888 609.12	7 281.75	0.10	0.39
第 17 年	7 919 966.35	2 039 697.85	7 281.75	0.09	0.36
第 18 年	8 553 563.65	2 202 873.68	7 281.75	0.09	0.33
第 19 年	9 237 848.75	2 379 103.58	7 281.75	0.08	0.31
第 20 年	9 976 876.65	2 569 431.86	7 281.75	0.07	0.28
第 21 年	10 775 026.78	2 774 986.41	7 281.75	0.07	0.26
第 22 年	11 637 028.92	2 996 985.32	7 281.75	0.06	0.24
第 23 年	12 567 991.23	3 236 744.15	7 281.75	0.06	0.22
第 24 年	13 573 430.53	3 495 683.68	7 281.75	0.05	0.21
第 25 年	14 659 304.98	3 775 338.38	7 281.75	0.05	0.19
第 26 年	15 832 049.37	4 077 365.45	7 281.75	0.04	0.18
第 27 年	17 098 613.32	4 403 554.68	7 281.75	0.04	0.17
第 28 年	18 466 502.39	4 755 839.06	7 281.75	0.04	0.15
第 29 年	19 943 822.58	5 136 306.18	7 281.75	0.04	0.14
第 30 年	21 539 328.39	5 547 210.68	7 281.75	0.03	0.13

（4）行业领域平衡性评估

本项目为梧州市第一个 PPP 项目，所属市政工程领域，项目的实施不会造成某一领域 PPP 项目过于集中的现象。

综上所述，本项目通过财政承受能力论证。

三、项目采购

根据《政府和社会资本合作项目政府采购管理办法》（财库〔2014〕215 号，以下简称"215 号文"）、《政府采购竞争性磋商采购方式管理暂行办法》（财库〔2014〕214 号）的规定，本项目采用公开招标方式采购，并进行资格预审。

（一）市场测试及资格审查

1. 市场测试

垃圾焚烧处理行业较为成熟，市场竞争充分而激烈。本项目在规划发起阶段即有多家意向社会资本方与政府相关部门进行对接、洽谈，对与政府方合作投资建设本项目表达了很强的愿望。由于本项目存在较多潜在社会资本，后续采购环节即可实现社会资本间的充分竞争，故本项目未专门进行市场测试。

2. 资格预审

（1）社会资本资格预审条件

第一，符合《中华人民共和国政府采购法》第二十二条规定。

第二，财务状况良好，经审计的 2015 年 12 月 31 日净资产不低于 2 亿元。

第三，资格预审申请人在中国大陆地区（不含港澳台）至少投资建设2座平均日处理规模不小于500吨、采用炉排炉工艺技术的垃圾焚烧发电子项。业绩认定标准：以提供的特许经营协议为准，资格预审申请人应为特许经营项目的实际控制人（项目公司控股股东或项目公司控股股东的全资股东）。特许经营协议中未能直接体现上述关系的，需由资格预审申请人提供具有法律效力的相关证明文件。

第四，拥有足以保证本项目得以正常投资、建设、运营维护所需要的高级专业技术和管理人；项目负责人应至少担任过1个日处理垃圾500吨及以上规模的炉排炉工艺的垃圾焚烧发电子项的投资建设和运营总经理，并提供相关证明材料。

第五，承诺按照招标人时间要求和项目进展情况支付已发生的前期工作费用（主要包括园区选址、水文地质调查、规划环评、规划设计、污泥和餐厨项目的环评及可研批复、进场道路和村屯公路的可研和初步设计等前期工作费用）；接受已建成的污泥处理处置设施并支付建设该项目所发生的费用；支付终止原《垃圾处理特许经营协议》和《医疗废物处理特许经营协议》的所需补偿费用；静脉园区征地拆迁、配套设施费用等（以上所有投资计入项目总投资）。

第六，投标人近三年内没有有效环保事故投诉或环保行政处罚的记录，没有处于限制投标期内。

第七，本项目不接受联合体投标。

（2）资格预审结果

2016年5月6日，组织本项目的资格预审，共有19家投标人报名参加资审，18家投标人通过了资格预审，分别为：深圳市能源环保有限公司、北京首创环境投资有限公司、北京北控环保工程技术有限公司、天津泰达环保有限公司、北京高能时代环境技术股份有限公司、绿色动力环保集团股份有限公司、中国环境保护集团有限公司、上海环境集团有限公司、启迪桑德环境资源股份有限公司、浙江旺能环保股份有限公司、上海康恒环境股份有限公司、中国天楹股份有限公司、重庆三峰环境产业集团有限公司、瀚蓝环境股份有限公司、中科实业集团（控股）有限公司、东莞科维环保投资有限公司、北京京城环保股份有限公司、中电国际新能源控股有限公司。

(二) 评审情况

1. 评审标准

《技术方案》评分标准、《商务方案》评分标准和《经济指标》评分标准见表7-6至表7-8。其中，技术方案占50分、商务方案占20分和经济指标占30分。

表7-6 《技术方案》评分标准（50%）

评分子项	细则	细则分	评价标准	得分
静脉产业园总体方案（6）	静脉产业园方案评审	6	根据园区总图及各个子项技术方案编制协同情况，主要评审园区技术方案是否合理科学、是否体现循环经济、是否契合本项目情况、是否节能环保等方面。	0~6分
垃圾焚烧发电厂技术方案（19）	焚烧炉主体评审	3	根据焚烧炉设计参数的选择、计算依据、结构设计、适应性、技术的成熟先进性等方面进行评审。	0~3分
	垃圾接收、存储及调度系统	2	根据垃圾称量装置、垃圾存储池设计、垃圾抓斗技术、垃圾调度管理等方面进行评审打分。	0~2分
	余热利用系统	2	评审锅炉及发电机的选型及技术的成熟、可靠、先进性等方面内容。	0~2分
	烟气净化系统	2	烟气净化系统采用的技术、设备选型、净化后尾气的指标参数及保障措施等内容进行评审。	0~2分
	飞灰及炉渣处理系统	2	评审飞灰的处置方案、固化剂与飞灰的比例、渗出性指标的保证等方面内容；炉渣的综合利用方案等内容。	0~2分
	控制系统	2	从全厂控制系统采用的技术、设备及控制操作的科学性、先进性、便利性、可监控性等方面进行评审。	0~2分
	臭气处理及噪声控制	2	从臭气处理及噪声控制方法的先进性及处理后预计达到的效果等方面进行评审。	0~2分

续表

评分子项	细则	细则分	评价标准	得分
垃圾焚烧发电厂技术方案（19）	其他配套设施	1	评审全厂其他配套系统及配套设施的合理安排、科学建设等方面内容。	0~1分
	主要设备选择	3	评审投标人所选用的主要设备的先进性以及成熟可靠性的情况进行评审打分。	0~3分
配套项目技术方案（5）	垃圾填埋工艺评审	3	评审投标人所选用的垃圾填埋工艺技术的合理性、经济性以及与本项目的适应性。	0~2分
	渗沥液及污水处理系统	2	污水处理工艺、处理规模、排放指标、采用具体保障措施等方面进行评审。	0~3分
建设及运营管理方案（综合考虑垃圾焚烧发电、餐厨垃圾、污泥及医疗垃圾项目要求编制的相关方案）（10）	项目组织机构评审	2	评审投标人针对本项目所成立的组织机构情况进行评审打分，包括组织架构、拟投入的主要管理人员等。	0~2分
	建设管理方案	2	根据投标人编制的建设计划、进度安排等内容评审打分。	0~2分
	运营维护方案	2	根据投标人编制的运营组织机构、运营成本控制措施、设备检修及维护管理、应急预案等内容评审打分。	0~2分
	调试试运行方案	2	根据投标人的调试计划、调试内容、调试方法、保障措施及试运行方案的具体内容进行评审打分。	0~2分
	项目风险方案管理	2	评审投标人对风险的估计、控制及处理预案等方面的内容。	0~2分
项目扩建方案（3）	项目扩建方案	3	项目扩建如何有效利用一期设施并合理规划二期设施，并充分考虑项目关键工艺设备的整体运营维护便利；扩建二期工程的计划实施方案，包括平面布置、工程建设、运营管理要求等方案的针对性和可实施性；扩建项目应注意的重点和难点分析。	0~3分
合理化建议（7）	园区总体合理化建议	7	针对项目的建设运营的其他建议，对"邻避"现象的处理、市民宣传教育、垃圾收转运、垃圾处理费征收、项目监管等有利于静脉产业园稳定运营的其他建议。	0~7分

表 7-7　　　　　　　《商务方案》评分标准（20%）

评分子项	细则	细则分	评价标准	得分
项目业绩与技术能力（20）	项目业绩	11	每有一个炉排炉工艺日处理规模在1 000吨及以上的生活垃圾焚烧发电厂在建或运营业绩的得1分，每有一个炉排炉工艺日处理规模在1 000吨以下的生活垃圾焚烧发电厂在建或运营业绩的得0.5分，满分6分；业绩证明以提供的特许经营协议为准，投标人应为特许经营项目的实际控制人（项目公司单一最大股东或项目公司单一最大股东的全资股东），应提供股权证明材料。 投标人获得国家财政部公布的政府和社会资本合作PPP示范项目（1 000吨/日及以上规模生活垃圾焚烧发电新建项目）的得5分，没有者不得分。投标人须提供业绩证明材料和获得国家示范项目的证明材料。	0~11分
	技术能力	9	有进口炉排炉垃圾焚烧核心技术，并在市场上稳定使用的得2分，没有者不得分。以进口技术转让协议，以及运行项目业主提供的盖章证明文件为准。 有污泥与垃圾混合焚烧的自主知识产权，并在市场上稳定使用的得1分，没有者不得分。以国家知识产权局授权的发明专利证书复印件，以及运行项目业主提供的盖章证明文件为准。 在与本次招标工程密切相关的环保技术方面，投标人每拥有1项发明专利，得0.3分，满分3分。以国家知识产权局提供的授权文件复印件为准。 在与本次招标工程密切相关的环保技术方面，投标人每拥有1项实用新型专利，得0.1分，满分3分。以国家知识产权局提供的授权文件复印件为准。	0~9分

表 7-8　　　　　　　《经济指标》评分标准（30%）

评分子项	细则	细则分	评价标准	得分
价格相关指标评价（10）	垃圾处理费报价	10	控制价为92元/吨，满足报价要求的最低报价为投标基准价，其价格分为满分，其他投标人的价格分统一按照下列公式计算：报价得分＝（投标基准价/投标报价）×100。	0~10分

续表

评分子项	细则	细则分	评价标准	得分
投融资方案（11）	投资方案	4	对投资人提供的项目工程建设的投资组成、内容和投资额的合理性进行评审。	0~4分
	融资综合策划	3	融资方案合理性及可行性，主要评审投标人的融资渠道、融资能力、融资经验及资金来源方出具的证明等方面进行评审。	0~3分
	融资能力证明	4	投标人单个项目成功获得10亿元及以上融资的得4分，10亿元以下5亿元及以上得2分，5亿元以下不得分。以投标人或控股的项目公司与银行签订的融资合同为准。	0~4分
财务方案（9）	财务方案	4	根据投标人所报垃圾处理费、投资额、运营成本、内部收益、上网电量测算等方面的合理性及相互之间的联系是否合理等进行评审。	0~4分
	财务状况	5	经审计的资产负债率不超过50%（含），得5分；50%~60%（含），得2分；60%以上或亏损者，不得分。以2015年审计报告为准。	0~5分

2. 中标人确定方式

综合得分计算方法为：投标文件某部分的评审得分乘以该部分设定权重之积为该部分得分。

投标人得分相同时，将优先选择垃圾处理费报价低的投标人。

投标人各部分得分之和为该投标人的综合得分。评标委员会对投标人按综合得分从高到低排序，并推荐综合得分前3名的投标人作为中标候选人。

采购人成立专门的采购结果确认谈判工作组，与候选社会资本进行谈判，谈判结束后，采购人与预中标社会资本签署确认谈判备忘录，并根据项目谈判备忘录拟订项目合同文本并发布预中标结果公告；预中标公示期满无异议后2个工作日内发出中标结果公告，同时发出中标、成交通知书。

本项目于 2016 年 7 月 27 日进行评标，评审小组按照评审办法进行综合评审，向采购人推荐的中标候选社会资本排序如下：上海康恒环境股份有限公司、天津泰达环保有限公司、北京高能时代环境技术股份有限公司。

3. 中标公示

2016 年 8 月 25 日，市政局通过中化国际招标有限责任公司发布项目成交公告，上海康恒环境股份有限公司为中标社会资本方。

（三）合同谈判及签署

2016 年 8 月 8 日，市政局与市财政局、市监察局、市法制办、市环保局、市住建委、市国土局、市国税局、市地税局、市物价局、市污垃办、市静脉办、市环卫处等单位领导及专家组成专门的采购结果谈判工作组，按照《政府和社会资本合作项目政府采购管理办法》（财库〔2014〕215 号）等法规的要求，开展采购结果确认谈判工作。

市政局（甲方）与上海康恒环境股份有限公司（乙方）就本项目特许经营协议可谈判内容进行了洽谈，并达成一致意见。双方均同意并认可原招标文件（含特许经营协议及其附件）的全部内容，对相应条款作出的修改如表 7-9 所示。

表 7-9　　　　　　　对特许经营协议及其附件作出的修改

文件名称	条款位置	原内容	谈判结果确认内容
特许经营协议	4.2 合作期的延长	—	如发生下列事件，项目合作期可延长"（v）甲方违约导致建设期的延长。"
		（c）延长项目合作期应经双方书面同意。	（c）延长项目合作期应经双方书面确认。

续表

文件名称	条款位置	原内容	谈判结果确认内容
生活垃圾处理服务协议	7.2 费用的支付	（c）支付方式。根据本协议应支付的垃圾处理服务费由甲方支付。	（c）支付方式。根据本协议应支付的垃圾处理服务费由甲方统一支付。
污泥处理服务协议	4.1 污泥的收运和管理	甲方应将污泥运送至本协议规定的污泥稀释调理池内。	乙方应将污泥运送至本协议规定的污泥稀释调理池内。
餐厨垃圾处理服务协议	3.1 甲方承诺	—	新增内容"（b）甲方授权乙方在市区内独占性收运及处理餐厨垃圾；（c）甲方积极推进餐厨垃圾收运相关规范性文件或政策的制定及监督执法"。

双方于 2016 年 12 月 1 日正式签订《特许经营协议》。

四、项目落地情况

（一）项目公司设立情况

1. 公司概况

项目公司名称：梧州康恒再生能源有限公司；
项目公司注册地址：广西壮族自治区梧州市文澜路 73 号 701 房；
注册资本：30 090 万元；
成立日期：2017 年 5 月 11 日。

2. 股权结构

项目公司资本金以注册资金的形式注入，共计 30 090 万元，占总投资 30%，项目资本金根据工程进度在建设期内逐步到位。

股权结构如下：

上海康恒环境股份有限公司以货币形式出资 27 081 万元，占股 90%，资金全部来源于自有资金；政府方出资代表梧州政荣建设投资有限公司出资 3 009 万元，占股 10%。

3. 管理层架构

项目公司应依法设立股东会，股东会是项目公司的权力机构。股东会会议由全体股东一致同意方可做出决议。

项目公司应依法设立董事会，董事会由 7 名董事组成，其中梧州市人民政府指定单位委派 2 名董事，中标社会资本委派 5 名董事。董事会设董事长 1 名，副董事长 2 名。董事会的决议事项，应经全体董事过半数通过，并应得到梧州市人民政府指定单位、中标社会资本双方每一方至少 1 名董事的同意，方可做出决议。

项目公司应依法设立监事会，监事会由 7 名监事组成，其中梧州市人民政府指定单位委派 2 名监事，中标社会资本委派 5 名监事。监事有权列席董事会会议，并对董事会决议事项提出质询或者建议。经梧州市人民政府指定单位要求应随时召开监事会会议。

项目公司应依法设立经营管理机构。梧州市人民政府指定单位将委派人员参与项目公司的日常经营管理，并担当经营管理关键职位。

（二）项目融资落实情况

1. 融资方式及条件

项目一期总投资 100 300 万元，股东出资的自有资金为项目总投资的 30%，即 30 090 万元；银行贷款 70%，即 70 210 万元。项目具体融资结构如图 7-2 所示。

融资价格：项目公司将以银行贷款方式向银行融资 70 210 万元，其中：建设期第 1 年 23 130 万元，借款利率为 4.9%；建设期第 2 年 47 080

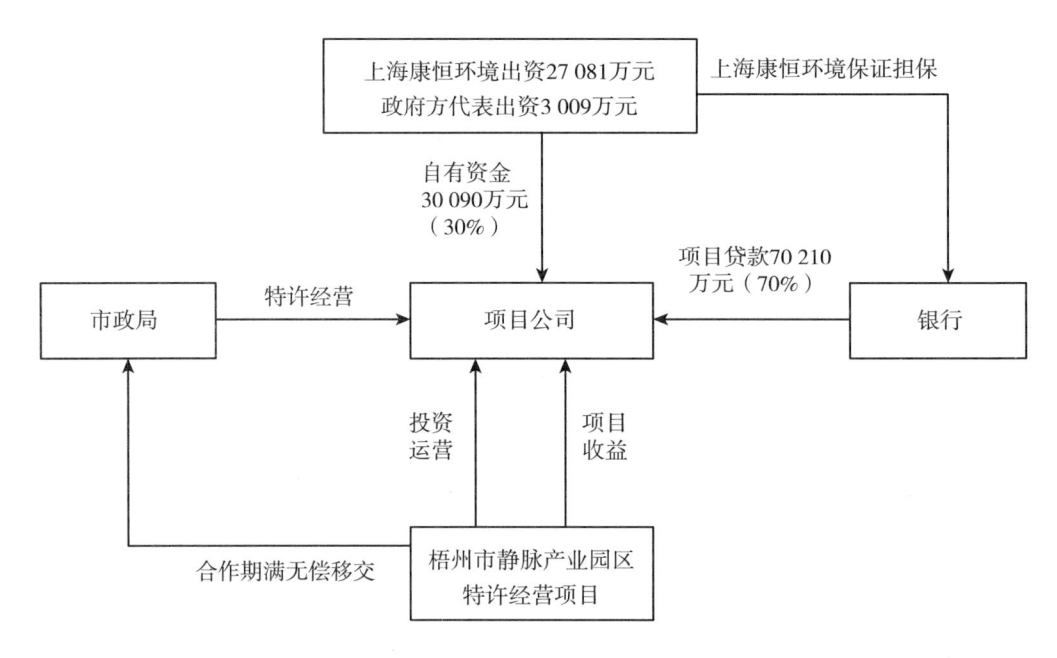

```
                  上海康恒环境出资27 081万元        上海康恒环境保证担保
                  政府方代表出资3 009万元
                           │                              │
                           │ 自有资金                      │
                           │ 30 090万元                    │
                           │ （30%）                       │
                           ▼                              │
                                   项目贷款70 210
   ┌──────┐   特许经营   ┌──────┐   万元（70%）    ┌──────┐
   │ 市政局 │ ────────▶ │项目公司│ ◀──────────── │ 银行 │
   └──────┘             └──────┘                  └──────┘
      ▲                  ▲    ▲
      │              投资│    │项目
      │              运营│    │收益
      │                  │    │
      │          ┌──────────────┐
      │          │梧州市静脉产业园区│
      └──────────│  特许经营项目  │
       合作期满无偿移交└──────────────┘
```

图7-2　融资结构示意

万元，借款利率为4.9%。

贷款期限：14年（含建设期2年），其中宽限期2年（不超过建设期）。

提款计划：根据项目进度分次提款。

还款计划：本项目从第3年起逐年偿还本金，利息照付。

2. 融资实际执行情况和交割情况

目前项目资本金为自有资金，正在申请银行贷款。

3. 再融资问题

原则上不允许再融资。本项目股东只有中选社会资本和政府出资代表。项目公司应确保在签署特许经营协议后，其股东人数不得变更，且任何股东不得转让其全部或部分股权，除非：转让为法律所要求，由司法机关裁判和执行；或贷款人根据融资文件担保条款或合同规定，为实现担保权而进行转让；或转让经市政局预先书面批准。

(三) 资产权属及会计税收处理

项目采用 PPP 特许经营方式,通过签订合同,项目公司负责投资、融资、设计、建设,并在项目合作期内,按照合同的条款和条件,运营、修理和维护垃圾焚烧厂及其相关附属设施,合作期限内资产所有权归政府方,项目公司拥有项目特许经营权,所形成的资产确认为无形资产,在特许经营期内摊销,到期后无偿移交给接收人。土地取得方式为梧州市人民政府土地管理部门依法代征后,无偿交给项目公司,项目公司支付征地费用。

本项目涉及的主要税种包括:增值税、城建税、教育费附加、企业所得税等。根据《资源综合利用企业所得税优惠目录》(财税〔2008〕17号)规定,项目公司享受所得税"三免三减半"的税收优惠政策;根据《资源综合利用产品和劳务增值税优惠目录》(财税〔2015〕78号),项目公司享受增值税即征即退优惠政策。

(四) 项目进度

1. PPP 项目实施进度

本项目实施进度见图 7-3。

2. 项目建设进度

生活垃圾焚烧发电项目场地平整正在进行中,完成投资 3 745 万元;污泥处理项目建筑、安装工程已完成,待通电后进行调试,完成投资 2 000 万元;餐厨垃圾处理项目场地平整已完成,预处理车间基础正在施工,厌氧罐基础正在施工,完成投资 856 万元。

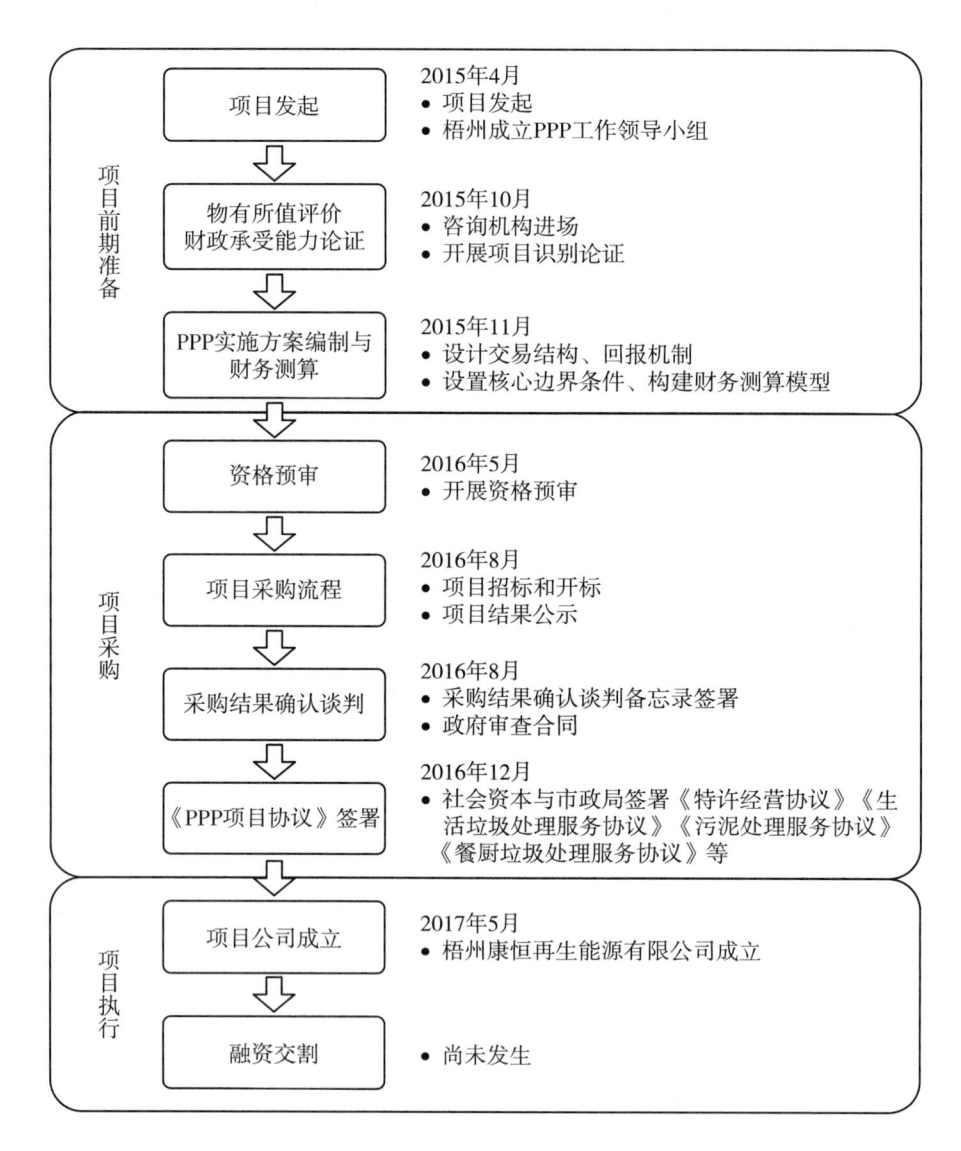

```
项目前期准备:
  项目发起  →  2015年4月
              • 项目发起
              • 梧州成立PPP工作领导小组

  物有所值评价  →  2015年10月
  财政承受能力论证    • 咨询机构进场
                   • 开展项目识别论证

  PPP实施方案编制与  →  2015年11月
  财务测算             • 设计交易结构、回报机制
                     • 设置核心边界条件、构建财务测算模型

项目采购:
  资格预审  →  2016年5月
            • 开展资格预审

  项目采购流程  →  2016年8月
              • 项目招标和开标
              • 项目结果公示

  采购结果确认谈判  →  2016年8月
                 • 采购结果确认谈判备忘录签署
                 • 政府审查合同

  《PPP项目协议》签署  →  2016年12月
                    • 社会资本与市政局签署《特许经营协议》《生活垃圾处理服务协议》《污泥处理服务协议》《餐厨垃圾处理服务协议》等

项目执行:
  项目公司成立  →  2017年5月
              • 梧州康恒再生能源有限公司成立

  融资交割  →  • 尚未发生
```

图 7-3 PPP 项目实施进度

五、项目监管

（一）实施机构监管

依据相关法律，由市政局牵头，梧州市人民政府各职能部门组成联合

监管小组，各司其职、互相协作，对项目从投资、设计、建设、运营到移交进行全生命周期的监管。监管内容主要包括：市场进入与退出的监管、市场竞争秩序的监管、规划与建设计划实施的监管、产品与服务质量的监管、运行安全的监管、管线网络系统的监管、资源调配的监管等。具体包括：

1. 建设期监管

由项目公司根据本项目的进展时序，编制施工图预算送梧州市人民政府有关部门评审，评审结果作为该项目预算控制价，由项目公司进行公开操作。由项目公司与审计部门共同委托第三方机构根据招标文件、施工合同、变更、签证等相关文件，确定项目的最终决算金额。工程前期的环评、可研编制、勘察、设计、监理等工作由项目公司参照特许经营协议操作。工程其他费用以最终的结算审计为准。

2. 运营期监管

开展日常监测，项目公司的主要运营数据按时上报市政局及环保局等部门，由其对项目的运营稳定性进行日常监督。定期评价，每三年对项目进行一次中期评价，全面考核、评价项目的技术、运营、管理和财务状况，督促项目公司持续改进管理水平，提升服务效率。

（二）股东监管

政府方出资代表，对项目公司的经营管理和重大决策等事项进行监督，确保项目公司的经营和发展符合政府方对本项目实施的要求。股东会会议由全体股东一致同意方可做出决议。

六、项目点评

（一）特点及亮点

1. 多个细分领域打包，发挥协同效应

本项目包含生活垃圾处理、餐厨垃圾处理、医疗废物、污泥处理等子项。以往固废项目多为单体单个领域实施，推动过程中存在土地选址等众多难题。本项目为静脉产业园项目，不同领域集中打包推进，可集约用地，且操作上"一步到位"，程序相对简单，不同项目间还可共享部分设施，探索资源要素上的协同使用或后端资源化利用。

2. 锁定部分价格，有效避免不平衡报价

政府针对各子项均有不同的补贴标准，对于此类项目，往往面临不平衡报价问题，由于子项目的处理量和处理单价差异，如果在评审环节没有合理设计，容易产生供应商不平衡报价。本项目在评审体系设计中，锁定其他子项的价格，仅对生活垃圾处理服务费进行报价。这种报价方式的优点是评审环节较为简便，由此避免了不平衡报价的问题。

3. 设置差异化考核指标，进行独立考核

本项目建设规模大、建设内容多，项目整体考核不能很好地反映项目运营维护情况。因此，绩效考核部分结合各子项目特点和产出标准，对生活垃圾焚烧、污泥处理、餐厨垃圾处理等不同子项目设计了差异化的考核指标体系。在该考核体系约束下，项目公司只有运营维护好全部子项目才能获得较高水平的绩效服务费，从而避免了不同子项目运营参差不齐的情况。

4. 构建完善的监管体系，改变"重建设、轻运营"固有模式

本项目构建了建设期和运营期较为完善的监管体系方案，其中，对运营期监管提出每三年对项目进行一次定期评价的方案，全面考核、评价项目的技术、运营、管理和财务状况。该项要求和绩效考核同为重要抓手，极大地改善传统工程项目"重建设、轻运营"的情况，倒逼项目公司不断提升运营水平和服务效率。

（二）项目实施成效

梧州市静脉产业园的服务范围为全市各种固体废弃物的资源化处理，包含生活垃圾、污水厂污泥、餐厨垃圾、医疗垃圾、危险废物等固体废物处理设施，服务区域涵盖360万人，能彻底解决现垃圾场臭气扰民问题，有效提高当地生态水平，促进经济和社会和谐发展，具有较明显的社会效益。同时，该静脉产业园区的建设也对提高梧州市固体废物的无害化、减量化和资源化处理水平，延长固体废物处理设施使用年限，减少固废污染，提高城市固废的分类利用率和资源的循环使用有着十分重要的意义。

（三）问题与建议

1. 关于物有所值定量评价的开展

根据《PPP物有所值评价指引》（财金〔2015〕167号）中指出物有所值评价包括定性评价和定量评价。现阶段以定性评价为主，鼓励开展定量评价。本项目物有所值评价仅从定性评价层面开展，未从定量层面开展，从程序上而言，虽然符合国家政策文件要求，但由于定量评价可作为项目全生命周期内风险分配、成本测算和数据收集的重要手段，以及项目

决策和绩效评价的参考依据，具有重要应用意义。同时，物有所值定量评价在很多项目中已有应用，可以借鉴和参考同类 PPP 项目评价方法和手段，逐步对梧州后续实施的 PPP 项目开展物有所值定量评价。

2. 绩效考核指标的细化和可操作性

本项目由于实施较早，绩效考核指标的设计相对泛化，指标达标的客观标准不甚明确，如以餐厨垃圾处理项目为例，考核指标包括餐厨垃圾收运系统性能、餐厨垃圾整体工艺日处理能力及性能、厌氧消化工艺、除臭系统性能、沼气利用系统性能、辅助配套设施性能及可靠性运行，这些指标需要达到的具体要求未进行详细阐述。

绩效考核中设置了罚款，该罚款属于什么性质，是否属于行政处罚，该罚款收缴之后去向，财政收支"两条线"下该笔费用是否还能用于本项目建设或抵消本项目的政府补贴等也是需要进一步考虑的。

思考篇

固废处置PPP项目按效付费机制思考

一、固废处置PPP项目类别

近年来，我国积极扩大有效投资，推进政府和社会资本合作（PPP）模式，环保PPP项目迅速增长。生活垃圾处理等固废处置是环境保护领域推进PPP模式的重点领域之一。从目前固废处置PPP项目涵盖的范围而言，主要包括如下几个方面：

一是生活垃圾收运处理。主要涉及城市和农村等生活垃圾收集转运体系建设与生活垃圾焚烧发电等处置设施的建设及运营。垃圾处理作为市政公用事业的重要组成，2004年已在建设部发布的《市政公用事业特许经营管理办法》（建设部令第126号）中要求实施特许经营。2017年，财政部、住建部、农业部、环保部《关于政府参与的污水、垃圾处理项目全面实施PPP模式的通知》（财建〔2017〕455号），要求符合全面实施PPP模式条件的各类污水、垃圾处理项目，政府参与的途径限于PPP模式。经过近几年发展，生活垃圾收运处理已成为推行PPP模式较为成熟和普遍的领域。

二是餐厨垃圾处置。主要处理居民日常生活以外的食品加工、饮食服务、单位供餐等活动中产生的厨余垃圾和废弃食用油脂。涉及内容包括餐厨垃圾收运体系及资源化系统的建设与运营等。

三是污泥处置。污泥是城市污水处理过程中产生的副产品，是从污水处理过程中分离和产生出来的一种废物，是由有机残片、细菌菌体、无机颗粒、病原体、寄生虫卵、胶体及重金属等组成的极其复杂的混合物。项目主要涉及污泥处置设施的建设与运营。

四是城乡环卫一体化。根据原建设部发布的《城市环境卫生质量标准》，环卫行业所涵盖的作业内容包括：（1）道路清扫保洁；（2）生活垃圾、粪便的收集、运输和处理；（3）公共场所环境卫生。城乡环卫一体化项目包括城乡生活垃圾的"收、运、处"一体化管理，除包含环卫设施的建设运营外，还包含生活垃圾处理设施（填埋场或焚烧设施）的建设运营服务。

五是固废综合处置产业园。此类项目在有些地方也称为静脉产业园。通常情况下，包括生活垃圾填埋场、生活垃圾焚烧发电、渗滤液处理、飞灰处理、炉渣处理、餐厨垃圾处理、沼气利用、污泥综合处置、固废处理与应用科教馆等项目，固废综合处置产业园是将多种类型的固体废弃物进行集中收集利用、整体打包的综合性固废处理项目。通过各个项目间产业生态链构建和公共设施共享，实现物质综合循环、能量梯级利用和土地高度集约，凸显集聚效应优势。

二、建立按效付费机制的目的与意义

（一）按效付费机制是实施 PPP 模式的政策要求

财政部、发展改革委、人民银行《关于在公共服务领域推广政府和社会资本合作模式的指导意见》（国办发〔2015〕42号）指出，由社会资本提供公共服务，政府依据公共服务绩效评价结果向社会资本支付相应对价，保证社会资本获得合理收益。《财政部关于推广运用政府和社会资本合作模式有关问题的通知》（财金〔2014〕76号）明确，PPP项目应稳步开展项目绩效评价，加强对项目公共产品或服务质量和价格的监管。另外，《国家发展改革委关于开展政府和社会资本合作的指导意见》（发改投资〔2014〕2724号）将绩效评价作为规范PPP项目的管理要求，鼓励推进开展项目绩效评价，对公共产品和服务的数量、质量以及资金使用效率等方面进行综合评价，并作为价费标准、财政补贴以及合作期限等调整的参考依据。2017年出台的《关于规范政府和社会资本合作（PPP）综合信息平台项目库管理的通知》（财办金〔2017〕92号）明确提出未建立按效付费机制的项目不得入库，并要求项目建设成本参与绩效考核，与绩效考核结果挂钩部分占比不低于30%。《中共中央国务院关于全面实施预算绩效管理的意见》（中发〔2018〕34号）提出，积极开展涉及一般公共预算等财政资金的政府投资基金、主权财富基金、政府和社会资本合作（PPP）、政府采购、政府购买服务、政府债务项目绩效管理。按照这些文件要求，PPP项目应该开展绩效评价，且绩效评价结果应与社会资本收益挂钩，即建立按效付费机制已成为开展PPP模式的前置性条件。

（二）按效付费机制是提高固废处置效果的重要保障

传统建设模式下，重建设轻运营的情况较为普遍，导致大量项目建成后，由于运营维护不善，造成污染处理设施的实际效果难以发挥。按效付费机制要求以项目设施建设运行绩效作为政府付费或补贴的依据，是一种基于效果的后付费机制，实现了政府资金从购买工程向购买效果的转变，大幅提供了资金使用效率，保障了固体废物处理处置效果和水平。

（三）按效付费机制有利于激励社会资本持续运维动力

按效付费机制的绩效考核一般采用月度或季度考核，根据考核结果支付当期运营服务费和挂钩可用性服务费。当次的绩效考核结果会直接影响到当期的收益水平，因此在整个合作周期内社会资本会积极、持续关注并提高项目的运营效果，以期获得如期足额预期投资收益，达到"无须扬鞭自奋蹄"的良性发展。同时，在项目运营过程中，社会资本若发现仍有优化治理效果的空间，在按效付费机制下社会资本有动力积极地优化项目，不断提高固体废物处理处置效果。因此，按效付费机制能够持续和有效激发社会资本在整个合作周期内的主观能动性，鼓励社会资本不断通过改善管理、提升效率等方式增加收益，激励社会资金充分利用其技术和管理优势提高项目运营水平，从而保障项目治理效果持续改善。

（四）强化政府对 PPP 项目的常态化监管

PPP 项目中建立的按效付费机制会明确政府对社会资本考核和付费的周期，也将政府方的监管责任、监管方式、监管重点进行明确。通过实施有效的按效付费机制，建立科学合理的绩效考核指标体系，执行严格的定期监测和报告制度，能够进一步完善和强化政府对 PPP 项目的监管，实现监管的制度化、规范化和常态化，促进公共产品供给质量与效果。

三、按效付费机制存在的问题

固废处置 PPP 项目中，按效付费机制仍然普遍存在如下问题：

过于强化一般性管理要求，对环保项目的专业性要求体现不足。绩效考核是按效付费机制的重要组成部分，是实现按效付费的基础。当前，环保 PPP 项目实施方案及绩效考核中主要体现了法务、商务和财务等一般特征，对环保行业专属特性反映不够。忽视环保专业技术与考核要求，对项目实施后的环境效果与环境质量改善缺乏系统考虑，导致在项目实施中难以对社会资本进行有效考核和约束。部分项目未明确技术与工艺，绩效考核指标和目标不合理，且对其目标可达性缺乏分析判断，有的甚至在设计中未建立绩效考核体系或仅是提出后续制定，为处理处置效果和双方合同履行留下隐患。

过于强化过程管理，弱化运营维护的结果导向。大部分项目对于绩效考核的要求，更多地强化了项目实施过程性管理，但对 PPP 项目而言，其强化运营维护和服务质量与效果的导向没有在绩效考核体系中得到足够的体现。如对于固废处置 PPP 项目而言，部分项目绩效考核侧重于作业管理、运行工况、安全生产等过程性管理指标，如环卫项目中考核路面清扫时长、洒水频次等，或对过程性管理指标设置较高的权重，弱化了运营服务质量效果的考核权重，造成绩效考核指标设置的不合理。

在绩效考核结果应用方面，政府付费或支付价格与考核结果的实际有效挂钩不足。政府付费一般分为可用性付费和运营绩效付费两部分，且通常情况下项目运营绩效付费占比较小。部分项目未明确与治理效果挂钩的付费标准，而大多数项目与治理效果挂钩的仅为运营绩效付费部分，对社会资本制约较小。尽管部分项目按照新的要求，将可用性付费或建设成本 30% 以上参与绩效考核付费挂钩，但即使在运营绩效考核结果最差的一档，参与绩效考核付费的可用性付费也未能得到足额扣减，甚至影响不到可用性付费挂钩部分，造成仅是形式挂钩而非实际挂钩的问题。如有的项目约定绩效考核分值在一定分值以下的，当期垃圾处理服务费核减很小的比例，绩效考核结果与财政补贴有效挂钩额度不足。

四、固废处理 PPP 绩效考核与按效付费设计要点

（一）绩效指标设计原则

绩效指标设计应遵循以下原则：

一是简洁性。考虑到监管的可操作性和成本要求，绩效指标数量应尽可能少，只包括绩效考核所必需的指标，突出重点，避免过多的绩效指标增加绩效考核成本和不确定性。

二是可获得性。绩效指标所需数据应根据实际情况综合利用现有设备测量或其他数据生成，避免需要使用复杂、昂贵的设备，增加额外的管理成本。

三是可审核性。绩效指标应具有可审核性，政府或项目公司能够对绩效报告中的数据进行审核。

四是以定量指标为主。绩效指标应以定量指标为主、定性指标为辅，定量指标的测度相对客观公正，能够避免人为主观因素干扰。要适当提高定量指标的权重。

五是强化结果导向。把握项目建设和运营的核心关键目标，注重结果或效果指标的应用，弱化过程管理类指标的考核评价。

（二）绩效指标的设定

PPP模式是提高公共产品和服务供给质量与效率的重要途径，绩效考核应对公共产品和服务的有效数量、质量以及资金使用效率等方面进行综合评价，并实现公共产品和服务供给的物有所值。PPP项目合作周期通常在10年以上，因此项目能否持续稳定提供公共产品和服务也是要考虑的重要方面。基于上述绩效考核指标设计的原则，以下四类指标可在绩效考核设计中予以重点考虑。

一是有效数量规模指标。固废处置领域大多按照处理量进行收费或政府补贴，并明确基本处理量、超额处理量及其对应的处理补贴价格，因此，固废处置项目的实际处理量等规模类指标是政府核定和考核的重要指标。大多根据项目合同付费约定的参数，采用垃圾实际处理量、污泥实际处理量等指标，并约定认定无效垃圾处理量的具体情形，对无效处理量进行扣减。如垃圾焚烧项目，通常规定焚烧炉排放的二噁英、烟气黑度、炉渣热灼减率、恶臭、垃圾渗滤液、飞灰固化浸出毒性等任一指标超标，在约定时限内，所处理的垃圾量视为无效处理量。垃圾处理服务费按照月垃圾进场量减去当月的无效处理量得出的实际处理量进行结算。

二是处理质量或污染控制达标类指标。提供优质的公共产品和服务是PPP模式要实现的目标之一，也是政府和公众关注的焦点，公共产品和服务的供给质量应作为绩效考核的重点。对于固废处置等环境领域PPP项目而言，结合当前以环境质量改善为核心的管理要求，要充分考虑项目建成并运行后对区域环境质量改善的贡献程度，选择与其相关联的环境质量改善指标。例如，环卫一体化PPP项目公共服务质量应是考核的重点，指标可选择道路清扫是否干净、道路沿线构筑物上是否有小广告、河道绿化带是否有白色垃圾等。

但对于餐厨垃圾处理、污泥处置、生活垃圾焚烧发电等固体废物处理领域，项目以单体项目为主，难以与区域环境质量改善直接挂钩或建立定量关联，因此可考虑用反映该项目环境治理水平的污染达标排放类指标予以代替。例如，餐厨垃圾处理PPP项目应满足《恶臭污染物排放标标准》（GB 14554-1993）、《污水综合排放标准》（GB 8978-1996）等要求。污泥项目中污泥产物的含水率、有机物含量、碳氮比、重金属等指标应满足《城镇污水处理厂污泥处置混合填埋泥质》（GB/T 23485-2009）、《城镇污水处理厂污泥处置园林绿化用泥质》（GB/T 23486-2009）等相关标准要求。生活垃圾焚烧发电项目需满足《生活垃圾焚烧污染控制标准》（GB 18485-2014）中要求的生活垃圾焚烧炉排放烟气各项污染物、渗滤液等污染物限值和相关技术标准。

三是处理效率类指标。考核的重点内容包括项目的收集、清运、处置的服务范围、设施运行效率、及时响应等方面。如环卫一体化项目可选择垃圾是否日产日清、运输车是否按规定时间清运等指标。垃圾焚烧项目可选择日均有效处理量、炉渣热灼减率等指标。餐厨项目可选择减量化、循环经济指标为重点考核对象，包括当月出厂厨余垃圾量不高于进厂量约定比例，出厂有机质含量不高于约定值等。及时响应方面可选择排放不达标或设备故障情形下是否能够及时整改并消除不良影响，重大活动和突发环境事件时能否及时保障和应对等指标。

四是运维持续性指标。包括项目管理的规范性、长效机制的建立、社会责任的落实等方面。固废处置PPP项目不仅要注重项目治理效果，同时也应注重项目运行的规范性、稳定性和社会影响等情况。管理规范性可以选择是否建立管理台账（详细记录废物接收量、储存量、转移量、处理处置量及其费用等）、定期校核计量系统等指标；长效机制的建设可以选择是否建立完善的责任体系、资金保障、人员组织和运行管理制度等；社会责任方面，可以设置环保信息公开情况、参观接待人数、公众满意度等指标。

同时也可根据具体项目的特点，在基本指标项目的基础上设置加分项或扣分项，通过正向激励和负面约束相结合的方式，引导和激励社会资本优化工艺技术和强化项目管理。

（三）绩效考核方法

一是指标量化。公共服务质量指标或污染控制达标类指标以及效率类指标可以直接通过计量、监测、检测获得单个指标数据，通常采用比较法，通过对比绩效目标的实际值和目标值，分析绩效指标的实现程度，予以量化；管理的规范性、长效机制类指标涉及项目的责任体系、运行管理资金保障、人员组织管理、运行管理等因素，一般采用因素分析法，通过综合分析这些因素的实际情况来判断绩效目标的实现程度；社会责任方面的定性类指标可以通过查阅台账、抽样问卷调查和访谈的方式进行核查，并通过项目决策阶段设定的目标进行同口径对比予以量化。

二是指标权重。有效数量规模指标、处理质量或污染控制达标类指标，以及效率类指标应赋予绝对优势权重。此类指标严重不达标的情况下，应直接判定项目绩效考核结果不合格。

三是评分方法。针对固废处置 PPP 项目涉及的废物种类多、指标类型也较为丰富，无法用统一的量纲进行定量分析的情形下，建议采用综合评分法，分别按不同指标的评价标准对各评价指标进行评分，然后采用加权相加，求得综合得分。

四是付费周期。绩效考核周期应兼顾按效付费机制的目的与成本可行性，考核周期不能太短或太长。服务费用的支付周期一般大于或等于考核周期。固废处置 PPP 项目服务费用的支付一般采用定期考核、定期核算、集中支付的方式，如月度考核、月度核算、季度支付等。

（四）按效付费机制设计要点

一是挂钩比例与方式。固废处置 PPP 项目具有建设投资额相对大、运营成本相对小的特点。为有效规避社会资本重建设而轻运营，盲目做大投资规模，而忽略项目运营管理的现象。财办金〔2017〕92 号文要求政府承担的项目建设成本中参与绩效考核的部分占比不得低于 30%。在固废处置 PPP 项目的实际测算中，通常可处理为与可用性付费的一定比例直接挂钩，可用性付费包括了全部建设成本、合理利润和运营期财务费用等，以可用性付费为基数挂钩 30% 标准严于建设成本挂钩 30%，因此满足《关于规范政府和社会资本合作（PPP）综合信息平台项目库管理的通知》（财办金〔2017〕92 号）要求。固废处置 PPP 项目中绩效考核结果和付费挂钩方式主要分为两种：一种是考核总分与付费总额直接关联；另一种是部分指标单独考核、单独付费。处置两种或两种以上的固废处置 PPP 项目，单一考核指标体系不能完全体现所有废物的特殊要求，因此付费时应按照项目特点分别考核单独付费。例如，污泥餐厨综合处置项目、生活垃圾污泥处置项目、固废综合处置产业园项目等。

二是付费标准。按效付费标准是根据项目绩效考核结果的不同设置不同的付费标准，是按效付费机制的关键构成。按效付费标准设计应充分体现"奖优罚劣"的原则，通过绩效考核结果划档，对应不同的付费比例。最低付费标准应足额扣除可用性付费中的关联比例，以有效激励社会资本方重视项目的运行维护质量。按量付费的项目，还可以通过扣减无效处理垃圾量核算政府付费，或项目公司支付一定比例违约金而不直接扣减垃圾处理服务费。违约金扣减比例应结合（财办金〔2017〕92 号）中的确定的建设成本参与绩效考核的相关要求进行设置。

新时期固废处置行业 PPP 特征

2014 年以来掀起的 PPP 新一轮热潮中，包括垃圾处理、污水处理在内的环保领域始终是各界关注的热点，也是 PPP 项目数量和投资额居前的几个领域之一。不少地方政府和社会资本认为对 PPP 影响甚大的《关于规范政府和社会资本合作（PPP）综合信息平台项目库管理的通知》（财办金〔2017〕92 号）发布，固废行业的 PPP 实际上几乎不受影响，但依然为各界所重视。这和固废所处的环境治理属于最基本的公共服务之一，以及固废 PPP 项目所体现的强运营属性、强绩效约束有很大关系。本书编写过程中，通过对财政部此前几批示范项目中的优秀固废 PPP 项目进行深入分析，发现固废行业 PPP 项目在新时期有很大的代表性，其所体现的新特征可以为固废及其他行业 PPP 规范、稳健推进及顺利落地所借鉴。

一、固废项目操作整体规范

固废 PPP 项目操作整体较为规范。固废行业的 PPP 项目，最初更多是垃圾处理领域，如垃圾焚烧和垃圾填埋 PPP。在我国早期 BOT 时期，垃圾处理有关的 PPP 项目已基本形成较为清晰、成熟的规范，各地在垃圾处理 BOT 方面已积累了丰富经验。因此，在此轮 PPP 阶段，固废 PPP 项目从项目识别、准备到采购、执行等各个环节，操作整体都较为规范。如本书选编中的四川省乐山市城市生活垃圾环保发电项目和河南省光山县垃圾焚烧发电厂 PPP 项目即为各方均熟悉的垃圾焚烧 BOT。

固废 PPP 项目按效付费机制健全。固废的终端环节，即垃圾处理环节，目前主要以垃圾焚烧发电为主，此类项目对进场垃圾质量、垃圾处理质量、处理量及环境指标等都有清晰且严格的约定；付费机制上包括上网发电收入及政府可行性缺口补助，付费金额与有效处理量直接挂钩，在一定程度上属于付费 100% 与绩效挂钩捆绑。而在固废的前端环节，包括但不限于垃圾分类、清扫保洁、垃圾转运、其他垃圾处理（如餐厨垃圾等），相关 PPP 项目均有明确的产出说明，在付费上都有严格的绩效考评机制，体现运营为核心、绩效为导向的要求。以浙江省宁波市世行贷款厨余垃圾处理厂项目为例，该项目对绩效方面有循环经济考核要求，规定"如果项目公司在处理垃圾过程中，循环经济目标考核不达标，视为项目公司在被发现违约日前五日加上被发现违约日至整改完毕日之和的天数，所处理的垃圾为无效处理量"。

固废 PPP 参与方以专业运营公司为主。和其他某些领域 PPP 项目中建筑型、工程型公司非常活跃不同，固废 PPP 项目中标社会资本方均为专业的环境治理公司，真正体现"专业的人做专业的事"。本书中，参与方包括环境产业领先的首创股份、北控城市服务、光大国际、泰达环保、康恒环境等，在固废行业均有丰富的项目实施经验，有助于保障 PPP 项目顺利落地、达到环境绩效改善和公共服务提升的目的。

二、固废交易模式创新路径

在《关于规范政府和社会资本合作（PPP）综合信息平台项目库管理的通知》（财办金〔2017〕92 号）及财政部新规，如《关于规范金融企业对地方政府和国有企业投融资行为有关问题的通知》（财金〔2018〕23 号）之后，包括固废领域在内的 PPP 需要在交易模式上探索、创新新路径。

在合规中寻找融资新渠道。《关于规范政府和社会资本合作（PPP）综合信息平台项目库管理的通知》（财办金〔2017〕92号）对入库、出库的情形做了明确的规定，一个核心是突出按效付费，另一个则是规范融资尤其是项目资本金。《关于规范金融企业对地方政府和国有企业投融资行为有关问题的通知》（财金〔2018〕23号）涉及按"穿透原则"加强资本金审查、审慎评估还款能力和还款来源、严防投资基金异化为融资平台、以PPP规范运作为融资前提条件等内容，对PPP项目融资做了更严格、更全面的规范。因此，固废行业PPP项目应主动研究国内PPP有关的政策和规定，在政策合规、程序合规、主体合规的同时做到融资合规，积极争取PPP基金、国内银行贷款、国际金融机构贷款等融资渠道。本书中，浙江省宁波市世行贷款厨余垃圾处理厂项目贷款部分获得了世界银行长期、低息的贷款，较好地解决了融资问题。

在付费上探索更多经营性收入。从目前国内PPP政策的趋势来看，政府付费类PPP项目数量和规模将比过去有所收缩，更倾向于使用者付费和可行性缺口补助的PPP项目。从固废行业的健康、持续发展来看，在满足政府减量化、无害化和循环化等传统需求的基础上，环境企业也需要积极探索资源化、资本化等方式获得更多经营性收入，增强自身在行业内的竞争力。比如，垃圾焚烧领域考虑"热电联产"，在餐厨、厨余垃圾处理的后端实施资源化利用等，减少政府财政支出责任，增强项目本身形成稳定现金流的能力。

在重点领域推进价费机制改革。从某种程度上说，公共服务的市场化能否继续深入、能否可持续，必然和重点领域的价费机制改革相关。在固废行业的PPP实践，城乡清扫保洁服务、垃圾分类、垃圾处理等各个环节在长远上都不能依赖政府财政付费，否则难以体现"谁产生、谁付费""谁污染、谁付费"的基本原则。因此，对固废领域中各主要环节研究建立健全价费机制已迫在眉睫。本书中，浙江省宁波市世行贷款厨余垃圾处理厂项目已委托第三方机构在研究制定垃圾分类环节的收费制度。

总之，固废行业属于PPP模式运用较为成熟的行业，在垃圾处理这一传统领域继续规范操作，在垃圾分类、厨余等新的细分领域也逐渐形成新的模式和经验。固废行业 PPP 典型案例所体现的运营核心、绩效导向及机制创新,有助于进一步推进我国各领域 PPP 规范发展,推动 PPP 回归公共服务创新供给机制的本源,促进实现公共服务提质增效目标。

垃圾处理行业 PPP 项目前期工作思考

当前，在《关于在公共服务领域深入推进政府和社会资本合作工作的通知》（财金〔2016〕90号）与《关于政府参与的污水、垃圾处理项目全面实施 PPP 模式的通知》（财建〔2017〕455号）的政策引领下，垃圾处理、污水处理等公共服务领域全面实施政府和社会资本合作（PPP）模式，各地垃圾处理 PPP 项目得到广泛的发展，但也暴露出了许多问题；如何更好地促使垃圾处理 PPP 项目规范发展，则需要业界进行深入的探讨和总结。本文就垃圾处理行业 PPP 项目中的部分问题进行了一些思考，供业内参考。

一、前期工作的实施程度

按照《政府和社会资本合作模式操作指南（试行）》（财金〔2014〕113号）的要求，PPP 项目在进入采购阶段前，项目的前期工作应完成可行性研究报告的编制。

同时，根据相关法律法规的要求，政府投资项目的前期工作内容主要包括：项目规划、地勘、选址、土地预审，编制项目建议书、可行性研究报告、环境影响评价报告、社会稳定风险评估报告、初步设计与施工图设计文件并取得相应的批复文件等。PPP 项目的实施通常也会参照政府投资项目的要求落实上述前期工作。

但与一般基础设施项目（如道路、保障房等）相比，垃圾处理行业 PPP 项目，呈现技术多样、指标复杂、着重运营的特点；且项目设计直接关系到工艺选择、产出指标、未来运营。因此，建议垃圾处理行业 PPP 项目在落实前期工作时，由政府方主导项目的规划、选址、地勘等前期工作，并可考虑由社会资本/项目公司基于项目实际情况，编制项目的可行性研究报告或设计文件；也可允许社会资本/项目公司对项目的前期设计文件进行优化，以最终达到项目的最佳效用。

二、前期费用的范围与偿付

PPP 项目在落实前期工作时，必然产生相应的前期费用，根据国家发改委《政府和社会资本合作项目前期工作专项补助资金管理暂行办法》（发改办投资〔2015〕2860 号）的规定，项目前期费用主要包括项目的设计、咨询服务费用，文件的编制费用与项目的采购费用；除以上费用之外，通常还会涉及项目建设用地费用、征拆费用等。但前期费用能否纳入项目总投资，则应取决于前期费用与项目的相关性。

当前，在有的垃圾处理 PPP 项目中，部分前期费用明显超出项目范围，且允许政府在显著短于项目特许经营期限的时间内予以提前偿付，存在变相举债的嫌疑，值得警惕。

鉴于上述问题，建议对于前期费用的范围应坚持相关性原则，对于确实为本项目实施所发生的前期费用则应纳入项目总投资，对于无关费用则应排除在项目总投资外；同时应将项目前期费用在项目全生命周期内进行偿付；若政府方计划在财政能力许可的情况下，提前偿付前期费用，以降低项目的融资成本，则应将该部分费用单独列支，不纳入 PPP 项目范围。

三、项目用地问题

垃圾处理 PPP 项目土地使用权的取得方式主要包括划拨与出让两种。

根据《划拨用地目录》(国土资源部令第 9 号)的规定,垃圾处理设施等环境卫生设施用地项目,可以以划拨方式提供土地使用权。

此外,根据《城镇国有土地使用权出让和转让暂行条例》(国务院令第 55 号)的规定,通过出让方式取得项目土地使用权的方式包括:招标、拍卖、挂牌和协议出让。而在实践中,垃圾处理 PPP 项目土地使用权的出让方式一般采用招、拍、挂方式,协议出让方式运用较少。但通过出让方式取得土地使用权须关注以下问题:

第一,土地使用权期限应尽量与项目特许经营期限保持一致;否则易导致不必要的争议,并影响项目实施的稳定性。

第二,如果项目公司通过出让方式取得土地使用权,则可能存在项目公司未经政府方许可而将土地使用权抵押的情况,从而增加项目实施过程中发生意外的风险。

第三,项目公司拥有项目资产所有权,在特许经营期满移交时,即便约定为无偿移交,则也有可能被税务部门认定为视同销售行为而要求缴纳相应税费,存在支付额外税负的风险。

四、采购的合规性问题

根据《中华人民共和国政府采购法》的规定,政府采购方式包括公开招标、邀请招标、竞争性谈判、单一来源采购、询价及国务院政府采购监督管理部门认定的其他采购方式(如竞争性磋商)。

根据《中华人民共和国招标投标法》的规定,招标的选择方式包括公开招标和邀请招标。

目前在 PPP 项目采购过程中，对于是适用《中华人民共和国政府采购法》还是《中华人民共和国招标投标法》，业内存在不同理解。

例如，在报价基准价的设置上，根据《中华人民共和国政府采购法》的规定，其采用低价优先的原则；但《中华人民共和国招标投标法》中，则无强制要求。因此，在采用公开招标或邀请招标方式选取社会资本时，在报价基准价的设置上既可以采用低价优先的方法，也可以采用非低价优先的方式；但若采用竞争性磋商的方式选取社会资本时，将报价基准价设置为非低价优先的，则存在法律适用错误的问题。

针对上述情况，建议项目采购时，应结合项目的实际情况选择适用的采购程序，并保持适用法律法规的前后一致性。

固废处置 PPP 项目融资的思考

在本书编写的过程中，我们认为有以下三个方面的投融资问题值得业内思考：

一、项目投资的必要性、规模的合理性问题

从本书入选的项目可以看出，固废领域的案例总体投资规模都不是很大，最大的广西壮族自治区梧州市静脉产业园项目为 10.03 亿元（按一期工程计算）。这些项目都是关系国计民生的项目，提供的是基本的公共服务。因此研究项目投资的必要性、规模的合理性十分必要。

笔者认为，项目投资的必要性、规模的合理性，是 PPP 项目融资非常重要的考虑因素。

首先，项目投资的必要性，关系融资的安全。从金融机构审慎融资和过往经验角度，项目投资的必要性问题也会影响到项目的可融资性。如果一个项目投资必要性不强，或者完全没有必要，尽管在前期的可行性研究论证阶段、"一案两评"阶段可能由于种种原因，没能控制住项目进入市场，但相关决策部门、监管部门迟早会意识到项目投资的必要性问题，可能会中途叫停这类项目（例如 2017 年被中途叫停的北方某地级市地铁项目），到时参与融资的金融机构会面临较大的风险。出现了这样的一些案例之后，金融机构也会重新审视项目投资的必要性问题，此后类似的项

目，融资则相对困难。

其次，项目规模的合理性问题，同样对 PPP 项目融资产生影响。固废项目的投资体量不大，无论对于社会资本，还是对于地方政府来讲，这样的投资体量一般都能够轻松接受；从金融机构视角来看，三五亿元的项目，两三亿元的融资，即使现金流预测不够准确，或政府和社会资本就服务费价格、补贴金额产生一些分歧，只要双方有诚意解决问题，融资基本上没有风险。现阶段，金融机构融资还是主要考察融资主体的信用风险，信用风险主要是指"还款能力"和"还款意愿"。在"诚意"即还款意愿具备的情况下，规模不大的项目，还款能力对政府和社会资本都不是问题。相反，对于动辄上百亿元的项目，地方政府和社会资本承担起来将十分"吃力"，金融机构也会评判地方政府是否具备付费能力、社会资本（项目公司）是否具备还款能力，参与融资会比较谨慎。

二、项目资本金比例对 PPP 项目融资的影响

本书入选的 7 个案例有个普遍的特征，即实际的项目资本金比例普遍比较高。因此，这些项目尽管有些融资工作尚未完成，但我们推测，这些项目的融资问题不大。

项目资本金比例越高，融资越容易。这是因为，项目资本金是项目公司股东的自有资金，相对于银行贷款、发债等项目公司债务性资金，项目资本金比例的高低，体现了股东的资金实力和对该项目负责的诚意。从金融学角度来讲，股东自有资金（项目资本金）和债务性资金之间是一种杠杆关系，项目资本金比例越高，杠杆越低。而杠杆代表的是融资风险——杠杆越低，"安全垫"越厚，风险越小。例如，项目资本金比例为 20%，意味着 20% 的自有资金撬动了 80% 的信贷资金，杠杆比例是 1∶4；而 35.19% 的平均资本金比例，杠杆比例不到 1∶2，在项目总投规模又不大的情况下，融资风险不大。

那么，项目资本金比例是不是越高越好？对于金融机构来说是的，但

对于项目公司的股东方,并非越高越好。项目资本金越高,意味着股东要拿出更多的真金白银投到项目上,多投入的资金本身也存在机会成本。

我们认为,比例的高低,一般与两个因素有关:一是债务性资金的可获得性;二是权益性资金取得成本和债务资金取得成本的比较。

债务性资金的可获得性,是指项目能够获得债务性资金的最大比例,也是金融机构能够接受的最少的项目资本金比例。国家项目资本金制度——《国务院关于固定资产投资项目试行资本金制度的通知》(国发〔1996〕35号)规定了最低比例,但通常情况下,除非特别好的项目,金融机构要求的项目资本金比例通常超过国家规定的20%,一般会要求达到25%~40%。反过来,社会资本也不愿意投入更多的资金,那么,平衡点可能就是在确保能够融资的前提下,金融机构愿意提供的最高资金比例和社会资本最终能够拿出的自有资金比例。不同的项目,金融机构接受的比例是不同的。地方经济实力越强、社会资本实力越强、项目现金流越充沛,金融机构能够接受的资本金比例越低,反之则越高。

权益性资金取得成本和债务资金取得成本的比较,也是设置项目资本金比例时需要考虑的因素。一般而言,自有资金投资的可预期收益要高于债务性融资资金成本。

因此,PPP项目发起人和股东方一方面要考虑权益性资金提高带来的融资成本溢价,或自有资金投入更多丧失的机会成本;另一方面要考虑在低权益资金比例的情况下金融机构的可接受度。PPP项目投融资的精髓,就是在提高权益性资金比例吸引债务性融资和降低融资成本之间寻求平衡点。

三、增信(担保)问题——以特许经营权质押为例

本书的7个项目,回报方式多为可行性缺口补助。根据财政部PPP综合信息平台2018年第2期季报,截至2018年6月末,入库项目共计7 749个,累计投资额11.9万亿元,其中使用者付费项目715个、投资

额 1.1 万亿元，分别占管理库的 9.2% 和 8.9%。也就是说，政府付费和可行性缺口补助项目的项目数和投资总额分别占管理库的 90.8% 和 91.1%。

为什么政府付费和可行性缺口补助项目占比这么高？从金融角度分析，政府付费和可行性缺口补助，由于付费主体是政府，或政府对项目公司收费不足的部分提供差额补足，实质是政府为融资提供了一定程度的增信（不是担保），因此金融机构更愿意接受；相反，完全的使用者付费项目，现阶段的金融机构有些"望而却步"。

随之而来又产生另外一个问题：使用者付费项目，特许经营者（项目公司或社会资本）将特许经营权（或未来收费权）质押给金融机构，到期还不起款，可以处置收费权，为什么还不行，为什么还要其他担保？金融机构为什么不能就以此质押放贷？这样的疑问，主要体现了项目融资的增信，尤其是未来应收账款增信的风险问题。

收费权可以归类为"应收账款"，应收账款担保的方式是质押，质押在《中华人民共和国担保法》上分为"动产质押"和"权利质押"两种。应收账款质押属于权利质押，又通常分为两类情形：一类是有价证券、有价（物权）凭证质押，例如银行存单、汇票、支票、股票、债券、仓单等；另一类是应收账款质押。而应收账款又分为两种：一种是基于货物贸易项下的交货行为、提供服务、贷款、租赁不动产、动产等行为，形成的已经确定的应收账款，这类应收账款的付款方、金额以及账期都已确定；另一种应收账款是未来预期的收益权，例如高速公路收费权、景区门票收费权等基于特许经营权而享有的未来预期的收益权。根据全国人大法工委对《中华人民共和国物权法》的释义，这种收费权对于债权人来讲属于期待债权。

未来应收账款质押，与有价证券质押和现时应收账款质押有很大的不同，主要体现在：

第一，即时价值和未来价值的区别。有价证券的质押物和现时应收账款质押的应收账款，通常具有"即时价值"，也就是质押物或应收账款本身就有相对确定的现时价值，可以准确衡量，也可以直接变现（由于质押物多数代表了现金的某种形态,因此变现更容易);而第二种应收账款则是"未来价值",具体的付款金额(收费总额)、付款时间都还是未知数,尽管可以预测,但这种预测通常依据经验,准确性较差,可以说不能准确衡量,而且这种价值只能在未来实现,很难转化为"即时价值"。

第二,变现的受众群体不同。未来应收账款通常是基于特许经营实现的,而特许经营对主体有严格要求,需要获得政府的特许经营权,不是所有的主体都可以成为特许经营者,因此也限制了其变现的受众群体。

第三,登记的范围较窄。按照中国人民银行《应收账款质押登记办法》,现时应收账款质押有法定的登记部门,为中国人民银行征信中心;而未来应收账款,尽管新修订的《应收账款质押登记办法》涵盖了"能源、交通运输、水利、环境保护、市政工程等基础设施和公用事业项目收益权",但未能涵盖例如 PPP 模式中的产业园区、特色小镇、养老、文化等非基础设施和公用事业项目的收费权,也就是说登记的权利范围还不够广泛,不能完全适应经济金融活动要求,这些项目的收费权无法在中国人民银行征信中心登记,使得质押权人的权利没有有效的法定登记作为保障。

第四,银行的经营特征。PPP 项目由于投资规模大,期限长,融资成本控制严格,一般情况下,能够参与的金融机构主要是银行和保险。其中,银行在融资时尽管要考察增信措施和担保方式(第二还款来源),但更多的是看项目本身的现金流(第一还款来源)。银行不是资产管理公司,融资的目的不是处置担保物,而是要项目还款来源稳定,现金流充足,以确保融资本息的安全。如前所述,使用者付费项目,收费权属于第一还款来源,但不稳定,现金流预测可靠性不高,因此银行很难接受。

相对于付款主体确定、金额确定、期限确定的现时应收账款,未来应收账款通常付款主体不确定,金额仅为预测,偿还本息的期限也不能完全确定,属于"弱增信",对于质权人来说,其风险不容忽视。未来应收账款的风险,可以举例说明:

某省两地级市之间 10 年前修建一条高速公路,总投 100 亿元,贷款 80 亿元,特许经营期限 30 年,按照测算,预计每年入账现金流 3.5 亿元，特许经营期现金流足以覆盖贷款本金和利息。但高速公路建成 5 年后，两地级市之间修建了城际高铁，时速达 300 公里/小时，高速公路客流量锐减，每年现金流不足 2 亿元。由于该项目贷款担保方式采取高速公路收费权质押，且无其他担保，项目公司现金流不足以覆盖银行贷款本金和利息，使得银行面临巨额贷款损失。

这一案例说明，未来应收账款不是确切值，在融资质押时只能是预估值，可能会受市场环境（如技术革新）影响，导致质押债权无法弥补损失。因此，未来应收账款几乎难以成为金融机构认可的"强担保"增信措施，而属于"弱增信"，金融机构仅依靠"应收账款质押"很难规避风险，从而给项目公司融资，通常还需要社会资本或政府方提供其他"强增信"。这一点是在 PPP 项目融资实践中，社会资本和地方政府通常理解不够，导致给出的方案和增信措施无法被金融机构接受、融资无法落地的主要原因之一。

关于垃圾焚烧 PPP 项目回报机制的思考

一、建立合理的价格调整机制

在一般长达 20～30 年的 PPP 项目周期中，人工、材料的价格变化，以及各类法律变更（包括技术标准的提高、政策的调整、税收的变化等）都会引起项目成本和收入的变化，进而影响项目的收益。建立合理的价格调整机制，是维系 PPP 项目正常运营的关键要素。

常规的人工、材料等价格变化而产生的周期性（如 3 年）调价，通常的调整幅度基数有两类：一类是以垃圾贴费作为调整幅度基数；另一类是运行成本为基数，考虑到人工、材料等影响的是运行成本，后者较为合理。前者的不合理性在于，当前国内大部分垃圾焚烧项目的收入来源以售电收入为主、以垃圾贴费为辅，造成垃圾贴费小于实际运行成本，尤其对一些低价中标项目（如贴费 30 元/吨、运行成本 100 元/吨），当综合调价系数计算完后（如 5%），只能调整 1.5 元/吨而不是 5 元/吨，如此长期积累，与初始状态背离原来越远；反过来，对于一些建设过程捎带了较多红线外工程的项目，由于初始投资加大并附加到垃圾贴费中，可能导致垃圾贴费高于运行费用，当以垃圾贴费作为调整幅度基数时，其增长幅度高于实际成本增加,政府可能承担了更多的支出责任。

PPP 模式的实质是政府采购社会资本提供的专业服务。政府信用和契约精神的缺失,是社会资本参与 PPP 项目的最大风险。目前,垃圾焚烧项目社会资本面临的此类风险,不是政府是否付费,而是政府能否及时、合理调价。近年来环保标准的提高等因素已经导致企业运行成本的增加,但各地地方政府未必都能及时调价;未来可能影响最大的是再生能源补贴政策的变化,现在一些地方政府享受着低价焚烧垃圾的待遇,当再生能源补贴降低或取消,需要提高垃圾贴费以恢复原有的经济地位时,部分欠发达地区政府能否履约对于政府信用是一个考验,也是社会资本面临的一个重大风险。

二、垃圾供应的预期

焚烧厂建成投产后,与收入相关的燃料(垃圾)来源是其效益的关键点,在技术合理的范围内多处理垃圾,变动成本增加不多,据毕马威和 E20 环境平台 2015 年联合发布的《垃圾焚烧发电 BOT 项目成本测算及分析报告》,这部分变动成本只有 46 元/吨,而与此同时增加的收益(包括超额垃圾贴费和超额垃圾发电收入)颇丰,其中仅超额垃圾发电收入一项,若以 280 度为例,将达到 182 元/吨。当然,在一些低价中标项目中,投资人已经将这些超额收益考虑进报价中。

对社会资本来说,最关注的反而不是保底量,而是对垃圾足量甚至超额供应的预期,因为当发生垃圾供应低于保底量时,即使收到政府的缺口垃圾量的贴费,对企业来说也可能盈利甚微甚至亏损。

随着农村环境整治和城乡环卫一体化、居民生活水平的提高、消费习惯的变化,焚烧项目期望通过不断增加的垃圾量、垃圾热值的超预期增长来获得更多的收益。

三、保底量与固定回报的差异

所谓固定回报，是指在 PPP 项目中，项目公司获得的收益未与绩效进行有效挂钩，项目收益与项目自身的建设、运营没有关联，或者关联度不高，从而导致 PPP 项目风险分配不当。

而保底量，则是政府和项目公司之间就项目运营环节所做的风险分配，是对项目运营过程中最低需求风险的一种分配方式。保底量的设置与项目公司获取的收益并不直接相关；项目公司能否获取预期的收益，则取决于运营是否能够达标，从而体现出很强的绩效关联性。由此可见固定回报与保底量存在本质上的区别。

四、边界条件的界定

部分 PPP 项目由于前期准备工作不充分，项目边界条件不清晰，比如各类"红线"外配套工程的责任主体、工程量、工程费用等未明确，政府往往将这部分纳入项目投资范围，但又要自行考虑费用；而社会投资人面对未知空间的报价，风险较大。

在 PPP 项目的相关文件中，有的要求实施方案编制要依据项目建议书、可行性研究报告等前期文件，有的要求要取得可行性研究报告的审批。在实际操作中，不少项目往往流于形式。一方面，不管项目建议书还是可研，其目的之一是约定项目的要求和边界条件，否则即使依据项目建议书或可研，但市政配套内容模糊，环保要求可能和后期的环评要求存在差异，也都会导致中标社会资本方重新与政府谈价；另一方面，社会资本方在工艺选择、设备选择方面的差异，都会导致原先设计单位编制的可研的准确性较差，强行要求"红线"内主体工程到可研深度的意义并不大。

为解决边界条件约定不清的问题，有些地方政府会在招标文件中对"红线"外费用每增减一定金额影响多少垃圾贴费进行约定或报价，但这种方式对于环保标准的变化（既影响建设费用又影响运行费用），又不是十分清晰了。

为解决实际发生的不明确费用变化的影响，积极争取各类财政补助是抵消上述因素的有效方法之一。

五、关于降本增效和超额利润分享

在几十年的运营期内，企业通过研发和精细化管理，持续进行技改创新，提高收益、降低成本，可以获得额外收益。焚烧项目考虑到其收入和成本特性，提高焚烧炉和余热锅炉的稳定运行水平，提高垃圾燃料的能量转化效率，以期处理更多的垃圾、获得更多的售电收入。国家发改委2012年发布《关于完善垃圾焚烧发电价格政策的通知》，再生能源电价补贴约定在280度以内，那时垃圾发电水平离这一目标有相当的距离；近年来，不少焚烧企业的吨入厂垃圾上网电量已经超过280度，这几年的垃圾发电水平有了显著的提高，促进了行业的发展。此外，各类节电措施、低品质能源利用、碳排放管理及交易等也引起各企业的关注。

考虑到PPP项目的公共服务属性，不少垃圾焚烧PPP项目的政府方已经在考虑超额利润分享机制。从初期的超量垃圾贴费打折或者不予付费，到近来开始尝试约定投资收益率，超过约定收益的部分双方共享。当然，合理的超额利润分享模式还有待磨合：其一是企业衡量的是项目整个生命周期的收益，而政府委托的审计往往得到的是当期某年的收益或者累计收益，合理的过程值需要双方共同认定；其二是政府方不能鞭打快牛，应建立合理的分成方式，不能抹杀企业技术创新的动力。

六、监管的影响

目前来自政府方的监督一般包括两类：行业监管和环保检查。

行业监管的结果通常体现在按绩效考核分数支付垃圾处理服务费，对运行当中出现的问题以扣分罚款的方式体现，其额度对企业影响不大。随着相关行业监管标准的日趋完善，以及市场上出现的专业机构的第三方监管，其成熟度正逐步提高。

随着国家对环保的重视和督察力度加大，近年来不同层次的环保检查越来越多，环保检查的深度和执法的力度也越来越严。作为垃圾处理的企业，面临环保处罚的风险较大，其对企业的影响程度，远远不仅是环保处罚的金额，还是根据财政部、国家税务总局《关于印发〈资源综合利用产品和劳务增值税优惠目录〉的通知》（财税〔2015〕78号）的要求，1万元以上的罚款将导致取消企业3年的垃圾处理服务费增值税退税优惠政策，其对企业的影响可能达到千万元以上的规模。在此背景下，企业不得不战战兢兢地处理任何一起环保事件，否则一个小的失误，将导致企业的投资回报无望。

七、不同回报机制与绩效考核的关系

通常垃圾处理项目以处理服务费单价作为计算项目收益的方式，单价构成包含了项目的建设运营成本、财务费用、相关税收及合理利润等因素；政府方根据垃圾处置后是否排放达标等绩效考核结果支付处理服务费；该方式将处理服务费单价与绩效考核紧密挂钩，以促使社会资本提高项目的运营效率。

但目前在垃圾处理行业中有部分项目的回报机制设置成"可用性付费+运营维护付费"的方式，且可用性付费部分往往只体现项目的建设成本，而未与项目达标排放等绩效考核挂钩或挂钩比例偏低、挂钩约束偏弱，不满足可用性本质应具有的要求。

针对上述问题，建议垃圾处理行业 PPP 项目在设置回报机制时，应遵循行业惯例，采用垃圾处理服务费单价计费，并结合达标排放等绩效考核方式明确政府付费金额。

关于合同主体方面的思考

PPP项目经过前期策划和富有竞争性的招采环节之后，必须通过签订合同的方式，才能够把双方的权利、义务、责任落实到法律层面。如果双方在这一环节没有谨慎、周密的通盘考虑，就会出现后期项目离"初心"越来越远，或者交易难以闭环、风险无法妥当处置等一系列问题。而在PPP相关合同的安排和处理上，合同主体是首先需要确定的。

一、PPP项目中的相关合同体系

PPP项目涉及大量资金、资产、人员等要素的安排，由一系列的合同集束完成其法律构架。因此在每一个PPP项目中，都存在着特定的PPP合同体系。一般来说，这个体系由如下合同构成：

一是投资合同。社会资本方通过招采程序中选后与政府方（代表）签订的投资合同（或者称为框架合同、合作合同、中标合同等），对于PPP项目中政府方和社会资本方分别承担的权利义务做出规定。

二是股东合作合同。如果该项目中存在政府出资，政府的出资代表人和中选社会资本方将会签订股东合作合同，约定双方以共同出资的方式组建项目公司。

三是PPP合同。如果该项目中社会资本方要成立项目公司，那么将在项目公司成立后，由项目公司与政府方（代表）正式签订PPP合同/特许经营合同。

四是各种专项事务合同。这种合同用来处理项目操作过程中某个具体环节或者细项，如施工合同、委托运营合同、保险合同等，由项目公司或者不设项目公司的社会资本方和特定服务及事项的提供商签订。

五是融资合同。融资合同分为股权融资合同和债权融资合同，一般情况下，股权融资合同由社会资本方与财务投资人签订，而债权融资合同由项目公司或者不设项目公司的社会资本方和金融机构签订，以提供项目所需的资金。

二、关于关键合同

既然PPP项目是由合同集束构成，那么在PPP合同体系当中，究竟哪一份合同最为核心？有学者认为，应该以项目公司与政府方签订的PPP合同为关键合同，因为PPP项目中只有项目公司才是项目标的的实际承担者。亦有学者认为，即使设有项目公司，但是应以政府和中选社会资本方签订的投资合同为关键合同，这样若有项目公司不能完全履行PPP项目合同的，在这份合同中可以规定社会资本方的填补或者代偿责任。

笔者认为，在PPP项目中何为关键合同，须从以下几个方面考虑。

第一，《中华人民共和国公司法》和《中华人民共和国合同法》的规定为前提。项目公司成立后即具有完全的法人人格，在PPP项目中，应遵守《中华人民共和国公司法》中关于有限责任和《中华人民共和国合同法》中关于合同相对性的相关规定，不该把项目公司与其股东方混为一谈。

第二，是否设立项目公司，应视具体项目而定。在不少项目中，政府方希望社会资本方在融资方面承担更多，也有一些项目中，社会资本方为细分领域的专业投资主体，甚至谋求在达到一定项目数量后上市，故而它们对于以社会资本方直接作为合同主体有一定的需求，并不想要成立项目公司，这种情况下，应以政府与社会资本方直接签订的合同为关键合同。

第三，在综合类项目和单体类项目中，关键合同可能不同。在单体类项目中，项目公司往往负责项目的投资、建设、融资、运营、移交等，应以项目公司与政府方（代表）签订的 PPP 合同为关键合同。但是在综合类项目中，往往涉及多个不同的标的、多种不同的子项目，以同一个项目公司操作完全程的案例并不多见，因为既不利于项目公司的专业性细分，也不利于税收筹划，因此以平行的多个项目公司为普遍。只是，有些是在项目开始时就设置了多个项目公司，而有些是后期进行了特殊重组等架构调整而形成。在这类项目中，笔者认为，以政府方与这多个项目公司的实际控制人即中选社会资本方之间的投资合同为关键合同为宜。

三、政府的出资代表人地位

在 PPP 项目中，政府如果有部分出资，应该确定出资代表人。一般情况下，出资代表人由本级政府控股的国有企业担任，也有部分项目中，由政府的机关如国资局、财政局等担任政府出资代表人。

若由国有企业担任政府的出资代表人，其即具有了双重身份。一者为政府意图的贯彻者，在项目中捍卫公共利益；而另一层面，国有企业作为一类经营主体，也应该根据自身的经营实力做出商业判断。

四、投资合同

若 PPP 项目中，不设项目公司，则投资合同与 PPP 合同重合，应全面、具体地规定政府和社会资本方的权利和义务。

若 PPP 项目中设有项目公司，则投资合同与 PPP 合同有所不同，在这份合同中，主要应该明确在项目公司之外社会资本方还应该享有哪些方面的权利、义务和责任。在这种情形下，投资合同尽管不是关键合同，但是具有承上启下的重要作用，很多招标期间来不及做的安排应该在这里作出约定。

若 PPP 项目为综合性复杂项目，这份投资合同则更应该具有"前瞻性"，应该充分考虑并且预留后期不同子项目操作主体法律架构上调整的空间。但是为了保持项目的整体性，在横向上，应保持实际控制人的一致性。

五、PPP 合同

这里的 PPP 合同特指项目公司与政府方签订的项目合同。

在这一合同中，项目公司是一类具有完全法人人格的主体，应注意与其股东方即中标社会资本方之间的分野。若合同不能得到全部履行，应区分由社会资本股东方过错导致还是由其他原因导致，避免股东方承担不必要的"连带责任"，这将不利于项目融资的实现。

同时应该注意，在 PPP 项目招采过程中，投标联合体的组成应该有事先比较周密的考量，根据目前的法律法规规定，各方应该成为项目公司股东的一分子。

而在这一合同中，还应该考虑 PPP 项目执行过程中项目公司股东的变更，如可以预见的项目进入运营期之后更符合运营阶段投资偏好的主体可能会进入以优化项目的财务条件，也有不可预见的情势变更情形下，不得不作出的项目公司股东的变更，这些情形应在 PPP 合同中予以约定。

后　　记

　　本书由专家组从财政部前四批 PPP 示范项目中，遴选了 7 个已落地的固废领域项目案例汇编成册，涉及生活垃圾处置、餐厨及厨余垃圾处置、城乡环卫一体化、固废综合处置产业园等多个细分方向，全面翔实地阐述了固废领域应用 PPP 模式的操作流程，分析总结了其中的特点、亮点、难点和痛点，并提出了思考和建议。在本书的编撰过程中，相关财政部门、行业主管部门、社会资本、项目公司以及第三方专业机构为素材的精心准备付出了大量心血，来自一手、一线的资料保证了案例的原汁原味、真实可信。在此对各有关单位与领导专家的支持表示衷心的感谢。

　　本书由财政部政府和社会资本合作中心、生态环境部环境规划院、E20 环境平台合作编著。财政部金融司王毅司长、董德刚副司长，财政部政府和社会资本合作中心焦小平主任、韩斌副主任，为本书的编写原则、思路及框架提出指导、明确方向；财政部金融司阚晓西、易赟、刘宝军，财政部政府和社会资本合作中心夏颖哲、李文杰、王琦、赵阳光、杜晓霏，生态环境部环境规划院逯元堂、高军、陈鹏、徐顺青、赵云皓、卢静、刘双柳，E20 环境平台薛涛、汤明旺、赵喜亮组成工作组负责案例撰写；同时，以生态环境部环境规划院逯元堂为组长，E20 环境平台薛涛、毕马威咨询李炜、北京云天新峰投资管理中心张继峰、北京市中伦（上海）律师事务所周兰萍、中国国际经济咨询周勤、弘泰通保投资管理有限公司何俊、北京市京都律师事务所刘敬霞、上海市财政局纪鑫华、上海环境集团秦峰等参与的专家组，对本书案例内容进行了细致严谨的审核把关，强化了技术层面的专业性与规范性，并对案例及行业发展进行了深度

后　记

思考。

当前，我国PPP实践仍处于探索规范期，政策日趋强化和完善，本书收录的项目案例尽管在项目前期工作、融资、回报机制、按效付费、合同等方面进行了不少探索和创新，但仍有优化提升的空间。同时，因时间、精力和信息披露所限，本书仍有不足之处，敬请批评指正。

编写组
2018 年 9 月